一橋法学・国際関係学レクチャーシリーズ ❶

教養としての法学・国際関係学

学問への旅のはじまり

一橋法学・国際関係学レクチャーシリーズ刊行委員会

国際書院

Law and International Relations as Liberal Arts

Bridges to New Fields of Scholarship

by

Hitotsubashi Lecture Series on Law and International Relations

Editorial Comittee

Copyright © 2024

ISBN978-4-87791-327-4 C3032 Printed in Japan

一橋法学・国際関係学レクチャーシリーズ発刊に あたって

　本シリーズは、法学および国際関係学に関心のある人に、その全体像を手軽に把握してもらうことを目的として発刊する。ここで扱われるトピックは、多様化する国際紛争、人工知能の発達、ダイバーシティなど現代世界の諸課題から、法学および国際関係学分野の古典的な諸問題に至るまでさまざまである。本シリーズを通じて、読者は法学および国際関係学を大学で本格的に学ぶための基礎を固め、また現代社会を生き抜くうえで必要な法学および国際関係学の基本的な教養を身につけることができるだろう。

　本シリーズでは読みやすく分かりやすい記述を重視するが、その内容は各分野の第一線で活躍する研究者の学識によって裏打ちされたものである。それゆえ本シリーズは、いわば見本市のように、一橋大学大学院法学研究科・法学部の研究力を社会に示すものであり、またその研究成果を社会に還元するものでもある。

　本書が多くの読者にとって法学および国際関係学に親しむきっかけとなれば幸いである。

2023 年 11 月 11 日
一橋法学・国際関係学レクチャーシリーズ刊行委員会

5

［一橋法学・国際関係学レクチャーシリーズ］
第1巻　教養としての法学・国際関係学——学問への旅のはじまり

目　次

プロローグ

0

パート　1　実定法と社会

6

　◆　行政法を楽しむ方法
　　　　──行政法を学ぶと社会はどう見えるのか

行政法とはなにか──行政法と私たちの生活

行政法学とはなにか
　　──行政法を学ぶと社会の見え方が変わる

社会の見え方の変化（その1）
　　──社会に存在するものを制度として理解する

社会の見え方の変化（その2）
　　──課題解決のために法律学として何を議論すべきかを
　　　確認する

社会の見え方の変化（その3）
　　──実現可能性のある制度設計を考えていく

　◆　財産と家族に関する根本規範

8

労働時間の絶対的上限とは

労働契約法とは

労働契約法の解釈問題

　　──就業規則か、労働者との個別の合意か

非正社員の雇用の安定と処遇問題

雇用平等と多様なアプローチ

雇用平等の新しい課題──性自認・性的志向による差別

ハラスメントへの対応

◆　「簡素」の原則と複雑化する租税法

租税法の基本原則

ルール複雑化の要因

租税法の複雑さに対する評価

◆　価値創造を促進する制度的インフラ

知的財産保護の目的

知的財産法の種類

特許法──技術イノベーションを牽引する法制度

著作権法──コンテンツ・ビジネスを支える法制度

標識法──ブランド・マーケティングを支える法制度

重要性を増す営業秘密──知財戦略に欠かせない選択肢

企業の知財戦略と知的財産法

パート　4　　法と社会

プロローグ

1 法学を学ぶために

◆ 忍耐から喜びへ

　法学部では「法学」を学ぶ。「法学」は「法律学」ともいう。「法」と「法律」は厳密には（とくにヨーロッパ語では）違う概念であるが、法学と法律学は日本語では同義で使われることが多いので、ここでは法学と呼ぶ。法学は「法学部で学ぶ学問のうち法に関係する学問の総称」だと理解しておけばさしあたり十分である。具体的にいうと、憲法、民法、会社法、刑法、民事訴訟法、刑事訴訟法、行政法……といった法分野名の名前がついた授業科目で講じられる「法解釈学」と、法哲学、法制史、外国法、比較法、法社会学などの授業科目で講じられる「基礎法学」の総称である。このプロローグでは法学をこれから学び始めようとするみなさんにお伝えしておきたいことを述べる。

□　法の言葉と概念

　法学は何よりも「言葉をめぐる学問」である。法律の条文も裁判所の判決も言葉で書かれており、法学はそういった言葉たちとそれが織りなす概念や論理を対象とするものなので、それを学ぶみなさんは言葉や概念に敏感であってほしい。法律の条文や過去の裁判のうち重要な先例（判例という）に含まれる表現や概念、さらには学理上の用語や概念について、その定義やそれらの相互関係をつねに意識し確認してほしい。

　インターネットが発達した現在、紙媒体の辞典・事典・用語集（以下これらを辞典で代表させる）を使う人がめっきり減ってしま

った。しかし、定評ある辞典を座右に置くのは今なお推奨できる学習法である。ネット情報は玉石混交であり、その情報の真偽すら初学者には判断が難しい。その点、辞典は信頼できる執筆者が書いていて安心である。ただし、欠点もある。現代社会は法なしには成り立たない。日本でも近年次々と新しい法が制定され、既存の法が大小を問わず頻繁に改正され続けている。重要な法改正が行われる頻度は、40年以上前に法学部生であった筆者の学生時代のそれをはるかにしのぐ。その結果、最新の法改正をすべて織り込んだ理想の辞典は存在しないと言っても良い。紙媒体の出版物は最新情報をリアルタイムで反映できず、速報性では書籍はネットに勝てないので、両者を上手に併用する態度とスキルが必要になる。

　法学を勉強し始めるとたくさんの専門用語に遭遇する。知っている言葉でも油断は禁物である。法律用語として使われているときは、馴染みのある言葉が特殊な意味をもったり（例えば「善意」と「悪意」、「みなす」と「推定する」）、日常用語と比べて厳格に使い分けられていたりする（例えば「被告」と「被告人」、「告訴」と「告発」）。日本語を母語としている人であっても、法学は外国語学習と似た心構えでつねに定義を慎重に確認しつつ辛抱強く学ぶ必要がある。

□　法の体系性

　言葉や概念の定義を確認して意味の射程を確認し、それらの相互関係を理解するといったミクロレベルの忍耐を重ねているうち、法の体系が立体的に見えるようになってくる。比喩的に言うと木だけが見えている状態から脱して森が徐々に見えてくる。

　例えば民法の債権各論という講義では「契約」の諸類型を学ぶ。同時に「不法行為」「事務管理」「不当利得」といった概念も学ぶ。

それぞれが独立しているように思える「契約」「不法行為」「事務管理」「不当利得」の４つはいずれも「債権の発生原因」という共通の性質をもつ。このことは民法の教科書には必ず書いてあるごく基本的な知識である。しかし、世界地図を眺めて小さな文字で書かれた地名に目を凝らしていると、大きな文字でまばらに書かれた地域名が目に入らないことがあるように、細部に目を奪われていると大きな構造に案外気づきにくい。そこからさらに理解が進むと、個々の条文と大構造の間をつなぐ中間構造も理解できるようになってくる。例えば民法という法律の「契約」という章の下にある諸規定の中にもすべての契約類型に共通の守備範囲の広い規定もあれば、特定の契約類型にしか適用されない規定もあることがわかり、適用範囲の広い一般的なルール（総則）とそれが狭い個別のルール（各則）が「入れ子状の階層」をなしていることに気づく。このように個々の条文の意味の理解を超えた法体系の構造についての理解が深まるにつれ、法学の勉強に確かな手ごたえが感じられるようになるだろう。虫眼鏡をもって法の密林の中に分け入るだけでなく、望遠鏡をもってジャングル全体を外から鳥瞰することも重要なのである。

　なお、上に挙げた民法の例はこれから法学を学び始める人はまだ理解できなくて構わない。でもそれがわかる日は遠からずやってくる。その実感がもてたら法学学習のレベルが一段上がった証拠である。

□　法の技術性
　法は体系的であると同時に技術性をもつ。法ルールは「一定の要件（複数であることが多い）を満たすと一定の効果が生じる」と記述できることが多い。したがって、典型的な裁判上の争いでは、あ

る法的効果（法律効果）の発生を主張する側（民事裁判なら原告側、刑事裁判なら検察側）が、その発生の条件となる要件（法律要件）をすべて満たしていることを証拠に照らして証明しようとし、相手方（民事裁判なら被告側、刑事裁判なら被告人側）はその法的効果が（全部または一部）発生しないことを証明しようとする。議論の土俵はあくまでも「法律要件を満たすか否か」そしてその結果として「法律効果が発生するか否か」であって、その議論の枠組と直接関係のない事柄はあまり重要視されない。法的な争いの場面では、法の定める要件の内容を一般的・抽象的に確定する作業と、無限の彩りと膨大な情報量をもったナマの事実の中から、法ルールの適用に照らして重要な具体的事実をすくい取り、それが一般的・抽象的な要件にあてはまるかどうかを緻密に検証する作業が行われる。その作業の「やり方」のルールも民事訴訟法や刑事訴訟法といった手続法が定めている。裁判は、スポーツと同じように詳細なルールが設定され、当事者がフェアに対決ができるよう設計されている。

　法的議論のこのような構造と冷静な作法を知ると（情熱的な青春を生きている人はとくに）人間味の欠如を嘆きたくなるかもしれない。実際、筆者が法学部生として最初に聴いた入門講義を担当していた某教授も、「法という字は水を去ると書くからすなわち無味乾燥」という冗談があると最初の時間に教えてくれたものだった。

　しかし、早まらないでほしい。そこで絶望してはいけない。泣き叫んだり、怒鳴り合ったり、殴り合ったり、ましてや殺し合ったりせず、ナマの力の違いが影響しない冷静な議論の空間を確保し、公正な手続で正義を実現しようとする人間の叡智が、法の技術には詰まっているのだから。このことはすぐにわからなくてもいい。ゆっくり時間をかけて感じ取ってくれればいい。

□　法の人間性

　いま述べたように、法は一見したところ冷たく技術的な外面をもち、人間的なぬくもりを感じさせないところがある。まず法は、高度な抽象概念で精緻に織り成された人工構造物としてみなさんの前に立ち現れてくるだろう。しかし、その概念やルールは、長く苦しい闘争や、弱者への配慮や、バランスの良い賢慮により生成・結晶したものが多い。法の表層だけではなく、その沿革や背景や理念や趣旨を理解することで、法の内奥に温かい血が流れていることが実感できる。

　ところで、法学の勉強を始めると早い段階で判例の重要性を知る。法解釈学であればどの分野の教科書にも判例がたくさん紹介されているし、条文の後ろに関連判例がついている法令集もある。ただ、そこで紹介されるのは、多くの場合最高裁判所が示した判断の最も重要な部分の数行の抜粋だけであり、その判断が出るにいたった事件の詳細な事実関係やそこに関わった当事者や法律家たちの奮闘ぶりを直接知ることはできない。

　そこで、法の人間性を実感するためにもうひとつお勧めしたいのが、教科書や六法で出会った重要な判例を、詳しく掘り下げて研究することである。第一審から始まって最高裁に至るまでにそれぞれの段階で裁判所はどのような判断を下し、その過程で当事者や弁護士（民事事件では訴訟代理人、刑事事件では弁護人）がどのような主張をしたか。その経緯をじっくり調べてみるといい。最高裁判所の判例集や判例批評が載る法律雑誌を丹念に読むと、そこからさかのぼって地裁や高裁などでの当事者の主張や各裁判所の判断をかなり詳しく知ることができる。そこまでさかのぼれば、抽象的な判例の文言の背後にも具体的な人間の喜怒哀楽や情熱が隠れていることが明瞭になるだろう。

　ただ、これはかなり高度な作業であり初学者には難しい。判例集や判例批評の内容を咀嚼・消化する力となる法学の基礎知識をまずは身につけよう。判例の掘り下げにチャレンジするのはその後でいい。

□　法の可塑性

　最後に伝えたいメッセージは、法はいつの時代も可塑的であったし、これからもそうあり続けるだろうということである。社会には日々新しい法律問題が生まれ続けている。新しい紛争が起こり裁判所や立法府はそれに対応することを求められる。法はそういった社会の変化とそこに関わる人々の相互作用の中で生成する。

　法を職業とする専門家（裁判官、検察官、弁護士など）や立法者（国会や地方議会の議員）はもちろん、一市民も法生成を促す重要なアクターとなりうる。紛争の当事者や裁判員となった市民が裁判所で自分の考えを述べる場面もある。選挙権を行使することで立法者を選ぶこともできる。行動や言論で自分の理想を広く社会に訴えることもできる。

　法はいわば手の届かない博物館の展示品なのではなく、誰もがその気になれば手を伸ばして形を変えるチャンスを与えられた粘土細工のようなものである。この本を手に取ったあなたが、いつか法の形を変える主役になるかもしれない。法が市民の手が届く可塑的存在であることは、法自身が望んでいる法のあり方でもある。

　法の言葉と概念を正確に理解し、その特徴である体系性や技術性を徐々に理解してゆくのには忍耐力がいる。ただ、これはどの学問でも同じである。何か新しい学問的知識を修得しようとするとき、我慢と辛抱なしに手に入れられる知識などそもそもありえない。法

の世界の奥深くに温かな人間的鼓動を聞き取り、法に働きかけてその形を変えることができるという実感がもてるようになるまでの辛抱だ。忍耐はいつかきっと喜びに変わる。

■　読書案内

　筆者が書いた入門書を紹介する。①青木人志『判例の読み方──シッシー＆ワッシーと学ぶ』（有斐閣、2017 年）、②青木人志『法律の学び方──シッシー＆ワッシーと開く法学の扉』（有斐閣、2020 年）この 2 著はまったく法学の知識がない人むけに書いた「スーパー入門書」である。また③青木人志『グラフィック法学入門（第 2 版）』（新世社、2021 年）は、筆者が実際に一橋大学で法学入門講義の教科書として使ってきた本である。

【青木　人志】

2 国際関係学を学ぶために

◆ 世界と自分をつなぐ

目にした映像、耳にした音楽、出会った人との会話……きっかけは何でもよい。遠く離れた世界が少しでも近くに感じられ、もっと知りたいと思い始めたなら、国際関係学の扉を開いてみてほしい。世界の出来事を自分で見つめ、真摯に考えていくための学問が、国際関係学である。それは誰でもすぐに学び始めることができる。だが、まだ誰ひとりゴールに辿り着いていない未完の学問でもある。そのような国際関係学のあらましを伝えることが、この章の目的である。

□ 国際関係学とは

国際関係学は、1つの定まった学問ではなく、さまざまな専門領域（サブフィールド）の集まりである。この本ではパート3において、国際法、国際私法、国際安全保障論、国際政治経済学、国際関係史の5つを取り上げている。

国際法は、国家間の合意に基づき、国家間の関係を規律する法である。国際連合などの国際組織を設立・運営するのも国際法の役割である。さらに、国内の法や社会にも影響を及ぼしており、私たちの暮らしにも強く関わっている。

国際私法は、私人（個人や企業など）が国際社会において裁判を受ける権利を確かなものとするための法である。外国企業との取引、国際結婚、国境を超えたSNSの交流など、私人同士の関わりがグローバル化すると、トラブルが生じたときに、どこの国で、ど

のような裁判を受けられるのかが問題となる。それを解決するための法が国際私法である。

　国際安全保障論と国際政治経済学は、ともに国際関係論（国際政治学）の一分野とされる。このうち国際安全保障論は、戦争と平和に関するあらゆる問題を扱う。軍縮、核不拡散、同盟、内戦といった伝統的な安全保障問題に加え、近年ではサイバー・セキュリティや、国家だけでなく「人間の安全保障」の研究が盛んである。

　国際政治経済学は、国際政治と経済問題の結びつきや相互作用に焦点を当てる。国際金融、通貨、貿易、開発といった世界経済問題の他に、地球環境、科学技術、移民と難民、民主化、人権、ジェンダーなど、多種多様な分野を対象とする。

　国際関係史は、国家間、地域間、そして世界全体の結びつきを、過去の一時期を対象として、または過去から現在までのつながりとして分析しようと試みる。アメリカ外交史、日中関係史、中東国際関係史、冷戦史など幅広い。

　以上のほか、大学によっては平和学、国際機構論、国際文化論、国際コミュニケーション論、グローバル・ガバナンス論といった科目もあるだろう。どこまでを国際関係学の範疇とするかは、さしあたり大きな問題ではない。以下で述べるように、カバーする領域が広く多様であることこそ、国際関係学の特徴だからである。

□　国際関係学の多様性

　ひとことで言えば、国際関係学とは、世界をより良く理解し、より良い世界をつくるための学問ということになろう。そのためには、世界の一面だけを見ていては不十分である。1つ1つの専門領域は、ある一面に焦点を当てて掘り下げていくことを可能にしてくれるが、それらをつなぎ合わせて全体を理解しようとする姿勢が大

切である。

　ロシア・ウクライナ戦争を例にとろう。2022年2月、ロシアによる軍事侵攻によって始まったこの戦争は、予想を超えて長期化し、市民も巻き込んで多くの地域を破壊した。そして、数多くの問題を提起した。

　一方的な軍事侵攻は国際法に反する侵略に当たるのではないか。国連の安全保障理事会はなぜ事態を収束させることができないのか。国際刑事裁判所はどうやってプーチン・ロシア大統領の戦争犯罪容疑を裁くのか──こうした問題は、国際法の研究に含まれる。

　戦争は、直接的にも間接的にも、私人の権利に影響を与える。ウクライナ人の戦争被害は、民事裁判によって法的に救済されるのか。戦争によって国際貿易取引が打撃を受けた場合、企業間の契約関係にはどのような法的保護が与えられるのか──これらは国際私法の問題の例である。

　また、ロシア・ウクライナ戦争はヨーロッパ、さらには世界の安全保障の構図をどのように変えようとしているのか。北大西洋条約機構（NATO）は軍事同盟として、この戦争にどう関与しているか──これらは国際安全保障論が問題とする一部である。

　戦争が始まってから日本も含めて世界の食糧や燃料の価格が高騰したのは、どのような連鎖のメカニズムなのか。ロシアに対する経済制裁はどれほど効果をあげただろうか──これらは国際政治経済論の問いである。

　さらには、戦争に至るまでのロシアとウクライナにはどのような歴史的つながりがあるのか。ロシアとNATOの対峙はいつから、どのように続いているのか──これらは国際関係史が取り組む問題の例である。

　国際関係学は、このように多角的な視座が連結して成り立ってい

る。はじめは領域の広さにとまどうかもしれない。しかし多様性こそ国際関係学の魅力なのだと考えてほしい。

□　科学としての国際関係学

　ロシア・ウクライナ戦争のような世界の重大な出来事は、メディアで大きく報じられ、その解説が盛んになされる。戦況の推移、国際社会の関わり、歴史的背景など、ニュース解説は1つの出来事について多様な視点から、多角的に情報や分析を提供してくれる。

　国際関係学がニュース解説と異なるのは、1つの出来事について理解しようとするだけでなく、より広く、ほかの出来事にもつながるような一般法則を見出そうとする点にある。1つ1つの出来事は、いわば氷山の一角であるかもしれない。それらを生じさせる共通のメカニズムが見出せないだろうか。

　たとえば、武力紛争が勃発しやすいのはどのような条件がそろった場合か。逆に、どのような場合には平和が維持されやすくなるのか。また、難民が発生しやすくなるメカニズムは、どのようなものか。地球温暖化対策などの多国間交渉は、いかなる条件下で妥結されやすいのか。

　もしもこれらについて答えが見つかれば、今後さらなる紛争が生じたり、難民が大量発生したり、国際交渉が決裂したりする事態を防ぐことができるかもしれない。すべてを一気になくすことはできなくても、少しずつ減らしていくことができるかもしれない。もちろん少数の事例から一般法則を簡単に導き出すことはできないから、科学的手法に基づき仮説をつくり、丁寧に検証の作業を行う必要がある。国際関係学の研究は、より良い世界への希望をもちながら、あくまでも慎重に続けられているのである。

□　グローバルな学問としての国際関係学

今日の大学において講義されているような国際関係学は、20世紀前半、二度の世界大戦への猛省から生まれた。外交・国際関係を国の指導層に任せておくのではなく、国民がみずから意見を形成できるように、「市民のための学問」としてスタートした。

日本では戦後、最大の研究関心は当然のことながら、日本が戦争に突入したのはなぜか、そして二度と戦争を繰り返さないためにはどうするべきかという問題であった。その後、敗戦から少しずつ国際社会へ復帰していく中で、さまざまな国際貢献の課題が浮上し、国際関係学がカバーすべき範囲も広がっていった。

分析対象がグローバルな問題であるから、学問としてもグローバルに発展してきた。さまざまな国の研究者たちが、たとえば環境問題や人権問題について意見を交わし、共同で研究成果を発表している。また、多くの国際セミナーに各国から学生が参加している。

今日の国際関係学は「グローバル市民のための学問」である。国際関係学を学ぶことで、世界への扉が開かれると言っていいだろう。

□　未完の学問としての国際関係学

グローバルな学問ではあるが、国際関係学では、自然科学のように世界共通の法則や定理が確立されているわけではない。たとえば化学反応のプロセスは、諸条件を完全にそろえれば世界のどこでも同じ実験結果が得られるはずだが、世界共通の望ましい民主化のプロセスは見出されていない。国際関係学にも代表的な「理論」がいくつかあるが、いずれも普遍的真理として受け入れられているわけではなく、その意味では「仮説」と呼ぶ方が適切かもしれない。

とはいえ、少しでも蓋然性の高い仮説を生み出すために、研究が

不断に続けられてきたし、これからも続けられていくことは間違いない。すでに見たように専門領域が細分化され、多様化してきたのは、学問が発展してきたことのあらわれである。

　しかし、研究がどれほど専門化しても、見解の割れる問題が少なくない。たとえば核兵器は戦争を抑止するのか、それとも世界を不安定にするのか——これは長年の大きな論争点である。論争そのものは学問の活力を示すものとして歓迎すべきだろう。だが国際関係学においては、いわば世界観のすれ違いが結論の相違に結びつくことがしばしばある。国際政治の本質を、力と力がぶつかり合う闘争の場と見るか、それとも信頼が醸成されつつあるコミュニティーと見るか。このような世界観の違いが、核兵器の役割について評価が分かれる一因となっている。

　国際関係学では、こうした異なる観点を比較し、吟味する姿勢が大切である。1つだと思っていた世界が、見る角度によって様変わりすることに気づくだろう。グローバル市民にとって、ものごとを複眼的に見る姿勢は決定的に重要である。

　しかしそれは、いかなる問題であれ、はっきりと1つの解答を見出すのがむずかしいことを意味する。この章の冒頭で、まだ誰ひとりゴールに辿り着いていない未完の学問であると述べたのは、そういう意味である。まだ誰ひとり、戦争や貧困を根絶するための決定的な処方箋を完成させてはいない。実際、世界では今もどこかで常に紛争があり、飢えに苦しむ人々がいる。

　そして世界は日々、新たな課題を生み出している。脱炭素社会の実現、サイバー空間のガバナンス、地震や津波など自然災害時の国際協力、広がる格差の解消、LGBTQ+ にとってインクルーシブな社会……グローバル規模の解決が求められる問題は、これからも増えつづけるだろう。

それゆえ国際関係学は、これまでと同様に、これからも未完の学問でありつづけるだろう。挑戦しつづける学問と言うこともできる。これから国際関係学を学ぶ皆さんは、その挑戦を担う一員である。課題は多岐にわたる。はじめは身の回りの、自分が気づいた小さな問題でもよい。それが世界と自分をつなぐ何かであると考えたなら、国際関係学の挑戦にぜひ加わってほしい。

■　読書案内

　国際関係学が市民の学問として発展していく出発点とみなされている古典が、E・H・カー著（原彬久訳）『危機の二十年』（岩波文庫、2011年）である。原書は第一次世界大戦後に執筆され、第二次世界大戦の勃発時に刊行された。書名は大戦間の20年間を指している。カーは、理想を掲げるだけでは平和を手にいれることはできず、国際政治の現実を冷徹に分析することが必要だと説いた。本の扉には「これからの平和をつくる人々へ」と書かれている。

【山田　敦】

パート　1　　実定法と社会

1 憲法

◆ 憲法の視点から考えるということ

何か社会問題が生じているときに、憲法の視点から考えるという言い方がなされることがある。それは何を意味しているのであろうか。憲法の視点から考えるためには何が求められるのであろうか。本節では、まず、憲法の視点から考える際に前提となる事柄について簡単に説明する。その上で、いくつかの具体的問題を取り上げて、憲法の視点から考えるということがどういうことであるのかを描いてみたい。もとより憲法に関連する問題は多種多様なものがあり、ここで示すのはそのほんの一端である。

□ 国家と憲法

憲法とは何かを一言で述べるならば、国家の基本的な仕組みを定めた法のことである。ある国家が存在すると観念されるためには、国家権力を行使する機関としていかなるものがあり、それらがどのように組織され、それぞれどのような権限を割り当てられるか、各国家機関はどのような関係にあるのか、といったことが決まっていなければならない。こうした基本的な仕組みを定めた法が憲法であり、特に、固有の意味の憲法と呼ばれる。固有の意味の憲法は、あらゆる時代の全ての国家に存在するものである。これに対して、憲法という名称のついた法典のことを形式的意味の憲法という。日本では、日本国憲法がこれに当たるが、憲法典が存在しない国家もあり、イギリスがその代表的な例として挙げられる。

冒頭から、国家という大仰なものを持ち出したが、憲法について

考えるということは、国家について考えるということと表裏一体である。社会において生じている憲法問題を考えるということは国家の在り方そのものを論ずることに通じている。

□　憲法制定の思想史的背景

　固有の意味の憲法の内容を成す国家の基本的な仕組みは、どのようなものであっても良く、例えば国王が全ての権力を掌握する統治体制がとられていたとしても、国家に対する国民の権利が何ら認められていないとしても、その国には固有の意味の憲法が存在する。しかし、1789年に発っせられたフランス人権宣言16条には、「権利の保障が確保されず、権力の分立が定められていない社会は、全て憲法をもつものではない」と書かれている。この条文の意味を理解するためには、大いに簡略化した説明となるが、以下のような立憲主義という考え方を知る必要がある。

　国家というものがそもそもなぜ設立されたのか。国家が設立される前の自然状態では、力の強い者が思いのままに振る舞い、他の者に言うことを聞かせるような世界（ホッブズは、このような状態を「万人の万人に対する闘争」と表現した）となってしまう。そこで、国家を設立して人々を統制する権力を付与することで、人々が安心して暮らせるようになる（ルソーの説く社会契約論）。しかし、その国家が権力を際限なく行使しても良いとすると、人々は今度は国家に対して怯えながら生活しなければならなくなる。全ての人は自然権を有し、生まれながらにして自由で平等な存在であるという状態は、国家権力の下でも保たれねばならない。そこで、国家権力を行使する際の仕組みや決まりを定めるものとして憲法が制定される。もし、国家権力が不当に権力を行使した場合、人々は国家に抵抗する権利を有する（ロック）。

　かかる物語を基礎に立憲主義という考え方が説かれるようになる。立憲主義によれば、国家権力は憲法に基づいて法的に組織されるものであり、その権力は憲法によって限界を定められ、その限界が遵守されることにより国民の権利が保障される。こうした立憲主義に基づく憲法のことを立憲的意味の憲法という。先ほど取り上げたフランス人権宣言16条に出てくる「憲法」は、かかる立憲的意味の憲法のことを指していると言えば、この条文の意味するところが分かるであろう。

□　憲法学の対象

　憲法学は何を対象とするのか。「日本国憲法」に決まっているだろう、と思う読者も多いであろう。日本国憲法に定められている条文のいくつかが思い浮かぶかもしれない。しかし、憲法について考える際には、日本国憲法に定められた条文のみを眺めていれば済むことではない。

　日本国憲法は、諸外国の憲法と比べても簡潔な規定ぶりとなっている。特に、統治機構に関する条文でその傾向が強く、そのため、国会法や内閣法、裁判所法、公職選挙法、国家行政組織法といった法律等で、各国家機関の組織や運営等に関する事項が規定されている。憲法について考える際には、こうした憲法附属法と言われる法律、更に議院や裁判所が定める規則等もあわせて考察の対象に含める必要がある。また、憲法上の権利であっても、例えば、憲法25条の定める生存権が保障されるためにどのような施策が必要か憲法限りでは明らかでないため、生活保護法や国民年金法等の具体的な立法が必要となる。他に、憲法29条の定める財産権はその内容が法律で定められることが憲法上規定されている。

　加えて、裁判所は、違憲審査権の行使を通じて、裁判で争われて

いる具体的な事件に即して日本国憲法に定められた条文の保障内容を明らかにする。裁判所が下した判例を読み分析することは憲法について考える上で欠かせないものである。

□　解釈による意味の変容①──プライバシー権

　抽象的な憲法の文言に、社会の状況に応じて解釈によって新たな意味を読み込むこともできる。他の条文には規定されていない権利の受け皿となってきたのが、包括的基本権を定める憲法 13 条である。例えば、プライバシー権という言葉は日本国憲法の中にはどこにも出てこない。アメリカにおいては 19 世紀の終わり頃に、著名人の私生活等を暴き、煽情的な内容で読者の好奇心を刺激するイエロージャーナリズムに対抗する形で「ひとりで放っておいてもらう権利」としてプライバシーへの権利が提唱され、その後、判例においても認められるようになっていた。こうした状況を参照して、日本においても、プライバシー権というものが認められるべきという考えが広まってきた。その際、憲法上の根拠として持ち出されたのが、憲法 13 条の保障する幸福追求権である。日本の最高裁判所は、プライバシー権という言葉は用いていないものの、例えば、「個人の私生活上の自由の一つとして、何人も、その承諾なしに、みだりにその容ぼう・姿態……を撮影されない自由を有する」ことを認める（京都府学連事件判決・最大判昭和 44 年 12 月 24 日）等、「個人の私生活上の自由」という形でプライバシー権に相当するものが憲法 13 条によって保障されることを示してきた。

　その後、情報化社会が進展し、様々な情報がデータ化されて集積、利用されるようになった時代においては、プライバシー権は「ひとりで放っておいてもらう権利」として保障されるだけでは不十分であるとして、自分の情報を開示させ、もし誤っている場合は

修正させ、削除してほしい場合は削除請求をすることができる「自己情報コントロール権」として再構成する学説もある。社会の状況に応じていかなる内容の権利が、憲法上認められるべきかが議論の対象となっている。

□　解釈による意味の変容②──オンライン国会

　解釈によって新たな意味を読み込まれる可能性を有しているのは、権利に関わる規定に限らない。新型コロナウイルス感染症の流行により、オンライン授業やリモートワークが一気に普及した。国会の本会議や委員会についてもオンライン化の是非が問われた。ここで関係するのは、「両議院は、各々その総議員の3分の1以上の出席がなければ、議事を開き議決することができない。両議院の議事は、この憲法に特別の定のある場合を除いては、出席議員の過半数でこれを決し、可否同数のときは、議長の決するところによる」と定める憲法56条にいう「出席」の意味である。

　従来、「出席」とは、議員が本会議場や委員室等に会議に参加する意思をもって実際に存在すること、と解されてきた。というよりも、それ以外の選択肢はそもそも考えられなかったのである。しかし、オンラインでもその場にいるのと変わらない態様で会議に参加し、表決に加わることができるのであれば、また憲法57条の定める公開性を満たすのであれば、ここにいう「出席」にはオンラインによる参加も含まれ、会議の参加の仕方の一つとして議院自律権に基づき議院がこれを許容することを決定すれば良いとの考え方もなされ得る。もっとも、オンラインでの参加が本当にその場にいるのと変わらないと言えるのか。まずは、本人確認、双方向性の確保、表決への参加等が技術的に問題なく行われる必要がある。それが可能であるとしても、オンライン上でのやり取りと、同じ場所──と

りわけ議場という特別な場所——で直接顔を合わせてのやり取りとでは、感覚的に違いがあるということは多くの人が体感に基づき理解できよう。様々な意見を持ち寄り、すり合わせをしながら最終的な決着点を見出すというのが、民主的な政治の場である議会の本来の姿であるとすれば、それに相応しいのは対面での議論ではないか。そのため、「出席」にオンラインによる参加を含めることができるとしても深刻な感染症の拡大といった場面等で限定的に認められるものであるという考え方も成り立ち得る。

□　違憲審査制

　憲法は国の最高法規である（憲法 98 条）。この最高法規性を担保するために、裁判所が、法律等が憲法に違反していないかどうかを審査する仕組みが違憲審査制である。憲法 81 条は、最高裁判所が違憲審査権を有することを明文で規定している。裁判所が違憲審査権を有するということは、今日では当たり前のことのようにも思える。しかし、違憲審査制が広まったのは、第二次世界大戦後のことである。例外的に、1803 年から違憲審査がなされてきたのがアメリカである。アメリカ合衆国憲法には、違憲審査制について定めた規定はなかった。しかし、連邦最高裁判所が、突如、自らに違憲審査権限があることを宣言して、違憲審査が始まったという経緯がある（マーベリー対マディソン事件判決）。

　その他の多くの国には、違憲審査制は存在していなかった。国民の権利を保障するのは、国民の代表者としての議会であり、議会が制定した法律に対して、裁判所がその合憲性を審査し、違憲と考える場合には無効と判断することはできないと考えられていた。

　しかし、いかに議会が国民によって選挙で選ばれた議員から構成される組織であったとしても、民主主義に対する脅威ともなり得る

ことを歴史は示した。ドイツを例にみると、ナチ党は、1932年の選挙で議会において第一党を獲得し、ヒトラーは首相に指名された。そして、議会は全権委任法を制定し、自ら立法権を政府に移した。同法は首相に議会の議決なしに法律を制定する権限を与えていたのである。さらに、ライヒの改造に関する法律によって議会は政府に新憲法を制定する権限をも付与した。その後、ヒトラーは、閣議決定のみで国家元首法を定め、大統領職と首相職を統合し、独裁体制を確立したのである。独裁下で行われた苛烈な人権侵害は、後の歴史からは徹底して否定的な評価を受けることとなる。こうした深刻な経験を経て、多くの国で違憲審査制が採用された。

　また、憲法が保障する権利は、多数者の決定に抗してでも保障されるものである。議会の決定方式は多数決によるが、いかに多数人が賛同するような内容の法律であったとしても、一部の少数者の権利を侵害し、憲法に違反するようなものであれば、そうした法律の存続は許されない。もし違憲審査制がなければ、そうした少数者の権利の保障は困難となる。

□　立憲主義と民主主義

　もっとも、選挙を通じて高い民主的正統性を有する議会が制定する法律を裁判所が違憲無効とすることは、極めて重大な事態ではある。しかし、最高裁判所が違憲審査権を有することを定めた憲法81条は、そうした事態を明文で認めている。さらに、憲法上明文のない下級裁判所が違憲審査権を行使することも認められてきた。しかし、裁判所が立法者の決定を尊重し、違憲判決を出すことに積極的ではない場面は多々見られる。特に、日本における違憲判決の少なさは際立っている。

　こうした状況を前に、憲法判例に向き合うためには、立法者の決

定に反してもなお、個人の権利を保障すべく、法律を違憲無効としなければならないのはどのような場面なのか、逆に、立法者の決定に委ね裁判所が立ち入るべきではないのはどのような場面なのか、それを適切に見極める力を磨くことが肝要である。その際、例えば、問題となっている権利の歴史的背景や、性質、意義、民主主義社会における機能、議会や裁判所という組織の特質等から考えることが手掛かりとなる。

☐　憲法訴訟の提起

　具体的な事件とは関係なく、法律の合憲性自体を審査対象とし、通常の裁判所とは別に特別に設置された憲法裁判所が違憲審査を行う抽象的違憲審査制と呼ばれる仕組みを採用する国もある（ドイツが代表的）が、日本では通常の裁判所が具体的な争訟事件に付随して違憲審査を行う付随的違憲審査制が採られている。かつて、警察予備隊令及び警察予備隊を設置するという行為の違憲無効の確認を求めて直接最高裁に提訴されたことがあるが、最高裁は次のように述べて訴えを却下した。「わが裁判所が現行の制度上与えられているのは司法権を行う権限であり、そして司法権が発動するためには具体的な争訟事件が提起されることを必要とする。我が裁判所は具体的な争訟事件が提起されないのに将来を予想して憲法及びその他の法律命令等の解釈に対し存在する論議論争に関し抽象的な判断を下すごとき権限を行い得るものではない」（警察予備隊訴訟・最大判昭和 27 年 10 月 8 日）。

　憲法訴訟が行われるためには、民事訴訟、刑事訴訟、行政訴訟のいずれかの形で訴えが成立している必要があり、憲法判断は基本的に具体的事件の解決に必要な限りで示される。通常の訴訟の中で裁判所が違憲審査を行う権限があることを宣言したアメリカもこの仕

組みを採っている。

□ 社会問題と憲法の接点①──マンション建替え問題

　ここまで見てきたように、憲法上の権利は具体的な法制度の中でその内容の詳細が定められることがあり、また、訴訟を通じてその保障内容や限界が示されるものである。以下では、現在進行中の社会問題を取り上げ、具体的な法制度の設計や訴訟における判断において、どのように憲法上の論点が関わっているのかについてみていきたい。

　日本に多くのマンションが建築され始めてから、40年、50年と経過する中で、老朽化し、壁や柱の強度の問題や水漏れといった機能不全が出てきている。こうしたマンションについては、修繕を重ねていくということにより対処する方法もあるが、それよりも全体を建替えてしまった方が、効率的である場合もある。マンションを建替える要件については、区分所有法（建物の区分所有等に関する法律）という法律が定めており、多数決（例えば、1棟の建物の建替えの場合、区分所有者及び議決権の各5分の4以上の賛成）で建替えを決議することができる。

　しかし、建替え決議は容易に成立しないことがある。まず、建替えに伴う心身の負担ということからの反対がなされる場合がある。マンションは、そこで人々が日々の生活を送っている場である。住み慣れた場所を離れるということは、多かれ少なかれ、人の心身に影響を及ぼすものであり、とりわけ高齢者、障害者や病気の有る者にとっては、大きな負担となり得る。また、金銭的な事情も、建替え決議成立に対するハードルとなる。建替えをするには、多額の費用が必要である。利便性が高く、地価もそれなりにあるマンションであれば、新しく建替えたマンションの余剰の部屋を売りに出す等

して、ある程度建替え費用を賄うことも可能であるが、そうではないマンションの方が多い。そうすると、建替えをする人が自分たちで建替え費用を捻出するほかないが、積立金も十分ではない場合が多くある。

　こうしたマンション建替え問題に関係しているのが、憲法29条の保障する財産権である。同条には、財産権という言葉が出てくるが、これは、財産的価値を有する様々な権利の総称でしかない。個々の権利がどのような内容を持つのかは、法律によって定められなければ憲法限りでは分からない。権利の内容を定める法律の諸規定が置かれ、法制度が形作られることによって初めて個々の財産権の具体的な姿が立ち現れる。例えば、様々な財産権のベースとなっている所有権については、民法206条でその定義がなされ、更に同条以下でその範囲や行使、取得等のルールが定められて所有権制度という法制度が形作られている。

　マンションの各住戸を目的とする所有権は区分所有権であり、これも所有権の一種ではあるが、区分所有法という民法の特別法によって形成された区分所有権制度の中で、独自の内容が形作られた権利である。この区分所有権も憲法上の財産権として保障される。区分所有者がマンションに実際に住んでいる場合には、区分所有権は、生活の基盤を支える権利として重要な権利である。

　マンションの建替えに対して少数の者が反対している場合、区分所有法という法律が、多数決という仕組みによって建替えを認めるということは、反対者の側から見ると、憲法上、財産権として保障されている区分所有権が意に反して剥奪されることを意味する。他方で、老朽化したマンションを建替えて新しいマンションに住みたいという区分所有者や、周辺の地域の再開発と一体化してマンションを建替えて、良好な住環境や敷地の効率的な利用を享受したい区

分所有者にとっては、反対している者がいる場合には建替えがおよそできないということになると、それはそれで区分所有権、すなわち、憲法上財産権として保障されている権利の合理的な行使が妨げられることとなってしまう。最高裁は、おおむねこうした理由を述べ、さらに、反対する区分所有権者は区分所有権を時価で売り渡すこととされており経済的損失について相応の手当てがなされていることを挙げて、1棟建替えの場合の多数決による建替え決議制度の合理性を認めた（その上、話が複雑になるのでここでは省略するが、数棟の建物から成る団地の建替え決議制度の合理性も認めた）（最判平成21年4月23日）。

　判決文ではもっともなことが述べられているようにも見えるが、生活の基盤を支える権利が奪われるという事情に照らしてみると、より丁寧な判断をすることが望まれた。進行するマンションの老朽化問題に直面して、建替え要件を緩和することが現在検討されている。緩和の是非、緩和のなされ方については、いま一度、憲法上の財産権保障に立ち返って検討することが求められるのであり、こうした生活に直結する身近な場にも憲法が関わる問題は存在しているのである。

□　社会問題と憲法の接点②──インターネット上の名誉毀損

　近年、インターネット上において過激な表現で相手を貶める情報発信がなされ、その結果、被害者が自ら命を絶つような深刻な事態も生じている。憲法21条は表現の自由を保障しているが、表現の自由にも限度はある。例えば、相手の名誉を毀損するような表現がなされた場合、不法行為となり民法710条に基づいて損害賠償請求が認められることがある。また、刑法230条は「公然と事実を摘示し、人の名誉を毀損した者」について、その事実の有無にかかわら

ず、刑事罰の対象としている。ただし、この規定が広く用いられた場合、表現の自由への過度の制約となる危険があることから、刑法230条の2という規定が設けられ、公共の利害に関わる事実が問題となる、公益目的でなされた名誉毀損については、その事実が真実であった場合は不可罰とされた。

立法者によって名誉毀損罪が成立する場合が限定されたのであるが、それでも、特に事実が真実であるという要件を満たすことは難しい。もし、訴訟で真実であることを証明できなければ有罪となってしまうのであれば、よほど真実性について確信をもたないと表現できないということになる。そこで、最高裁は、処罰される場合を更に限定し、結果的に真実性が証明できなくても、確実な資料、根拠に照らし、表現時に真実と信じるに足る相当の理由があったと認められる場合には、やはり不可罰とすべきと述べた（夕刊和歌山時事事件・最大判昭和44年6月25日）。判例によって、更に名誉毀損罪が成立する場合が限定されたのであるが、相当の理由があったと認められるためには、裏付けを確実にとる等、取材を徹底的に尽くすことが求められる。

しかし、インターネット上で発信する者は報道機関には限られず、個人利用者も含まれる。インターネット上で行われた名誉毀損についても、夕刊和歌山時事事件判決で示されたのと同様の基準で、つまり、真実と信じるに足る相当の理由があったかどうかで、有罪か無罪かが、判断されるのであろうか。この問題について、インターネット上の表現に対しては被害者もインターネット上で容易に反論し得る可能性があること、また、マスコミや専門家等がインターネットを使って発信するような特別な場合を除くと、高い取材能力や綿密な情報収集、分析活動を期待し得ない個人利用者がインターネット上で発信した情報の信頼性は一般的に低いものと受けと

められていることを理由に、名誉毀損罪の成否についてより緩やかに判断するものとした判決もある（東京地判平成 20 年 2 月 29 日）。

これに対して、最高裁は、個人利用者が発信するインターネット上の情報について常に閲覧者において信頼性の低い情報として受け取るとは限らない、インターネット上の名誉毀損の被害は時として深刻なものとなり得る、一度損なわれた名誉の回復は容易ではなくインターネット上での反論によって十分にその回復が図られる保証があるわけでもない等の理由から、免責要件を緩和することを否定した（最決平成 22 年 3 月 15 日）。

いずれの判示がより説得的であろうか。この問題について考えるためには、インターネット上の表現の特性についてどのように考えるかにつき、ネット上の表現の場に応じて実態を適切に把握することが求められよう。また、その特性と刑罰の成否の判断とをどのように結びつけるか、さらに、個人利用者に報道機関と同等の取材を尽くすことを求めることが本当に可能なのかを検討しなければならない。より広くは、民主政を支える表現の自由の行使に対して、刑罰という非常に厳しい制裁を与えることをどう考えるかが問題となる。

社会問題に対して関心を有していれば、それについて各々自分なりの考えを抱くであろう。憲法の視点から考えるということは、それを思いつくままに述べるのではなく、どのような法制度の仕組みの下でその問題が生じているのかを分析し、憲法上の規定に照らしていかに評価できるのかを一定の思考枠組みの中で示すということである。また、国会や内閣、裁判所といった国家機関が、それぞれに付与された権限においてその問題にどう対処すべきかを考えることでもある。

　ここまでの叙述を通じて、憲法の視点から考えるというとき、それは物事を日本国憲法の形式的な文言のみに照らして判断するということではないということを示してきた。何らかの問題について、憲法の視点から考えるためには、憲法というものが制定された思想史的背景を思考のベースに置きながらも、変化し続ける社会情勢や技術革新の中で何が憲法上問題となっているのかを的確につかむことが重要である。また、関連する法制度の仕組みを正確に理解することも欠かせない。憲法的視座を獲得しそこから議論を展開するためには、広い視野をもつことが必要となる。

■　読書案内

　最近出版された憲法の入門書、基本書等にも分かりやすく、知的好奇心を喚起するものは多数あるが、それらついては、目に触れ、手に取る機会も多いであろうから、ここでは幾分前に出された横田耕一・高見勝利編『ブリッジブック憲法』（信山社、2002 年）を挙げておく。もちろん、今日の問題状況はカバーしていないが、入門書でありながら憲法学の深い歴史的、理論的基層にまで立ち入って描かれており、憲法について学ぶ上での豊かな素養を培うことができる。

【平良　小百合】

2 行政法

◆ 行政法を楽しむ方法
　　──行政法を学ぶと社会はどう見えるのか

　「行政法とはなにか」と尋ねられたとしたら、どのような法律を頭に思い浮かべるだろうか。環境問題に興味があれば環境基本法や廃棄物処理法が、まちづくりに興味があれば都市計画法や建築基準法が、挙がるかもしれない。刑事ドラマが好きであれば警察官職務執行法が、運転免許の取得を考えていれば道路交通法が、思い出されるかもしれない。自然災害のニュースを耳にすれば災害対策基本法が、年金問題に接すれば国民年金法が、COVID-19 の経験を振り返れば新型インフルエンザ等対策特別措置法が、浮かんでくるのかもしれない。このように「行政法とはなにか」という問いかけに対する答えは、その人が何に興味をもち、何を学ぼうとしているのかによって、実に多様なものとなるだろう。そして、そこにおいて挙げられる法律は、おおよそすべてが、行政法学が対象とする「行政法」といえるものとなる。

　行政法学とは、様々な領域における個々の行政法（個別法）に目配りをしながら、それらの法律に共通する考え方（理論）を学ぶという、とても壮大で、かつ、贅沢な（欲張りな？）学問である。また、行政法を学んでみると、社会はまた違った様相を呈するようになる。筆者は、このような行政法の面白さにはまり、今では自他共に認める「行政法マニア」として、日々の生活のなかでも常に行政法のことを考え、行政法の学びを楽しんでいる。本稿では、具体的な例を挙げながら、行政法と行政法学についての概観（筆者なり

の、行政法を楽しむ方法）について述べていくこととしたい。

□　行政法とはなにか――行政法と私たちの生活

　六法（憲法・民法・刑法・商法・民事訴訟法・刑事訴訟法）とは異なり、行政法には、「行政法（行政総則法）」という一つの統一的な法典は存在しない。行政法とは「行政に関連した一群の法を指す」というのが、行政法学における行政法のとらえ方である（いわば、行政に関連する法律の「寄合所帯」）。しかも、ここでいう「行政」とは、憲法に定める三権のうちの一つである行政（権）を指すが、実はこの「行政」の概念自体にも様々な議論が存在している。行政法を学ぶには「行政法とはなにか」について理解をしておくことが必要となるのに、実はそれ自体がとても難しい問題であり、その答えはいまだ不明確で、具体的にはなっていないのである。

　「行政法とは、行政に関連した一群の法を指す」という説明だけでは、まだ、行政法とはどのようなものかは抽象的なまま（よく分からないまま）であろう。そこで、「行政法とはなにか」についてもう少し具体的なイメージをもつために、私たちの生活のなかにある行政法を例としていくつか挙げてみることとしよう。

　ゆりかごから墓場までという言葉があるが、私たちの生活は（ゆりかごから墓場まで）行政法と深く関わっている。こどもが生まれれば出生届を提出しなければならず、出生届が提出されるとその子どもは戸籍に記載される（戸籍法）。戸籍の記載は住民票の記載とリンクしており、この住民票の集積である住民基本台帳を整備するのは、特別区を含む市町村である（住民基本台帳法）。住民基本台帳は住民に関する事務処理の基礎とされ、これに基づいて選挙人名簿への登録や学齢簿の作成が行われる。こどもが保育所に通うこともあるだろうし（児童福祉法）、やがては、幼稚園や小学校に通う

ことになるだろう（学校教育法）。こどもの養育者には、児童手当の給付の制度がある（児童手当法）。大学を卒業して就職をして働きはじめ（労働基準法等）、給料をもらうようになれば、税金（所得税法や住民税法等）や保険料（健康保険法、厚生年金保険法、雇用保険法等）を支払うことになるだろう。婚姻をすれば婚姻届を提出し（戸籍法）、引越しをすれば転出・転入の手続（住民基本台帳法）、家を建てようとすれば建築確認の手続（建築基準法）をとることとなる。車を運転するのであれば免許証の取得（道路交通法）、海外旅行をするにはパスポートの取得（旅券法）が必要となる。病院にかかるとなれば医療保険を利用し（健康保険法）、生活に窮することがあれば生活保護を受ける（生活保護法）こともあるかもしれない。亡くなれば死亡届を提出しなければならず（戸籍法）、埋葬・火葬を行おうとする場合には市町村長の許可が必要となる（墓地、埋葬等に関する法律）。

　ここで挙げた例は、私たちの生活と行政法との関わりの、ごく一部に過ぎない。行政の活動は、私たちの生活のなかのさまざまな場面に存在するものであり、私たちの生活に深く関わっている。このように多数存在する行政活動を統一性のないまま整理せず放置するのではなく、法により根拠付け（法律に基づく行政）、法治国家理念に沿うものとして整え、規律していくこと、秩序あるものとして体系づけていくことが、行政法学が追求する主題となる。

□　行政法学とはなにか
──行政法を学ぶと社会の見え方が変わる

　現在日本にはおよそ 2000 近くの法律があり、それらのうちの多くは行政に関わる法律といわれている。それでは、行政法学を学ぶということは、このように膨大な数の法律を一つ一つ学ぶことにな

るのだろうか。結論からいえば、答えは「否」である。

　行政法学は、さまざまな行政分野に存在する多数の法律について、それら一つ一つの解釈や運用を条文に沿いながら学んでいく学問ではない（ここが行政法学の特徴的なところである）。行政法学では、広範な領域にまたがり存在する種々の行政法、行政活動について、それらに共通する基本的な考え方（原理）、概念、そして行政活動に必要となる組織や手法や手続等について、学んでいく。ただ、このような説明では、まだ、行政法学の輪郭は曖昧なままであろう。そこで、ひとまず、（何でもいいので）『行政法』の教科書を手に取り、その本の目次を読んでみることをおすすめする。行政法の教科書の目次を読むと、「行政法学で何を学ぶのか」を一覧することができるからである。

　行政法の教科書の目次をみると、そこにはまず、行政法の世界に通底する重要な考え方（法律による行政の原理）について説明する章が置かれているのではないだろうか。続いて、行政により行われる活動、複数の手法について説明する章が続き（「行政の行為形式」といわれるもので、これが行政法の「総論」にあたる）、さらに、私人と行政との間の法的紛争の解決のための救済の手法について説明する章が置かれていることであろう（これが行政法の「救済法」にあたる）。目次からは、行政法学とは、行政活動が「法律により治められるものであること（法治行政、法律による行政）」を担保するために、行政をめぐる法関係を行政の活動（行為形式）ごとに考察し（総論）、また、行政の違法な活動を是正する手法を学ぶ（救済法）学問であることを鳥瞰することができる。行政法学の体系とは、広範な領域に点在する個々の行政活動について、共通に認められる基本的な考え方や要素を抽出し、それらに沿って行政活動を整理することによって秩序づけていこうとするもの、つまり、さ

まざまな領域の種々の行政活動を総じて考察するための分析枠組
（理論体系）なのである。

　行政法理論の学びは、外国語学習の「文法」に例えられることも
ある。外国語の文法が常に必ずしも「物語」とともに語られるので
はないのと同様に、行政法理論が常に必ずしも「個別行政法の具体
的な実施に関する議論」とともに説明されるものではないから、こ
のような学びは、抽象的で無味乾燥なもの（退屈なもの）と感じら
れてしまうかもしれない。しかしながら、筆者は、このような行政
法理論の学びを反復し継続することによって、個々の行政領域にリ
アルに存在する具体的な行政法関係の理解を深めていくことができ
ると考えている。それは、「文法」を学ぶことによって、外国語の
文章の読解が深まるのと同じであり、これを（やや大胆に）いいか
えれば、「行政法を学ぶことによって、社会の見え方が変化する」
ということである。社会において生じる種々の問題を法的に解決し
ていく方法を考えていくためには、それらの問題に関連する制度に
ついて学び、その制度のどの部分をどのように改善していくかを考
えるという思考枠組と検討作業とが必要となる。行政法を学ぶと、
社会に存在する法律関係を行政法学的観点から把握し、どのような
制度的対応が可能かを具体的に考えていくことができるようになる
（このような検討は、「政策法務」とか「政策法学」と表現されるこ
とがある）。ここに、行政法を学ぶ楽しさがある（と筆者は考えて
いる）。

　話がまた抽象的になってきたので、以下では、具体的に3つの例
を挙げながら、「行政法を学ぶと社会はどう見えるのか」について、
説明を続けてみることとしよう。

□　社会の見え方の変化（その1）
──社会に存在するものを制度として理解する

「行政法を学ぶことによる社会の見え方の変化」のその1は、社会（世の中）に存在するものを制度として理解することができるということである。具体例として、道路交通法の定める運転免許を挙げる。

「自動車を運転するには免許証が必要だ」ということは知っていたとしても、「免許」とはなにかを、法律学的に（法律に遡って）考えてみたことはないというのが普通なのかもしれない。一方、行政法学とは、行政法関係を行政の活動（行為形式）で把握していく学問であるから、「自動車を運転するには免許証が必要だ」は、行政法学のフィルターを通すと、「自動車を運転するには、行政（都道府県公安委員会）から免許（許可処分）をもらう必要がある」、となる（「許可」とは、一般的に権利を制限した上で、許可を受けた者だけにその権利を復元させるという行政決定である）。運転免許制度とは、私人が公道において自動車を運転することが一般的に制限されている状態を前提として、行政が、自動車を安全に運転する技術を有する者（免許の試験に合格した者）にのみ「公道で自動車を運転してよい」と認め、運転をする権利を復元する決定（許可）をするための制度である。免許証とは、この行政決定（許可）があったことを証するものとなる。

　免許の制度をこのようにみると、そこからまた理解が広がっていく。例えば、運転免許の点数制度についてはどうか。免許というものが、運転技術を習得していない者（危険な運転をするおそれがある者）が公道を自動車で運転するという（公衆にとって）危険な状態を生じさせないようにするための制度であるとすれば、危険な運転をした者を（運転できるという状態から）除外するための仕組み

が必要になるはずである。そのために用意されているのが「免許の停止や取消」であり、その停止や取消（という手法）を仕組みとして動かしていくために必要となるのが「免許についての点数制度」であると理解していくことができる。併せて、「免許点数の減点」（という行政法的な手法）が、「罰則―過去の違反行為に対する制裁」（という刑事法的な手法）とは別個のものとして用意されている理由についても、理解を進めることが可能となろう。さらに、免許の更新制（免許保有者の運転能力を定期的にチェックするために、免許に期限を付す仕組み）や、優良運転者制度（免許保有者の安全運転への意識高揚をはかるために、安全運転を継続している免許保有者を賞揚する制度）などが、なぜ導入されているのかについても、理解をつなげていくことができるだろう。

　このように、普段はあまり意識せずにいる（かもしれない）「免許」という存在について、行政法学のフィルターを通してみると、免許を制度として把握すること（免許をめぐる複数の行政手法を一連の制度として関連付けて理解していくこと）が可能となる。さらに、道路における危険の防止と交通安全の実現という道路交通法の目的を実現していくために、免許以外にどのような行政手法があり得るのかついて検討を広げていくことも可能となろう。例えば、昨今の話題となっている自動運転についてはどうか。行政法学のフィルターを通してみると、自動運転の技術を社会に実装していく際には、従来の免許制度とは異なる新たな制度の導入の必要性ということが法的な検討点の一つとして浮かぶ。なぜなら、従来の免許制度（安全確保の手法）とは、運転者（自動車を運転する「人間」）に着目し、運転者を対象とする行政手法を関連付けた制度として構築されているから、運転者たる人間が存在しない運転（自動運転）に、この制度をそのまま援用することはできない（新しい安全確保手法

を考える必要がある）からである。2022（令和4）年の道路交通法改正（令和4年法律第32号）においては、「運転者がいない状態での自動運転に係る許可制度」が創設されている。興味を持てるようであれば、ぜひこの法改正について調べてみて欲しい。

□ 社会の見え方の変化（その2）
——課題解決のために法律学として何を議論すべきかを確認する

「行政法を学ぶことによる社会の見え方の変化」のその2は、社会で話題になっている諸課題の解決のために法律学として何を議論すべきなのかを確認できるということである。具体例として、出入国管理及び難民認定法（入管法）の定める難民認定制度を挙げてみよう。この問題も、学問領域ごとに様々な議論の仕方があり得る問題であるが、行政法学のフィルターを通すと、何をどのように議論すべきものと見えるのだろうか。

行政法学では、制度を分析するにあたり、制度を構築する根拠となる法律（根拠法）に着目する。日本における難民認定制度を規定するのは入管法であるから、その規定を確認することとなる。入管法に定める難民認定は、難民申請を提出した者について、「難民」（難民条約及び難民の地位に関する議定書に定義される難民）であることを認定する制度である。令和5年法改正前の入管法の定める難民認定の手続は、概要以下のようにまとめることができる。①日本における難民の認定は、法務大臣が行う。②難民認定を希望する者は、難民に該当することを証する資料を用意して、法務省出入国在留管理庁（地方出入国在留管理局）に申請をする。③難民認定申請には、法律上、申請期間の制限や申請回数の制限は設けられておらず、難民認定申請中の外国人には、退去強制対象者の強制送還が

停止されること（送還停止効という）が認められている。④申請が
あると、所定の審査等が行われ、難民として認定されるかどうかが
決定される。⑤審査の結果が不認定の場合にも、難民と同様にやむ
を得ない理由で出身国に帰ることができない者には、在留特別許可
が与えられることがある。

　入管法の以上のような規定を前提として、次の2つの問題につい
て考えてみよう。第1に、難民認定を求めるものではないが、難民
に準じるものとして在留許可を求める外国人は、どのような手続を
とることになるだろうか。第2に、強制送還されることを防ぎたい
と考える外国人が、退去強制そのものについて争う以外にとりうる
手段には、どのようなものが考えられるだろうか。令和5年法改正
前の入管法によると、上記2つのいずれについても取り得る手段と
して、「難民認定申請手続」が挙がることになる。難民認定申請手
続のこのような用い方（すなわち、難民認定を求めるものではない
のに、難民認定申請を行うケース）が、実際にどのくらい発生して
いるのかを数として把握することは相当に困難（不可能）かもしれ
ない。ただ、行政法学的な分析からは、次のことはいえそうであ
る。難民認定手続は、「申請」と「申請に対する処分」の手続とみ
ることができる。この手続の運用においては、「申請に対する処分」
を求める申請者が、申請権を行使した場合に、適法かつ速やかに
「申請に対する処分」が得られるような手続としておくことが重要
であり、従って、「『申請に対する処分』ではない処分」を求める者
が（「申請に対する処分」についての）申請権を行使することがな
いよう、申請の仕組みを整理しておくことが必要となる。なぜな
ら、「『申請に対する処分』ではない処分」を求める者が（「申請に
対する処分」についての）申請権を行使することにより、申請数が
（徒に）増えると、真に「申請に対する処分」を求める者の申請審

理に遅延が生じてしまうおそれ（ひいては、申請権が実質的に害されるおそれ）があると考えられるからである。

　難民認定手続にこれをあてはめるとすれば、法律の定め（仕組み）をみた場合、現行の手続は難民認定申請を求めるものではない者が、難民認定申請を行わざるを得ない手続（第一のケース）、または行う可能性がある手続（第二のケース）、となっていると読むことができそうである。そしてもしそうだとすれば、真に難民としての庇護を求める者の申請審査過程に余分な負担がかからないように、申請のルートを整理する必要があるといえそうである。つまり、「申請ルートの整理」、これが、行政法学のフィルターを通してみた難民認定の問題であり、行政法学として議論すべき点（の一つ）ということになる。この「申請ルートの整理」は、結果として必ずしも難民認定「数」の増加には直接にはつながらないのかもしれないが、少なくとも、難民認定を求める者が難民認定申請手続を用いて迅速に認定を得るルートを確保するという意味において、難民認定申請（という行政過程）の適正化に資する改善策とはなろう。2023（令和5）年の入管法改正（令和5年6月16日法律第56号）における難民認定制度の改正が上記のような改善を含む内容となっているかどうか、興味を持てるようであれば、この法改正についても条文を引いて調べてみて欲しい。

□　社会の見え方の変化（その3）
──実現可能性のある制度設計を考えていく

　「行政法を学ぶことによる社会の見え方の変化」のその3は、問題解決のために、実現可能性のある制度設計を考えていくこと（問題解決のための道筋を立てること）が可能になるということである。具体例として、空き家問題を挙げてみよう。

　高齢化社会の到来とともに、日本における空き家問題が深刻化するといわれている。放置された空き家は、保安上危険な状態を惹起するおそれ、衛生面・景観面での生活環境の悪化のおそれ等を生じさせるものであり、行政として対策を考えていかなければならない問題の一つである。

　それでは、「空き家問題を解消するための施策の検討として、どのような制度（法律）が必要か」という問いがあったとしよう。この問いに答えるために、何を、どのように考えていけばよいのだろうか。多くの人がまずやってみようと考えるのは、「既に存在している法律や条例にはどのようなものがあるかを調べてみること」であろう。これはとても大切な作業である。調べてみると、複数の条例（「空き家条例」といわれる）と、そして「空家対策特別措置法（空家等対策の推進に関する特別措置法）」を見つけることができるだろう。参考となる法律を見つけたら、当然、その法律の条文を読んでみるだろう。ただ、ここでは、法律を読む前に少し時間をとって、「自分だったら」どのような法律をつくろうとするか、自分の頭で考えてみて欲しい。

　行政が何らかの問題解決に取り組むということは、問題を生み出す原因を消滅させ減少させるということである。空き家問題でいえば、「管理の行き届いていない空き家」を消滅・減少させるということになるが、では、管理の行き届いていない空き家を消滅・減少させるにはどのような方策があるだろうか。論理的に考えると、①管理の行き届いていない空き家について、所有者に管理（管理には撤去を含む）させる、②管理の行き届いていない空き家について、行政が（所有者に代わって）撤去する、という二つの方法が考えられそうである。このとき、行政法の総論の学びが頭のなかに入っていると、①については所有者の把握と所有者への命令等の権限行

使、所有者を把握するための行政調査や情報の管理が、また、②については所有者本人に空き家の撤去等の義務を課した上で、義務の不履行について行政が代執行するという手法が、制度のなかに用意されていることが必要になるのではないかと、課題解決のために具体的に必要となる行政活動（手法）について、道筋を立てて考えていくことが可能となろう。

　このように、行政法を学んでいると、目の前にある課題の解決のための施策（行政手法の活用と組み合わせ）のあり方を、具体的に考えていくことが可能となる。ここまで考えた上で改めて空家対策特別措置法を読んでみると、同法が、①のために、また、②のために、どのような手法を規定しているのかという観点から条文を読み進めていくことが可能になるだろう。これは、行政法の行為形式論で学んだ「行政手法の活用と組み合わせ」を、法律のなかから読み取っていく（立法者が作った仕組み（制度）を法律の条文から読み取る）という、「行政法の読み方」である。そのような読み方からすると、空家等対策特別措置法の一番の見所は、同法の「空家等」の定義、特に、「空家等」に法律上の種別を設けて、命令（及び不履行の場合には代執行）の対象となり得る「特定空家等」を分けて定義した点にあるのではないかと、筆者はそのようにこの法律を読んでいる。ちなみに、空家等対策特別措置法は2023（令和5）年に改正されており（令和5年法律第50号）、「管理不全空家」という空家の新しい種別が設けられている。この新しい種別が、何のために設けられどのような種別なのか、興味を持てるようであれば、ぜひ、この法改正についても調べてみて欲しい。同法の立法者が、この「管理不全空家」という新しい種別を設けることによって、何を実現しようとしているのか（逆にいうと、何を実現するためにこの新しい種別を設けたのか）を理解できた時、行政法を学ぶ楽しみ

をまた一つ、見つけることができるはずである。

　成立当初には問題のなかった法律や制度が、時の経過と社会の変化のなかで、改善や改革を要するものとなるということは生じ得ることであろう。そのようなときに、問題だと感じる（感想）だけにとどまるのではなく、その問題意識をより深めて、理論的に検討し、具体的でかつ実効性のある「法的な手立て（制度改正のアイデア）」を提示することができるとすれば、わたしたちの社会はまた一歩、よい方向に進んでいくのではないだろうか。

　本稿の冒頭に、「行政法学とは、様々な領域における個々の行政法（個別法）に目配りをしながら、それらの法律に共通する考え方（理論）を学ぶという、とても壮大で、かつ、贅沢な（欲張りな？）学問である」と書いていた。行政法を学ぶと、行政法のリアルな法執行過程を把握し、問題解決のための実効性のある制度設計を考えていくことが可能となる。さらに、そのような制度を、救済のあり方も含めて、既存の法律のなかにどのようにインストールしていくのか（筆者はこれを「制度の社会実装」と呼んでいる）を検討することも可能となる。行政法を学べば、行政法を使いこなすことができる。これぞ、「行政法を学ぶ究極の楽しみ」といえるだろう。

■　読書案内

　①本稿を読んで、「世の中のためにどのような政策が必要かを考えるのは面白そうだな」と考えた人には、畑村洋太郎『やらかした時にどうするか』（筑摩書房、2022年）。政策立案には、創造的発想が必要となるが、同時に、過去の失敗に対する見直しの視点も肝要となる。著者は、失敗学と創造的設計論を専門とする工学部出身の理系研究者であり、本書は失敗に対する見直しの視点と併せて、

仮説立証・脈絡・具体化・仮想演習という創造的思考のプロセスにも触れるものであり、この思考枠組はそのまま、政策立案の思考にも応用可能なものといえる。②本稿を読んで、「訴訟まで含めた法執行のあり方を考えていくことが大切になるな」と感じた人には、瀬木比呂志『我が身を守る法律知識』（講談社、2023年）。行政法にとどまらず「法律」を学ぶことの重要性を体感できる一冊である。著者は元裁判官で民事訴訟法の専門家であり、本書において扱われるのも主として民事法の領域の話ではあるが、本書で述べられる「予防法学」の考え方（法律の仕組みをよく把握して、あらかじめの対応をしておくことが、訴訟リスクを減じることにつながる、という考え方）の根本は、公法上の法律関係にもあてはまるものといえよう。③最後に本稿を読んで、「行政法について、もっと勉強をしてみたい」と思ってくれた人には、高木光『プレップ行政法（第2版）』（弘文堂、2012年）。刊行からすでに10年以上の時が経過しているが、優しい語り口と興味をひく話題を通して、行政法を身近なものとして感じさせてくれる本である。

【野口　貴公美】

3 民法
◆　財産と家族に関する根本規範

　ヒトは、誰かに見守られながら著しく未熟な状態でこの世に生を受ける。生後まもない赤子が必要な糧を得、外敵から身を守って生き延びるには、保護者と避難場所が不可欠である。そのため、ヒトは、古来、家族と呼ばれる小さな共同体を形成してきた。幼いヒトは、特定のヒトと親密な関係を育みながら少しずつ成長し、多種多様な生物がひしめく世界の中で自分の仲間として同一視できる生物の種を「人」と認識し、いくつもの段階を経ながらヨリ大きな人の集団の中で他の人と共存するためのすべを習得して、小人から大人になり、社会の中に各自の居場所を見つける。

　「食べることは生きること」の格言が示すとおり、自ら生活の糧を稼ぐことができるようになると一人前とみなされる。社会で生きてゆくうえで、ある程度の自由になる財産をもつことは必要不可欠である。人は、その過程で、多くの物や財を支配・利用・消費し、多くの人と関わり、人と協力しつつ、ときには競い合うといった社会的な営みを繰り広げる。一人前になった後は、今度は自分が社会を支え、新たな家族を形成し、命のバトンを託す次世代を育成する。さらにその後は誰かの世話になり、やがて誰かに看取られて一生を終える。

　このように個体としてのヒトの生死を超えて、前世代から現役世代をへて次世代への命の承継を予定する人の社会生活を規律する法の基盤として、「財産」と「家族」いう基本概念が民法体系の軸に据えられる。民法は、「人」が主体となって形成する「財産」と

「家族」に関する根本的なルールを定めることを通じて、比喩的にいえば、人の社会生活を一瞬の切れ目もなく静かに見守り、支え続ける巨木のような存在であるといえよう。

□　私法の一般法──権利・義務の体系

　もっとも、民法は、太古より現在に至るまで自然界に厳然と生息する巨木とは異なり、人類の祖先誕生と同時に当然に発生したわけではなく、長い時間をかけて人工的に構築された無形の体系的規範群である。ネアンデルタール人の社会にも何らかのルールが存在したのかもしれないが、人の社会に関する法＝民法という等式は成り立たない。詳しくは、「法学入門」など法学部における導入科目の講義等における解説に委ねるが、法は大きく、「公法」と「私法」の２つに分類して把握されるのが通常である。すなわち国家や地方公共団体などの公権力と人との関係を規律する法を「公法」（例えば、憲法・刑法など）と呼び、人どうしの私的な関係を規律する法（例えば、民法・商法など）を「私法」と呼んでいる。公法と私法は、それぞれが対象とする関係の性質に応じて妥当する指導原理にも違いがあると考えられている。そして、民法はそうした私法の一般法として位置付けられている。本項目では、このことの意味を少し立ち入って説明しておくことにしよう。

　まず、人の社会生活を規律する根本規範として、民法は、外界の事象を観察して単に記述する命題ではなく、人どうしの私的な関係を対象として、「どうあるべきか」「どのようなことができるか」「どのようなことをしなければならないか。」といった規範的内容をもつ命題の集合体である。たとえば、「建物の所有者は占有者に対してその返還を求める権利を有する。」とか「加害者は被害者に生じさせた損害を賠償する義務を負う。」といったように、「権利」

「義務」という概念を含む命題が主に取り扱われる。西欧言語において、法と権利は、ともに「正しい」（right, droit, Recht）と同じ言葉で表現される（→④－1参照）。西欧において、法は正義の実現に奉仕するものであり、各人がそれぞれに相応しいものを受けとるべきこと、各人が自己に相応しいものを奪われたり、自己に相応しくないものを持っているときに、その状態を是正することを目的とするものとされてきた。「権利」及び「義務」という概念も「正義」と同様に、西欧法の長い歴史的伝統に由来することを知っておく必要がある。法規範は、多種多様な社会関係を規範的な正当性の眼鏡を通して眺め、誰と誰の間にどのような権利・義務が成立するかという観点から分析するものであり、その性質上、論理性と体系的な整合性が重視される。法律用語の意味を深く理解するには、職人のような厳密で繊細な言語感覚はもちろんのこと、法の歴史や法の比較という基礎法学の問題意識が求められることも容易に理解されよう。

　次に、一般法であるということは、特定のカテゴリーに属する社会関係ではなく、あまねく多種多様な社会関係を包摂することを目的とすることを意味する。その対義語である特別法は、ある観点からその適用範囲が特定のカテゴリーに属するものに限定されるものをいう。たとえば私法の領域では、商取引を目的とする契約に適用される商法や、事業者と消費者の間の契約に適用される消費者契約法が比較的身近な特別法である。私法秩序は、一般法である民法の上にさまざまな特別法が積み上げられる形で構成される。そのため、法の世界を眺める際には、一般法—特別法、原則—例外の関係を意識することが肝要である。

　一般法としての汎用性を使命とする以上、民法は、風見鶏のように状況に応じてころころ変わるようでは困る反面（法規範は古くは

石などの固い媒体に刻印されることも少なくなかった）、社会の抜本的な変化にも柔軟に適応して内容を更新できる装置として機能することも求められる。そのため、民法の規範には、とりわけ抽象度の高い概念が多用され、社会がどう変化しようとも、幅広くかつ柔軟に多種多様な社会関係を包摂できる規範が用意されているよう周到な工夫がされている。民法学修のはじめの段階において、「信義則」「公共の福祉」「権利能力」「法律行為」「義務違反」などといった、まるで外国語のような響きをもつ法律用語（実際のところ、これらの概念もすべて西欧語の翻訳である）のオンパレードに遭遇し、雲をつかむような抽象概念の扱いに戸惑う人も多いかもしれない。しかし、こうした困難は、一般法の学修において不可避な運命として甘受するほかないのである。

□　民法──「市民」の法

　以上の説明から推察されるとおり、民法という呼称も、市民法（civil law［英］, code civil［仏］, Zivilrecht［独］）という外来語（これらの語はさらに古くローマ法の「市民法大全」Corpus Iuris Civilis にまで遡る）を翻訳したものである。「民」という言葉は、単なる人の集団を規律するルールではなく、都市において市民生活をする人々の関係を規律する法であることを含意している。すなわち、人は、文明の発達により、道具を駆使し、自然から食料をただ採取するだけでなく、自然に手を加えて食料を自ら製産し、河畔での定住生活を始め、都市を形成して、市場に集まるよく顔を見知らない多くの人々と幅広く交易活動を行うようになった。このような都市空間に生活する人の社会関係を規律するルールとして生成した法規範が民法なのである。よく知られたジョン・ロックの所説が端的に示しているように、所有権という観念が発達したのは、人が自

然に自ら労力を投じて新たな価値をもつ人工物を生み出し、とりわけ農耕の発展と共に定住生活を送りつつ土地から労働の果実を得て、余剰の果実を蓄積する生活形態が普及したこと密接な関連性があるものと考えられている。そして、余剰製品を現物ないし貨幣を媒介として他人と交換する活動の活発化に伴い、物品の交換・売買を目的とする契約という制度が私法上の財産をめぐる社会関係の土台として意識されるようになり、私法秩序の基盤となる所有権や契約などの基本概念が成立した。

　都市における生活は人々の間にそれまで経験しなかった類のトラブルも生じさせる。人の活動範囲が狭く、家族及び同一の種族内の互いによく顔を見知った友人や知人等との親密な交流のサークルに留まる限り、仮にサークル内の誰かが不注意で他の誰かにけがをさせることがあったとしても、不運な事故として互いに甘受し、個々の事故に目くじらを立てる者はいなかったかもしれない。しかし、人の交流の量が増大し、他人の活動によりもたらされる危険の量が増える都市生活は、親密な関係性が希薄化する傾向をもたらす一方、財産（物品）の交換という合理的計算に基づく関係性が占める割合を増大させる。そうした状況のもとで、見知らぬ他人の意図的あるいは不注意な行動により、生命を奪われたり、怪我をしたり、財産を失うといった事態が生じると、他人の加害行為により自己の生命・身体・財産等を侵害されて損害を被った者は、その加害者に対して、加害行為がなければあったであろう状態の回復を求めて、損害賠償を求めるという反応行動をとるようになる。これにより不法行為に基づき生じた損害の填補を目的とする損害賠償責任という制度が醸成されるに至る。

　都市生活者は、出生してから継続的かつ全人格的な交流を結ぶ特定の近親者との関係性と、生活の糧を得るためにその都度自らの選

択にしたがって形成してゆく関係性をともに生きる。こうした関係の二分化が「財産」と「家族」を基軸とする私法体系の基礎となる。

　日本の「民法」は、明治時代（1896 年）に公布され、その後幾度もの大改正を経て、今やヒトの寿命を超える 127 年以上の命脈を保っている。民法は、不平等条約を改正し、富国強兵のスローガンのもと、西欧諸国に対する遅れを取り戻して近代化を推し進めるためのインフラとして整備された。国際社会の仲間入りをするために、民法という私法の根本規範の整備は喫緊の課題であった。フランスから招聘された法学者ボワソナードが起草した旧民法をたたき台とし、膨大な数の外国法を参照しながら、とりわけ当時振興著しいドイツの民法草案などの影響を多分に受けながら、修正して編まれたのが民法である。こうした経緯にてらし、日本の民法が、単に日本国内における都市生活者の法としてのみならず、より広く国際社会においても通用しうる内容を備えるため、当時において最先端の比較法の成果として生まれたものであることは強調されてよい。民法の学修においても、グローバル社会が抱える課題に対する問題意識をもっておくことがきわめて重要である。

□　近代私法の基本理念──自由・平等

　近代私法の基本理念として、一般的に謳われているのは、自由・平等の理念である。これらが友愛（博愛）とともに、フランス革命後の 1804 年に公布されたフランス民法典（Code Civil）に由来することはよく知られている。日本の民法も自由・平等の理念を承継している。所有にせよ、契約にせよ、私法は、自らの意思に基づいて自己の生活空間を形成したいという人の根源的な欲求に即して社会関係を規律しようとするものである。こうした自由の尊重は私的

自治の原則として結実している。また、人と同じように（あるいは人並み）でありたいと願う一方、人と同じではつまらない（独自の存在でありたい、あるいは人に優越したい）という感情も抑えきれず、アンビバレントな想いの狭間で揺れ動くのが人の性であることを直視するとき、自由・平等が私法の基本理念として掲げられること自体に違和感をもつ人はおそらく少ないであろう。

　しかし、自由・平等は、自明のものではない。むしろ長い闘争の末に勝ち取られたものである。歴史上、奴隷制度が公然と存在していたことは紛れもない事実であり、ヒトが動物のように取引の客体にされることもあった。現在もなお、人身売買同然の取引や身分や出自に応じた厳しい階層社会の下で人並みの扱いを受けることなく生きる人が存在している。また、権威主義国家のように、個人の自由が制度として十分に保障されているとは言い難い社会体制も強固にその勢力を保っている。日本及び国際社会において男女両性の平等が重要視されるようになったのも、人類の長い歴史からみれば、それほど古いことではない。社会通念というものは、時代や地域ごとに実に多様に変遷を続ける。そうした中で、自由・平等の理念に支えられた民法が成立するにあたっては、西欧が近代化する過程で勃興した時代思潮が作用したものと考えられる。

　すなわち近代を象徴する時代思潮として、認識行為の主体と客体の峻別を前提とする自然科学の方法論にみられる分析的・二分法的思考の普及を見逃すことはできない。民法は、「人」と「物」という二つの概念を措定する。「人」を権利の主体に据える一方、「物」を権利の客体と位置づけることにより、人とそれ以外の全ての生物との間で厳然とした差別化が図られる。家畜・愛玩動物・人工知能を登載したロボットは、主体・客体の二分論のもと、「物」に分類され、権利主体となる可能性はなくなる。ここで権利として想定さ

れている典型例は、私法秩序の基盤をなす権利としての所有権である。人は生き伸びるために、多くの財産を支配し、必要に応じて他人の財産と交換する必要に迫られる。人以外の他の生物は所有（支配）の客体とされ、自由な使用・収益・処分の対象として矮小化される。人は、物を支配し、他人と交換する行為の主体であり、その能力を存分に発揮してよりよい生活をし、人格を発展させるには、その自由な意思をできるだけ尊重すべきである。人の意思を基軸とする私的自治の原則はこうした考え方に基づく。そして、同種の仲間として互換的な立場にある他の「人」の意思は同様に尊重しつつ、互いに協力する必要もあるため、権利の主体としてすべて平等な立場にあると考えることにした。このような底抜けに楽天的で人間に都合のよい理念が生まれる根底には、適者生存を説くダーウィンの進化論が競争の価値に重きを置き、勝者を優れたものとして捉える価値観とも結びつき、「人類」を「進化の最先端」に位置する高等生物と位置づける世界観が生じたことも影響しているように思われる。

　ともあれ、ヒトは出生した瞬間から無条件に平等な権利の主体として扱われる。これを権利能力平等の原則と呼んでいる。日本の民法は、その3条1項において「私権の享有は、出生に始まる」と簡潔に定めているだけである。しかし、西欧における歴史的発展の過程をふまえ、このような原則が同条文には埋め込まれていると解釈されているのである。

□　契約自由の原則と過失責任主義

　自由と責任は表裏一体のものである。人は、社会関係を自らの意思に基づいて形成することができる一方、自己の行為がもたらす結果に責任を負わねばならない。私法の第一原理ともいうべき、私的

自治の原則は、取引法の領域においては契約自由の原則、責任法の領域においては過失責任主義として、さらに具体化されている。

　契約は2人以上の人の間で交わされる合意である。日常用語の「約束」と似ているが、単なる約束と異なり、契約には法的拘束力がある。つまり、Aが所有する建物をBに売る契約（売買契約）を締結すると、AもBも共にその契約に拘束され、Aが自分の都合で「やっぱり売るのはやめにした」と後になって一方的に前言を覆すことは許されない。AはBに対して建物の引渡義務を負い、BはAに対して売買代金支払義務を負う。義務が任意に履行されない場合、各当事者は相手方に対して、国家（裁判所）の力を借りて義務を強制的に履行させることができる。

　契約自由の原則とは、このように法的拘束力をもつ合意である契約をそもそも締結するかどうか、誰と締結するか、どのような内容の契約を締結するか、さらには契約締結のためにどのような方式を用いるか、といったことを、法律上の特段の定めに抵触しない限り、当事者の自由に委ねるとする原則である。ローマの時代には法的拘束力のある契約として公認されるには、一定の厳格な形式にのっとる必要があるなどの制約が見られた。

　しかし、中世以降、教会法の影響も受け、「約束は守らなければならない」とする道徳律が法規範にも合流し、無方式の契約の拘束力が広く容認されるに至る。こうして生まれた契約自由の原則の萌芽は、近代化の過程において一気に開化した。封建制や職能団体による個人の活動の拘束から自由になり、個人の自由な活動に基づき経済関係を構築しようとした自由主義的なイデオロギーが台頭し、契約自由の原則は、市場における自由な競争に委ねておけば、「神の見えざる手」（アダム・スミス）に導かれて、経済が調和的に進行するというレッセ・フェールの思想にも支えられて、資本主義経

済体制を支える基本原理としての地位を確立した。

　もっとも、自由の行き過ぎを制御することができず、現代社会は、極端な貧富の格差、社会の分断、未曾有の地球環境破壊に直面する始末である。遅まきながら、人類の発展を錦の御旗に掲げて収奪の限りを尽くす態度を根本的に改める必要性がようやく共通認識となったいま、契約自由の原則を基礎としつつも、契約における正義とは何かという大問題に正面から取り組むべき状況に置かれていることに留意しなければならない。

　責任法に目を転じると、不法行為に基づく損害賠償責任を正当化する原理として過失責任主義の原則が語られるようになった。人の自由な活動を保障する観点からすると、自己の行為と因果関係のある結果として他人に生じた損害を常に全額賠償しなければならないとする結果責任を加害者に負わせることは妥当でない。そのようなことをすると人々は萎縮して行動を控えてしまうことになる。たとえば大学生が自転車に乗っていたところ、横断歩道をわたっていた高齢者に衝突してけがをさせたとしよう。自転車に乗る大学生の行為も横断歩道を渡る高齢者の行為もそれ自体は自由な活動として法により保障されるべき事柄である。そこで、加害行為者である大学生にわざとぶつかってやろうとする意思（故意）があった場合や不注意（過失）により衝突を回避できなかった場合のように、加害者に責任を負わせるのが正当であると考えられる根拠が認められる場合にのみ賠償責任が発生すると考えられるようになった。責任法においても社会生活上求められるべき注意を怠ったこと（すなわち不注意という意思の働きに起因する客観的行為義務違反）への非難が責任の根拠とされることになる。このように、契約自由の原則も、過失責任主義の原則も、人の行動の自由をできるだけ確保しようとする近代法の理念に即して発達したものである。

□　家族における自由・平等

　自由・平等の理念は、家族関係においても基本的には貫かれている。第二次大戦前は、「家」制度のもとで、家産の管理処分権を専有する戸主（家長）の統率のもとに他の構成員が服し、戸主の地位を承継する制度として家督相続制度が存在していた。そこでは、家族を自由な個人の共同体と捉える意識は希薄であった。戸主としては基本的に男性（特に長男）が想定されており、女性の能力と役割は男性に比べて概して小さく位置づけられていた。また、かつては、「法は家庭に入らず」という風潮が存在した時期もあり、夫婦・親子間の諍いが法律問題として公然と議論されることも財産法の領域ほど活発ではなかった。

　しかし、第二次大戦後の大改正により、「家」制度は廃止され、民法は、法の下の平等の理念にのっとり、家族関係の基軸である婚姻夫婦と親子の関係を法的に自由で平等な個人相互の関係として再構築した。このことは、個人の尊厳と両性の本質的平等が家族に関する立法の指導理念とされ（憲24条2項）、民法の解釈基準ともされている（民2条）ことに顕著である。

　まず、婚姻については、両性の合意のみにより（憲24条1項）、つまり当事者の契約によって成立する。婚姻をするかしないか、いつ誰とするかについては、法が特に定める制限や禁止事由に抵触しない限り、原則として各人の自由な意思に委ねられる。婚姻関係を解消すること（離婚）も協議が整えば自由にすることができる。

　次に、親子関係も、法律上の婚姻関係を基礎として当然に認められる実親子関係のほか、養子縁組という契約によって形成することもできる（養親子関係）。つまり血縁の有無に関わらず、意思に基づく親子関係が承認されている。ただし、親が子に対して有する親権は、自由・平等を旨とする私人間の関係とは異質なものを含むも

のであり、子の利益のために子の監護及び教育を行う権利・義務を
内容とする。親権は子の人格を尊重し、その発達の程度に配慮して
行使するよう義務づけられており、虐待その他の子の心身の健全な
発達に有害な影響を及ぼす言動を禁じられる。親子関係においては
子の福祉という理念が重要な意味をもち、不適切な親子関係に国家
が必要最小限の介入をして、子の利益を保護する仕組みが整備され
ている。

　このように、民法は、婚姻夫婦とその間の子を核とする家族（「核
家族」）をモデルとする家族観に立ち、単に個体としての生命をま
っとうするまでの間共同生活する仲間としての結合にとどまらず、
次世代の育成をも視野に入れた命の承継を予定した生活共同体とし
て構想している。もっとも、こんにちにおいては、民法の家族像も
社会の変化に伴い揺らぎを見せている。自由・平等の理念を徹底す
るならば、夫婦同氏を強制し、婚姻を異性間の関係に限定すること
が合理的な区別として正当化しうるのか、解決を要する喫緊の課題
として浮上している。

□　相続における自由・平等

　相続は人の死亡を原因として法が定める一定の近親者に死者の財
産を包括的に承継させる制度であり、民法が家族を通じた世代を超
えた命の承継を想定していることを端的に示すものである。相続に
関する立法に関しても、個人の尊厳と両性の本質的平等が指導理念
とされている（憲24条2項）。

　人は遺言により死後自らの財産を誰に帰属させるかを自由に決め
ることができる。これも個人の自由を尊重する私的自治の原則の一
つの現れである。もちろん遺言をしないのも自由であり、実際、遺
言なしに相続が生じることもよくある。このような場合、法は一定

範囲の近親者に相続人の資格を付与し、法が定める一定の割合（法定相続分）にしたがって、被相続人から相続人へと財産が承継される。これを上記の遺言相続と対比して法定相続と呼んでいる。相続人が複数いる場合は共同で相続がされ、遺産は法定相続分に応じた共有状態におかれる。相続人は相続を承認することなく放棄することもできる。遺言による財産の承継についても、遺言の名宛人（受遺者）は遺言の利益を享受するか否かを自由に決定することができる。人の死亡により権利を承継する側も、その承継を受諾するか否かを自由に選択することができるのである。

　共同相続においては、相続人間の平等に配慮することも非常に重要である。平成25年の最高裁大法廷決定により、法律上の婚姻関係を保護するという理由で嫡出子と非嫡出子の相続分に差を設ける規定が違憲であるとされたことを機に、法定相続分の規定が改正され、現在においては、子の平等が徹底されている。また、相続は残された家族（特に未成熟子、老親等自活能力に乏しい者）の扶養という機能を果たすものであることから、遺言の有無に関わらず、最低限相続人として資格があれば平等に割り当てられるべき部分を確保するための制度（遺留分）も用意されている。すなわち遺言により遺留分を侵害された相続人は、遺留分侵害額請求権を行使することで法が定める割合に応じた金銭の支払を求めることができる。このように、相続法においても自由と平等という理念が相克する場面でどのようにバランスをとってゆくかが重要な課題である。

■　読書案内

　社会人として、あるいはこれから社会人になろうとする人が民法を学ぶ意義を分かりやすく説く入門書として、大村敦志『民法0・1・2・3条〈私〉が生きるルール』（みすず書房、2007年）がある。

同時代を代表する民法学者が親しみやすい語り口で、民法の奥の院にも通じる扉へと誘うような趣の書物である。ヨリ進んだ学修を促す参考文献の情報も充実している。一方、時空を超えて異国の死者の魂との対話に浸りたい人には、ジャン・ジャック・ルソー「人間不平等起源論・付『戦争法原理』」坂倉浩治訳（講談社学術文庫、2016年）、マックス・ウェーバー『職業としての学問』尾高邦雄訳（岩波文庫、1980年）などもおすすめである。前者は、法と社会の関係や民法の基本概念の意義について、後者は、社会科学を研究することの意義について考察する手掛かりになる貴重な古典である。著者の言霊に静かに耳を傾け、時代背景もふまえてその内在的な理解に努めながら、著者の主張を相対化しつつ、現代及び将来の社会に向けた示唆を探って欲しい。

【石田　剛】

4 民事訴訟法

◆ 多様な紛争解決制度の一つとしての民事訴訟の現在と将来

　民事訴訟とは、私たちが日々の生活の中で直面するモノやお金についての法律上のトラブルを解決し、権利を実現するための様々な制度の一つであり、民事訴訟法はその制度を規律する法律である。本節では、このようなトラブルを解決するための諸制度とその特徴、それらと比較した民事訴訟の特徴や流れを概観したうえで、民事訴訟を含めた紛争解決制度の課題や将来展望について考察する。

　本節を読み進めるにあたり、自分や身近な人が、モノやお金に関する法律上のトラブルに巻き込まれた場面を想定してみよう。たとえば、① A が B に貸した 50 万円を返済してもらいたい、② C が散歩中に D の運転する自動車と衝突して大けがを負ったので、治療費などの損害 500 万円を賠償してほしい、③ E の土地の片隅に F が勝手に建物を建てて住んでいるので建物を壊して出て行ってもらいたい、といった場面である。

□ 民事紛争解決のため制度の必要性

　上記設例にあるような私人と私人の間の権利・法律関係をめぐる争いを民事紛争と呼ぶ。前提として、民事紛争を解決するために、実力を行使して自分の権利を実現すること、たとえば、①の場合に A が B の家に勝手に入って現金 50 万円を奪ってくるとか、③の場合に E が勝手に F の建物を壊すことは許されない。実力による権利の実現を自力救済というが、これを認めると、力のある者のみが

権利を実現することができるという不平等な結果になったり、犯罪が増加するなど社会秩序の混乱をもたすからである。そこで近代国家は原則として自力救済を禁止する一方で、民事訴訟制度を構築し、司法権を国家に帰属させた。つまり、民事訴訟とは、国家機関の一つとして司法権を担う裁判所が紛争解決機関となって、私人間の民事紛争を解決する制度である。

　民事訴訟では、当事者の間で手続の利用や解決策について合意がなくても、裁判所は立法機関が定めた実定法を適用して判決を出す。具体的には、紛争の一方の当事者、たとえば冒頭①のAが原告となって、相手方Bを被告として裁判所に訴えを提起すると、裁判所は、公正中立な立場でAB双方の言い分（主張）を聞いたり、証拠を取り調べたりして、その結果明らかになった事実に実定法を適用して判決を出す。双方当事者には裁判所の面前で十分に争う機会が与えられているが、Bが裁判所に出頭して自身の主張を争わないと、Aの請求を認める判決、つまりAが勝訴する判決が出されうる。このように民事訴訟は、一方当事者の訴えにより相手方当事者を強制的に紛争解決の場である裁判所に引き込むことで紛争を解決する制度でもある。

　裁判所が出した判決は上訴で争う機会が尽きると、その内容は当事者や他の裁判所を拘束し、当事者は争いを蒸し返すことができなくなる。このような効力を既判力という。さらに、当事者が判決内容に従わないときには、裁判所がその内容を強制的に実現することもできる。判決内容の強制的な実現過程を強制執行とよび、強制執行を可能とする効力を執行力とよぶ。このように様々な効力があることにより、裁判所による判決は、紛争解決の実効性が高いものになっている。

　とはいえ、民事訴訟は時間と費用がかかる上、裁判所が強制的に

紛争を解決するため、当事者の意に沿った形で紛争解決がされるとは限らない。そのため、民事訴訟制度以外にも紛争を解決する制度も用意されている。

□　**多様な紛争解決制度**

　まず、紛争の当事者同士で交渉をし、互いに譲歩して紛争を解決することが考えられる。たとえば、②の場合にDがCの主張する損害額500万円のうち、400万円を毎月10万円ずつ払うとか、③の場合にFが建物を取り壊してEの土地から立ち退く代わりに、立ち退きに必要な費用の一部をEが負担するといった合意である。このような合意を和解という。和解は当事者が納得した形で紛争を終わらせるものであり、和解の内容に沿った任意の履行も期待しやすいが、対立する当事者が話し合って歩み寄ることは必ずしも容易ではなく、また仮に和解が成立しても、それは和解契約という契約の一種に過ぎないので、当事者が和解条項に従わない場合には、紛争が再燃する可能性もある。

　そのため、第三者が交渉に立ち会って和解を促進する制度も用意されている。たとえば、調停人の立会いのもとで話し合いを行って合意を成立させる調停という制度である。調停は民間機関で行われる場合もあるが、裁判所でも行われる。財産権をめぐる一般民事事件について裁判所で行われる調停を民事調停という。民事調停では、裁判官（調停官）と弁護士ら一般人から選任される調停委員から構成される調停委員会が、当事者から事情を聴きながら合意案（調停案）を作成する。そして、両当事者がこれに合意をしたときには調停が成立する。仮に調停が成立しない場合には、調停委員会は調停に代わる決定を行って紛争を解決することができる。

　調停には次のような利点がある。まず、民事訴訟と比べて手続が

簡易で、手数料等も廉価である上に、数回の期日で調停が成立して迅速に紛争を解決することができる。次に、実定法を適用するだけではなく、条理にかない実情に即した柔軟な紛争解決が可能である。また、民事訴訟は公開の法廷で審理が行われ、誰でも傍聴することができるのに対して、民事調停は非公開の場で行われるため、他人に知られることなく話し合いをすることができる。さらに、調停委員に弁護士や医師、公認会計士、不動産鑑定士などの専門家を選任することもできるため、医療事故や建築瑕疵に関する紛争など専門的な知見が必要となる場合にも適切に解決することが可能である。そして、調停が成立すると判決と同じ効力が生じて強制執行が可能となる点で、単なる交渉で成立した和解よりも紛争解決の実効性が高い。

　同じく第三者が関与する制度として、仲裁人という第三者が仲裁判断を出して紛争を解決する仲裁制度がある。仲裁手続を利用するには、民事紛争の解決を仲裁人の判断にゆだねる合意（仲裁合意）が必要となり、仲裁人も当事者の合意によって選ばれる。仲裁人は事実に関して審理を行い、仲裁判断を出す。仲裁判断にも判決と同一の効力がある。

　仲裁は国際取引紛争や海事紛争などを解決するために用いられる例が多いが、国内の紛争でも用いられ、また、オリンピックの代表選考の結果をスポーツ仲裁で争うなど、法的な紛争以外を解決するためにも利用されている。

　調停と仲裁は当事者の合意を基礎に紛争を解決する点、専門性や手続の秘密性、柔軟性が担保される点は似ているが、以下のような違いがある。まず、調停は一方当事者の申立てで開始するのに対して、仲裁はこれを開始するために合意が必要であり、仲裁人も当事者の合意によって選ばれる。調停は両当事者が解決案に合意をする

ことで成立するが、仲裁では仲裁人が仲裁判断を下し、これが当事者を拘束する。

　ところで、通常の民事訴訟以外で紛争を解決する制度を、裁判外紛争処理制度、あるいは、Alternative Dispute Resolution の頭文字をとって、ADR とよんでいる。ADR はその実施機関に着目して、民事調停のように裁判所で行われる司法型 ADR、消費者紛争を扱う国民生活センター紛争解決委員会のように行政が主体となる行政型 ADR、弁護士会などの民間団体で行われる民間 ADR に分類される。紛争解決手法も多様で、調停、仲裁以外にも、両当事者の仲立ちをする斡旋（あっせん）、相手方当事者と直接対峙するのではなく、一方当事者にのみ接触して法的な情報を提供して紛争の解決を図る相談、苦情処理といった方法も用いられる。さらに、交通事故の紛争、家族関係の紛争、消費者紛争、金融商品の紛争など、専門的な紛争解決に特化した ADR もある。

　ADR の一般法である、裁判外紛争解決手続の利用の促進に関する法律（ADR 法）によると、裁判外紛争解決手続は、法による紛争の解決のための手続として、紛争の当事者の自主的な紛争解決の努力を尊重しつつ、公正かつ適正に実施され、かつ、専門的な知見を反映して紛争の実情に即した迅速な解決を図るものでなければならず、民間紛争解決手続を業として行う者は、その業務について、法務大臣の認証を受けることができる。所定の要件を充たし、認証を受けた民間紛争解決業者を認証 ADR 機関とよんでいる。

　ADR にも簡易、迅速、廉価、秘密性、専門性といった利点があるが、従来は、認証 ADR 機関で和解が成立しても、判決と同一の効力はなく、これを強制的に実現することができないという限界があった。ところが、認証 ADR 機関の調停で成立した和解合意に執行力を付与する改正が行われてこの課題を克服している。さらに、

近年では、オンライン上で紛争を解決する Online Dispute Resolution（ODR）も推進されてきており、ADR の活性化が期待されている。

□　民事訴訟の流れ

　冒頭の各紛争も、上記の各手続で解決を試みることが可能であるが、相手方との間で合意が成立しない場合にも紛争を強制的に解決する、最後の砦となるのが民事訴訟である。ただし、強制的に解決するといっても、裁判所が手続を開始するのではなく、当事者の訴えによって開始され、当事者が審判の対象を定め、また当事者が途中で訴訟を終了させることもできる（処分権主義の原則という）こと、また、当事者自身が裁判の基礎となる事実や証拠を提出する（弁論主義の原則という）ことなど、当事者の意思が尊重されている点には留意が必要である。以下では民事訴訟の流れを概観する。

　民事訴訟は、原告が裁判所に訴えを提起することによって開始する。たとえば①では A が B に対して 50 万円の支払いを求めて訴えを提起することで開始する。なお、日本では弁護士をつけずに民事訴訟を遂行することができる（本人訴訟という）。また、裁判所は当事者が主張した事実や提出した証拠を基礎に判決を下すため、訴えを提起する前に、当事者は情報や証拠を収集して準備をする必要があるが、相手方や第三者が有している情報や証拠については必ずしも十分に入手できるとは限らない。

　訴え提起に際しては、どの裁判所に提起するのかを決めなければならない。司法権は最高裁判所を頂点として、高等裁判所、地方裁判所、簡易裁判所、家庭裁判所に帰属しており、東京都にある最高裁判所を除き、これらの裁判所は全国各地に存在するからである。どの裁判所で事件が扱われるのかを管轄の問題という。日本では判

決に対して2度まで上訴をすることができる三審制を採用しており、第一審となるのは、地方裁判所、簡易裁判所、家庭裁判所である。このうち、家庭裁判所は家庭の紛争を取り扱う裁判所であり、財産権をめぐる紛争のうち、140万円以下の請求をする場合は簡易裁判所が、これを超える請求をする場合は地方裁判所が第一審裁判所となる。そして、全国に本庁・支部のある地方裁判所、簡易裁判所のうち、原則として被告の住所地にある裁判所に提起することになる。これは、訴えによって強制的に手続に組み込まれる被告の負担を軽減するためである。冒頭の①のAはBの住所地の簡易裁判所、②のCはDの住所地、③のEはFの住所地にある地方裁判所に訴えを提起することになるが、②では交通事故の起こった地、③ではEの土地建物のある地の裁判所に訴えを提起することも可能である。

　地方裁判所に訴えを提起するにあたっては、原告は訴状という書面を作成して提出しなければならない。訴状には、原告や被告の名前や住所、裁判所に解決を求める事項を記載し、定められた手数料を支払う必要がある。提出された訴状は裁判長の審査を受けた上で、被告にも送られる。これを送達といい、被告が訴えが提起された事実を知り、原告の主張を争う機会が保障されている。

　その後に両当事者は裁判所に集まって、互いの言い分を口頭で主張したり証拠を取り調べたりしながら審理が行われる。裁判官と両当事者が集まる日時を期日とよび、公開の法廷で原告及び被告が裁判所に直接、口頭で主張をすることを口頭弁論とよぶ。口頭弁論期日が1月に1回程度の頻度で何回か積み重ねられて、最終的に判決が出される。

　公開される口頭弁論期日以外にも、裁判官と当事者や代理人である弁護士らが集まり、当事者の主張や、当事者間で争いのある事項

（争点）と争いのない事項、また取り調べる証拠を整理する期日がある。このような手続を争点整理手続といい、通常は非公開の弁論準備手続が利用される。従来は、弁論準備期日は弁論準備室という部屋で開催されてきたが、最近では当事者や弁護士が裁判所まで出頭しなくても、ウェブ会議を使って弁論準備期日を開くことが可能となっている。

　争点が整理された後、当事者間で争いのある事実については、証拠調べ期日において、証拠を取り調べて客観的に確定していくことになる。証拠調べの方法には、人の陳述を聞く人証と、物の取り調べを行う物証がある。たとえば、②でCがDに損害賠償請求訴訟を提起した場合の証拠調べとしては、人証として、交通事故の現場を目的した人の陳述を聞く証人尋問、後遺症について専門家である医者の意見を聞く鑑定、物証として、医療カルテなどの文書の記載内容の取調べを行う書証や、裁判官が事故の現場に赴き、現場の状況を確認する検証などが実施されうる。最近では車載カメラや防犯カメラの映像が取り調べられることもある。

　証拠調べを尽くした後、裁判所は口頭弁論を終え、判決を作成して言い渡す。原告の請求を認める場合には、「BはAに50万円支払え」とか、「FはEに建物を収去して土地を明け渡せ。」といった判決を出し、認めない場合には、「原告の請求を棄却する。」といった判決を出す。民事訴訟は判決以外の形でも、当事者の意思によって終わらせることができ、そのように終わる例も多い。たとえば、裁判外で和解が成立した場合には、原告は訴えを取り下げることができるし、裁判所で和解をすることもできる。後者の和解は、裁判所の関与で行われるものであり、裁判官の立会いの下で自発的に和解をするだけではなく、裁判所に勧められて和解をしたり、裁判所が示した和解案を当事者が受諾する形で和解が成立することも

ある。和解が成立すると判決と同じ効力を有し、相手方が和解条項に従った履行しない場合は強制執行が可能である点で、裁判所外で行われる和解よりも履行の確保の点で実効性が高い。

　判決に不服があれば、当事者は上級裁判所に不服を申し立てること（上訴）が可能である。地方裁判所が第一審であれば、1回目の不服である控訴を高等裁判所に、2回目の不服である上告を最高裁判所に対して行うことができる。ただし、上告ができる場合は、判決に憲法違反がある場合などに限定されており、単なる法律違反の場合には、あらかじめ最高裁判所が重要な事項と認めた場合にのみ上告が受理される。最高裁判所の審理の対象を憲法問題や重要な法律問題に絞り、本来の役割に専念させるためである。上訴ができる期間は限られており、その期間を過ぎたり、あるいは2回の上訴の機会を尽くしたりして、上訴ができなくなる状態をもって判決が確定し、既判力や執行力といった効力が生ずる。

□　広い意味での民事訴訟

　以上で説明した民事訴訟は判決手続とよばれ、裁判所が終局的に紛争を解決するものではあるが、紛争解決の指針を示すにすぎず、実際に判決内容に従うか否かは当事者に委ねられる。当事者が判決内容に従わない場合などに備えて、判決手続以外にも権利の実現、法律紛争解決のための制度が用意されており、これらを広い意味での民事訴訟とよんでいる。

　まず、判決内容を強制的に実現する制度として民事執行制度が存在する。そして原告が勝訴しても、被告が判決内容に応じない場合には、原告は強制執行の申立てをすることができる。たとえば、②でCのDに対する損害賠償請求を認める判決が出されても、Dが賠償をしない場合には、Cは裁判所に対して、Dが有する土地建

物、預金債権などの財産を差し押さえて処分できないようにし、これを強制的に売却などして金銭化し、そこから賠償金を回収することができる。また、③でEのFに対する建物収去・土地明渡請求が判決で認められたとして、Fが従わない場合に、EはFの費用で土地上の建物を業者に壊してもらうことを裁判所に求めることができる。

　また、判決が出るまでの間に被告が財産を処分したり、財産状態が悪化したりして強制執行ができなくなる事態を防ぐために、訴えを提起する前、あるいは提起後早い段階で、暫定的に被告の財産を差し押さえたり、被告が財産を処分できないようにすることもできる。このような強制執行の準備のための手続を民事保全手続という。たとえば、②でDが銀行預金を解約したりしないように仮差押えをしたり、③でFが土地や建物を他人に売却したり、他人に住まわせたりしないように処分禁止や占有移転禁止の仮処分を求めることができる。

　さらに、債務者の財産状況が悪化して、他の債権者に対する弁済もできなくなった場合には、倒産手続を利用することが可能である。倒産手続には、債務者の財産をすべて差し押さえ、売却して債権者らに平等に分配する清算型の破産手続や、債務者の事業は継続しつつも債権債務の整理を行う再建型の民事再生手続、会社更生手続などがある。

□　民事訴訟の課題と将来像

　このように、多様な民事紛争解決制度が用意されている中で、民事訴訟の現在の課題や及び民事訴訟や紛争解決制度全体の将来像について考察してみよう。

　民事訴訟の課題の一つに、公開の法廷で慎重な審理がなされる代

わりに、判決が出されるためには時間も費用もかかる点がある。た
とえば2022年の司法統計によると、第一審が地方裁判所である場
合の全事件の平均審理時間は10.5か月、対席の事件では14.6か月
である。また伝統的に、裁判官は法律の専門家ではあるが、医療問
題や知的財産の問題等については専門家であるとは限らないので、
専門性の高い紛争の処理に必ずしも適しているとは限らない。その
ため、より安価で迅速、かつ専門性の高いADRを利用する傾向も
見られた。

　しかしながら、民事訴訟の課題をADRに丸投げするだけではな
く、これを克服して民事訴訟だけでなくADR自体も魅力的なもの
にしておくことは、国民の裁判を受ける権利を保障するとともに、
ADR法が目指した、「紛争の当事者がその解決を図るのにふさわし
い手続を選択することを容易にし、もって国民の権利利益の適切な
実現」にもつながる。そのため、民事訴訟やその他の紛争解決をよ
り良くする試みがなされてきており、今後も続けていく必要があ
る。

　民事訴訟を改善する試みの一つとして、専門化する紛争への対応
があげられる。現行法では、裁判官に専門知識がない場合には、証
拠調べとして専門家を鑑定人に選任して意見を聴くことが可能であ
るし、専門委員という非常勤職員に裁判に関与させることもでき
る。それ以外にも、東京や大阪などの大規模な裁判所においては、
医療訴訟や知的財産訴訟等を専門に扱う部があり、そこでは、調査
官という非常勤の専門家が裁判官をサポートしている。また、裁判
官自身も専門家と交流するなどして自身の専門知識を研鑽し続けて
いる。

　次に民事訴訟のIT化である。従来は訴え提起の際には訴状とい
う書面を提出し、被告らには郵送をし、判決も書面で作成され事件

記録は書面の形で保存されていたが、民事訴訟法が改正され、オンラインで訴えを提起したり、証拠を提出したり、ウェブ会議を用いて当事者が口頭弁論期日などに参加をしたりすることが可能となった。また、判決や事件記録も電子的に作成、保存され、電子記録を閲覧することが可能となる。これによって当事者の裁判を受ける権利はより保障されることになるが、手続の IT 化は過渡期にあり、当面の間は、本人訴訟の当事者は書面で訴え提起をすることが認められているし、傍聴人は裁判所に赴いて裁判を傍聴する必要がある。将来的には申立てはすべてオンラインでなされるようになる予定であるし、バーチャルな法廷を構築することも検討する必要があろう。

そして民事訴訟の審理の迅速化もあげられる。民事訴訟の審理を短くするために様々な努力が行われてきたが、必ずしも十分な成果を収めてはこなかった。また、判決までの期間が長いことだけでなく、期間を予測できないことが民事訴訟の利用を躊躇させる要因にもなっていた。民事訴訟の IT 化によって審理が効率化すれば、迅速な審理も実現されるであろうが、大幅な短縮は期待しにくい。そのため、審理期間を制限する法定審理期間制度が新たに導入された。これは、双方当事者が申し出たり、一方当事者が申し出て相手方が同意をした場合には、裁判所は 6 か月以内に審理を終わらせ、1 か月以内に判決を出すという制度である。たとえば、企業間の紛争で、すでに事前に紛争解決に向けた交渉が行われてきたが、ほぼ合意に達してはいるものの、合意できなかった点について裁判所の判断を受けるために用いることが予測されるが、さらなる活用も期待されている。

その他にも、弁護士などへのアクセスが十分でない当事者や、IT に詳しくない当事者などへのサポートを充実させることや、裁

判に必要な情報や証拠を収集する制度を拡充することなど、未解決の課題は多く残っているが、これらを克服することで、近時事件数が減っている民事訴訟制度をより魅力的なものにして、裁判を受ける権利を実現していくことが求められる。それとともに、ADRも執行力の付与、ODRの拡充に加えて、手続の透明性や公正性を高めるためのルール作りなど、切磋琢磨して魅力的なものにして、紛争解決手続のための選択の幅を広げていくことが必要となろう。

目まぐるしく変化する社会の中で、そこから生ずる民事紛争の多様化・専門化への対応や、紛争解決の一層の迅速化は、以前にもまして求められるようになっている。手続のIT化に向けた法改正などは、民事訴訟制度や他の紛争解決制度がそのような要望に応えられるようにするためのものであり、このような法改正や実務の改善等は今後も絶えず続けられることであろう。それと同時に手続のあり方も大きく変わり、将来的にはAIの活用も考えられよう。その一方で、手続の公正さ、当事者への手続保障など、重要な原理原則は維持されなければならない。大きな変革の時代にある民事訴訟やその他の紛争解決制度に関心を持っていただけたら幸いである。

■ 読書案内

民事訴訟法の教科書は難解なものも少なくないが、入門的な書物として、山本和彦『よくわかる民事裁判・平凡吉日記（第4版）』、川嶋四郎・笠井正俊編『初めての民事手続法』、市川正人・酒巻匡・山本和彦『現代の裁判（第8版）』（いずれも有斐閣）などがある。

【杉山　悦子】

5　刑法

◆　法は犯罪にどう向き合うのか
　　——刑法に独自の法原則が存在する理由

　刑法が取り扱う犯罪と刑罰に関する報道は、毎日のようになされている。本書の読者も、凶悪な事件に対して無罪判決や軽い刑を言い渡す判決が出たという報道に接して納得いかない思いをした経験があるだろう。刑法を学ぶということは、こうした日常的に感じる刑法に対する不全感を法理論の立場から省みる、ということを意味する。刑法を学び、一見理不尽に見える判決にもそれなりの理由があることを理解したうえで（それは、決して判決に無批判に従うことを意味しない）、もう一度判決の妥当性を考えてみてほしい。

　犯罪は、本来発生してはならないけれども、不可避的に発生する社会の病理現象である。社会は否応なく犯罪にどう向き合うべきなのか考えなければならない。

　本節では、犯罪と刑罰の特殊性、それを踏まえて刑法は犯罪にどう向き合っているのかを紹介する。

□　刑法という法律の特殊性

　刑法とは、何をすれば犯罪になるのか、犯罪をした人はどのように処罰されるのか、という犯罪と刑罰の内容を定めた法である。法分野は大きく分けて、私人間の法律関係の有り様を定める私法と国家と私人の間の法律関係の有り様を定める公法に分かれる。犯罪の認定や刑罰の賦科は国家しかできないから、刑法は公法に属する。

　現代社会において、国家は様々な任務を担っており、そのために

様々な手段を用いている。そこにどのような法的課題があるのかは憲法や行政法という公法分野一般において扱われる課題である。それに対して、刑法が取り扱う私人の行動は犯罪に限られており、国家が用いる手段も刑罰に限られている。刑法は守備範囲が狭いのである。それにもかかわらず、刑法学においては公法一般とは異なる独自の法原理が発達している。刑法という法分野が独自の領域を形成しているのはなぜか。それを考えるのが、刑法を学ぶ出発点となる。

□　刑罰という手段の峻厳性

　刑法が独自の法分野を形成しているのは、第1に、その手段が刑罰であることに関係している。現行刑法は、刑罰として、絞首により生命を剥奪する死刑（刑法11条）、刑事施設に拘置して移動の自由を剥奪する自由刑（現在は、拘置に加えて所定の作業を課す懲役刑（刑法12条）が主流であるが、近い将来に、作業義務の賦課を必須とはせず、改善更生のための処遇をより重視する拘禁刑に変わる）、財産を剥奪する財産刑を予定している。刑罰は国家が国内で私人に対して行使し得る権力の中で最も峻厳なものであり（国外においては、国際紛争を解決するために武力行使をできるかという問題がある）、そのために慎重に用いなければならない。そこで刑罰の濫用を防ぐための法原理が発達したのである。

　このことは、最も重い刑罰である死刑を思い浮かべれば容易に理解できるだろう。死刑が存置されているということは、国家が合法的に私人を殺害することが認められているということである（それ以外に国家による殺人が合法化されているのは、人質に向けて拳銃を発射しようとしている犯人を警察官が射殺するような、極めて例外的な場合だけである）。国民から主権を付託された国家が、主権

者として国家に権力を付託した側である国民の命を奪うことをなぜ許容できるのか、という疑念は深刻であり、世界的には死刑は廃止される趨勢にある。日本においても、このまま死刑を存置しておいてよいかは真剣に検討されなければならないが、ともかくも今現在は死刑があり、少数ながら、毎年のように死刑判決が言い渡され、執行も継続的に行われている。

　次に自由刑を科されると、それまで生活していた環境から強制的に切り離され、犯罪を犯した人たちとの不自由な集団生活を強いられる。仕事や学業を続けることはまずできず、友人や家族とも疎遠になる可能性が高い。現在刑事施設を出所した人の再犯をどうすれば防ぐことができるのかが大きな政策課題となっており、「再犯の防止等の推進に関する法律」という法律が作られている。自由刑を受けることで一旦社会生活から切り離されると、出所しても犯罪をせずに暮らし続けることは、それほどまでに難しいということである。例えば3年とか5年の自由刑と聞くと、軽い刑だと感じる人もいるだろうが、受刑者が直面する現実を考えると、どんなに短期間であっても、自由刑はなお苛酷な面を有している。

　しかし財産刑はどうだろうか。主たる財産刑は1万円以上の金銭を剥奪する罰金（刑法15条）であるが、それ以外にも1000円以上1万円未満の金銭を剥奪する科料（刑法17条）もある。罰金額について、1000万円以下という高額を規定する犯罪もあるが、科料についてはさすがに高額とは言い難いと思われる。しかも国家は、過料（読み方は科料と同じであるが、漢字が異なることに注意。「とがりょう」と「あやまちりょう」と読み分けることで、両者を区別することもある）といって、刑罰としてではなく、行政的に私人から財産を剥奪することがあり、その金額が科料を上回ることも珍しくない（例えば、指定区域の路上で喫煙すると、2万円以下の

過料に処されることがある）。科料も刑罰であることからすると、刑罰の峻厳さは、刑罰が私人から奪う利益の大きさとは直接関係していない、と言わざるを得ないだろう。

　刑罰は、それが私人から奪う利益が小さい場合でも、なお峻厳な制裁であると考えられている。その理由は、刑罰を科されると社会に害悪をもたらした前科者というレッテルを貼られ、社会的に蔑まれてしまうからである。そのような扱いを受け続け社会から排除されてしまうと、やがて本人も自分自身を社会的不適合者と把握するようになり、社会に包摂されようとする意欲を失ってしまい、ますます社会から排除されてしまうことがある（こうした考え方を、ラベリング理論という）。刑罰はこれほどまでに苛酷に働き得るものなのである。

□　犯罪に対する情緒的反応

　もう1つ、刑法の特殊性に関係しているのが、刑法が規制の対象としているのが犯罪であることである。

　誰もが犯罪であることを疑わず、いつの世でもどこの世界にあっても犯罪とされている代表的な犯罪といえる殺人罪（刑法199条）を念頭に置くと、ある人が殺害されたという事実は、殺害された個人の存在をこの世の中から抹消することを意味するが、それだけでなく、遺族を始めとする周囲の人たちに強い衝撃を与える。さらに、社会一般の人々も、人が殺害されたというニュースを見聞きするだけで、かけがえのない人の生命が失われたことについて大きな衝撃を受ける。人の生命が大切であることは、本質的には、被害者が自分にとって大切な人であるか、あるいは被害者が影響力のある人物かには関わらない。人の生命は、人の生命であるというだけで、かけがえのないものであると考えられている。ただそこまで

は、自然災害で人がなくなる場合と同じである。犯罪が災害と異なるのは、特定の加害者が存在しており、その人物が思いとどまりさえすれば、悲劇は起きなかったと考えられる点である（それに対して、災害の場合は、人災の側面を有するものもあるが、避けることができない要因が介在しており、人類の努力だけで防ぐことは難しい）。そのため、殺人事件が起きると、行為者に対して、社会一般の人々は強い倫理的非難を向ける。これは、なくすことができない自然な人間の感情の発露であり、処罰の源泉にもなるものである。しかしながら、情緒的反応は理性的なものではないだけに、不合理な面も有している。例えば、行為者が犯行時に笑みを浮かべていた場合、そうでない行為者に比べてより強い怒りをかき立てるであろうが、その感情に即してより重く処罰することは合理的でないと思われる。犯罪に対する情緒的反応をおよそ不合理と断じることもできない一方で、そこには不合理な面も含まれかねないという難しさがある。だからこそ、刑法は公法一般とは異なる独自の法原理を発達させ、国家刑罰権が慎重に発動されるように意を用いているということができる。

□　犯罪とされることによる情緒的反応

　刑法がある行為を犯罪として処罰の対象にするのは、その行為が社会一般に悪影響を及ぼすからである。特定の私人に特定の私人が損害を与えたのにとどまるのであれば、民法を用いて解決すれば足りる。そうではなく社会一般に影響が及ぶ場合だからこそ、その行為は犯罪とされ、国家が権力と公費を用いて捜査と裁判を行い、処罰する必要があるのである。

　このことは、特定の被害者のいない犯罪もあることを考えると理解できる。例えば、通貨偽造罪（刑法148条）という犯罪がある。

通貨を真正なものに見せかけて偽造するだけで、それを使用しなくても犯罪となる。偽造通貨を用いることは詐欺罪（刑法246条）など別の犯罪の手段であることが多いが、刑法は、通貨が偽造されただけで、まだ誰も被害を被っていない段階でも犯罪としている。これは、社会一般の人々が通貨の真正性を信用できなくなれば、貨幣経済が成り立たなくなるため、偽造通貨が使用されるおそれが生じた段階で規制する必要があると考えられたからである。

　また賄賂罪（刑法197条以下）という犯罪があり、公務員に対して職務を依頼して金品を提供すると贈賄罪になり、受け取った公務員の側は収賄罪となる。この場合、当事者同士の利害は一致しており、どちらも被害者ではない。ではなぜ賄賂罪が犯罪であるかといえば、賄賂が提供されることにより公務員の職務が適正に行われないおそれが生じたり、適正に行われないのではないかとの疑念が生じたりするからである。（異説もあるが、判例・通説の立場である）。こうした社会一般ないし国家の抽象的な利益が侵害される場合、民法上は問題にならず、刑法だけが扱う問題となる。刑法は社会全体の利益を守っているからである。

　犯罪には、国家が禁止する以前から当然に社会にとって害悪であると考えられる自然犯と、それ自体は害悪とは言い難く国家が禁止することで初めて犯罪になる法定犯があると考えられている（両者の区別は流動的である）。これまで例に挙げたうち、殺人罪はいうまでもなく自然犯である。それに対して、通貨偽造罪や賄賂罪が保護している利益はより抽象的なものである。また、それらが犯罪であるためには、貨幣経済の成立や国家の誕生といった一定の条件が満たされる必要があり、その意味で、人が集団で生活し始めるだけで問題になる殺人罪とは区別される。しかしながら、刑罰制度の有無にかかわらず、通貨の偽造や公務員の職務が金で買われることは

許されないことであろう。その意味で、これらの犯罪もなお自然犯である。これらとは異なり、例えば、道路交通法が定める無免許運転罪（同法117条の2の2）は法定犯である。この犯罪は、運転免許を取得せずに自動車を運転してはいけないというルールを国家が定め（同法64条。自転車の運転にはそのようなルールはない）、その違反に刑罰を科すことにしたことにより、はじめて犯罪になる。運転免許制度は、一定の運転技能と適性、さらに道路交通のルールに関する知識があると確認できた人にだけ自動車の運転を認めることにより、道路交通を安全で円滑なものにするための制度である。しかし運転免許を保有していなくても、運転技能に優れていたり、道路交通のルールに詳しい人も想定可能であるから（無免許運転には免許停止中の運転も含まれる）、無免許で自動車を運転すると必然的に道路交通が危険にさらされるとまでは言いがたい。そのため、無免許運転罪と道路交通の安全との関係は間接的であり、この犯罪は、直接には、一定の有資格者だけに自動車の運転を認める運転免許制度そのものを保護していると考えられる。

　こうした法定犯は、その行為自体は倫理的に無色である。国家がその行為を犯罪と定めなければ、その行為に対して倫理的非難や情緒的反応が向けられることはない。しかし、いったんその行為が犯罪とされ、実際に処罰されていく人が出てくると、次第にその行為は許されないものであるとの規範意識が生じることがある。現在の法律では、自動車を運転し交通事故を起こした場合の刑は最高7年であるが（自動車運転死傷行為等処罰法5条）、その際に無免許運転であった場合は刑の上限が最高10年に引き上げられている（同法6条4項）。これは、無免許運転を犯罪として扱ううちに、交通ルールを無視した無謀な運転（無免許の人の運転はそれに当てはまる場合が多いが、必然ではない）ではなく、無免許で運転すること

自体が悪質であると考えられるようになったことを示唆している。別の例を挙げると、覚醒剤は戦時中、軍需工場で働く人たちに強壮剤として使用されていたが、1951年に覚醒剤取締法が制定されるに伴い禁止薬物となり、その所持や使用は犯罪となった。今では、覚醒剤を使用してはならないという規範意識は社会に強く根付いており、使用者には強い非難が向けられる。

　刑法で犯罪とされること自体にも、それを犯した人に対する強い情緒的反応をかき立てる側面があるため、ある行為を犯罪とするかどうかは慎重に検討されなければならない。

□　刑法の基本原則①──罪刑法定主義

　それでは、刑法は国家刑罰権の発動を慎重なものとするためにいかなる法原理を有しているだろうか。

　まず重要なのが、罪刑法定主義である。文字通り、犯罪と刑罰の内容が法律により定められていることを要請する原則である。「法律なければ犯罪なし、法律なければ刑罰なし」という標語で言い表されている。これにより、ある行為がどんなに倫理的非難に値するものであったとしても、それを犯罪とすることが予め法律の形で定められていなければ、処罰することはできないことになる（遡及処罰の禁止）。社会に害悪をもたらす事件を目にした段階では、どうしても情緒的反応がかき立てられ、冷静な判断を欠きやすい。その点、事前の立法作業であれば、抽象的に様々な状況を想定して、理性的に行われることが期待できる。国民の代表者である国会議員が合意をするというプロセスを経ることにより、民主的な正統性を有することもできる。そして、予め法律の形で犯罪になる行為であると定められていないものについては、それを行っても処罰されることはないのだという安心感を手に入れることができる。

　そのため、何が犯罪に該当する行為であるかは、殺人罪、窃盗罪（刑法235条）、傷害罪（刑法204条）などの形で個別具体的に定められることになる。これは民法の規定の仕方と対照的である。殺人、窃盗、傷害といった犯罪は、民法上はいずれも、「故意又は過失によって他人の権利又は法律上保護される利益を侵害した」不法行為として、損害賠償責任の対象となる（民法709条）。民法では、他人の権利や利益を侵害する行為がどのようなものであるかを敢えて規定せずに柔軟に規定が適用できるようにしておくことが、被害者保護のために有用であると考えられているのに対し、刑法では、予定されている制裁が刑罰という峻厳なものであることから、濫用が起きないように、個別具体的に犯罪になる行為を特定して法律に規定しておかなければならない、とされているのである。

　罪刑法定主義から派生する重要な原則として、類推解釈の禁止というものがある。類推解釈とは、ある事象を規定する法律はないにもかかわらず、類似の事象を規定する法律があることを根拠にその法律を適用することをいう。類推解釈を認めてしまうと、国民の代表者が、当該事象を処罰すべきであると合意していないにもかかわらず、処罰することになってしまい、処罰の民主的正統性が欠けてしまう。また、類似するかどうかというあいまいな価値判断を根拠に法律が適用されてしまえば、法律上犯罪として書かれていない事象についても安心して行うことができなくなり、国民の行動の自由が萎縮してしまうという問題がある。

　最近この原則が問題になった事件に、別居中の妻が使用する自動車にGPS機器をひそかに取り付け、その後多数回にわたって同車の位置情報を探索して取得した行為が、ストーカー規制法で犯罪とされている「住所等の付近において見張り」をする行為（同法2条1項1号）に該当するかどうかが争われた事件がある。

　最高裁判所は、この行為に該当するためには、機器等を用いる場合であっても、住居等の付近という一定の場所において特定の者の動静を観察する行為が行われることを要すると解するのが相当であるとして、被告人の行為は「住居等の付近において見張り」をする行為には該当しない、とした（最判令2・7・30刑集74巻4号476頁）。この事件の第一審裁判所は、社会生活の変化を踏まえると、相手方が通常使用する物や建物の状況を観察することによって相手方の動静を把握する行為も「見張り」に含まれる、としていたが、最高裁は「住所等の付近において見張り」をするといえるためには、見張りの場所が住居等の付近であることと、見張りの対象が住所等の付近に所在することの両方が必要であるとした。最高裁は、第一審の解釈は、「住所等の付近において見張り」をするという言葉の意味を超えており、「住所等の付近において見張り」をする行為と同程度に、相手に恐怖を感じさせることを根拠に条文を適用した類推解釈であった、と判断したことになる。その後、ストーカー規制法は改正され、位置情報を無承諾で取得することが新たにストーカー行為として規定の対象に加えられた（同法2条3項）。

　こうした裁判所の対応とその後の国会の対応は、罪刑法定主義のあるべき姿を示したものであるといえる。

□　刑法の基本原則②──法益保護主義

　次に、刑法では法益保護主義という原則がある。刑罰法規を用いて犯罪を規制するのは、あくまでも法益を保護する必要があるからであるという考え方である。ここで出てくる法益という言葉は、法が保護する利益のことであり、殺人罪であれば人の生命が、窃盗罪であれば人の財産が法益に該当する。

　刑法の発動がされるのは法益保護の必要がある場合でなければな

らない、ということから、犯罪が成立するためには、必ず、法益が侵害されたり危険にさらされたりした場合である必要があるとの帰結が導かれている。法益を侵害したり危険にさらしたりする行為であるからこそ、それを処罰することで、同種の行為が起きなくさせることによって、法益を守ることにつながるといえるからである。逆にいえば、法益を侵害したり、危険にさらすことのない行為は、社会的に無害な行為であるから、それを処罰することは将来の法益保護には役立たないため、犯罪とすることはできない。

　このことが最近問題になった事件に、技能実習生として来日していたベトナム人の女性が、自室で内密に嬰児を出産し（このことは外国人技能実習生の不安定な立場が関係している）、嬰児が出産後まもなく死亡したため、自室において、嬰児の死体を、タオルで包み、段ボール箱に入れ、その上に別のタオルをかぶせ、さらに自らがつけた嬰児の名前、生年月日のほか、おわびやゆっくり休んでくださいという趣旨の言葉を書いた手紙を置いて、その段ボール箱に接着テープで封をし、その段ボール箱を別の段ボール箱に入れ、接着テープで封をしてワゴン様の棚の上に置いたという場合に、死体遺棄罪（刑法190条）の成否が争われた事件がある。

　最高裁は、本罪は死者に対する一般的な宗教的感情や敬虔感情を保護法益としているとしたうえで、他者が死体を発見することが困難な状況を作出する隠匿行為が「遺棄」に当たるかを判断するに当たっては、それが葬祭の準備又はその一過程として行われたものか否かという観点から検討しただけでは足りず、その態様自体が習俗上の埋葬等と相いれない処置といえるものか否かという観点から検討する必要があるとした。そのうえで、被告人の行為は、死体を隠匿し、他者が死体を発見することが困難な状況を作出したものであるが、それが行われた場所、死体のこん包及び設置の方法等に照ら

すと、その態様自体がいまだ習俗上の埋葬等と相いれない処置とは
認められないから、刑法190条にいう「遺棄」に当たらない、とし
て、無罪を言い渡した（最判令5・3・24刑集77巻3号41頁）。

　最高裁は、被告人の行為が「遺棄」の一態様である隠匿の語義に
は当てはまる（その意味で、罪刑法定主義上の問題はない）ことを
前提に、そうした形式的な観点からだけではなく、実質的にみて、
被告人の行為が死体遺棄罪の保護法益を侵害するものといえるかを
問題にした。そして、葬儀までの間死体を棺に納めて保管しておく
という場合でなくても、死者を大切に弔っていると感じられる態様
であれば、社会一般の死者に対する宗教的感情、敬虔感情を損なう
ことはないと判断した。

　刑法を適用するためには、形式的な条文との適合性だけでなく、
実質的に処罰に値する場合であるかを慎重に検討しなければならな
いのである。

□　刑法の基本原則③──責任主義

　責任主義とは「責任なければ刑罰なし」という標語で表される原
則であり、処罰するためには、行為者が非難可能でなければならな
いことを要求している。これまでの検討を経て、当該行為が法律上
犯罪として規定されており、かつ法益保護のためにその行為を処罰
しなければならない、となった場合でも、それだけでは社会全体の
利益のために行為者を犠牲にすることにしかならず、処罰は正当性
を欠くことになる。苛酷な効果を伴う処罰が正当性を有するために
は、行為者の側が行為当時、責められるべき状態、すなわち規範意
識に従って行動をコントロールできる状態であった必要がある。

　刑法が責任主義を採用していることを端的に表現しているのが、
責任能力に関する刑法39条である。同条によれば、行為者が行為

当時、心神喪失（責任無能力）であれば無罪となり、心神耗弱（限定責任能力）であれば必ず刑が減軽されることになる。この規定から、刑法が社会に有害な結果を引き起こしたこと自体に責任を問う立場（結果責任主義）を採用していないことが分かる。刑法が採用しているのは、社会に有害な結果が行為者の非難可能な意思決定に由来する場合にのみ責任を問うという考え方である。民事責任の場合、製品に欠陥があれば売主に過失がなくても損害賠償責任を負うとする製造物責任法のように結果責任主義が採用されている場合があるが、刑事責任の場合は、例外なく責任主義が貫徹されることになる。

　最近の事件に、行為者が、自宅で祖父母を金属バットで殴打した後に刺殺し、さらに母を絞殺しようとして果たせず、その後、隣人1名を刺殺し、もう1名を刺殺しようとして果たせなかったとして、殺人3件、殺人未遂2件などに問われた事件がある。

　裁判所は、精神鑑定を参考に、本件当時被告人は妄想型統合失調症に罹患し、遅くとも最初の被害者に対する攻撃を開始した時点において、正常な精神作用が機能しておらず、神社に行くまでの道中で出会った哲学的ゾンビを倒せば高専時代の同級生と結婚できると確信し、被害者らを人ではなく哲学的ゾンビであると認識していたといえ、本件各行為はその精神症状の圧倒的な影響を受けたなされたものである疑いを払拭できないため、心神喪失にあった合理的な疑いが残るとして、無罪を言い渡した（神戸地判令3・11・4判時2521号111頁）。

　この事件の被告人は、極めて重大な結果を生じさせており、それだけを見れば強い処罰感情が生じるところであるが、鑑定が信用できるのであれば、被害者らを人であると認識できていなかったのであるから、「人を殺してはならない」という規範意識に従って行動

をコントロールすることはできなかったと言わざるを得ない。

　責任主義は、犯罪をした人を社会の圧倒的な処罰感情のスケープゴートにしないための重要な原則である。

　以上のように、刑法には独自の法原理がある。一見常識に反するような判決が出ることには、相応の理由が存在している。本節ではその原理により犯罪が成立しないとされた例を紹介したが、当然のことながら、これらの法原理の適用が問題になりつつも、犯罪の成立が認められる場合も多い。刑法に特有の法原理の意味を突き詰めるだけでなく、具体的な事例を通じて、法原理が適正に運用されているのかを考えるのも大きな課題である。一つひとつの事件の結論は、被告人・被害者を始めとする人々の人生に大きな影響を及ぼす。それだけに、正義に適った解決とはいかなるものなのかについて、とりわけ敏感にならなければならないのである。

■　読書案内

　佐久間修・橋本正博（編）『刑法の時間』（有斐閣、2021 年）は、専門知識なしにスラスラ読める入門書であり、大学入学前に手に取るのに相応しい。刑法の厳密な論理に一刻も早く触れてみたいという人は是非挑戦してもらいたい。

【本庄　武】

6 刑事訴訟法

◆ 犯罪発生予測と政策、そして法

　刑事訴訟法は、刑法を実現するための手続を定めた法律、あるいは、刑罰権の具体的実現を目的とする手続に関する法律である。刑法は、どのような行為が処罰の対象となるのか、処罰するときにはどの程度の刑が科されるのかを定めているのに対して、刑事訴訟法は手続について定めている。具体的には、刑事裁判に関する手続とともに、その準備として行われる犯罪捜査に関する手続等を定めている法律である。

　刑事訴訟法は裁判所、検察官、弁護人、被告人に対して手続上のルールを設定している。特に、主として実質的に刑事裁判を進めていく役割を担う、裁判所、検察官、弁護人を名宛人としている色彩が強い。その意味で、プロフェッショナルが使用することを想定した法律だといえる。そのように聞くと、裁判の面倒な手続について定めた実務法曹が用いるためのつまらない技術的な法律のように感じるかも知れない。しかし、他の法分野と同様に、刑事訴訟法学もその時々の社会状況を受けて、種々の課題に取り組んできた。

　刑事訴訟法学として扱う対象は、「刑事訴訟法」という名称の法律のみならず、犯罪の発生を受けて捜査を始めるきっかけになる事象（捜査の端緒）と密接に関連する警察官職務執行法等の特別法も含まれる。本稿で扱うのは、捜査の端緒に関する内容である。本稿では、犯罪予測をしつつ法執行を行う警察活動を起点として、犯罪学と刑事訴訟法学の入口へと皆さんを連れて行くことを目的としたい。刑事法がどのようなことを扱う法領域なのかについて、いくば

くかでも具体的なイメージを抱いて欲しい。ここで取り上げるのは、犯罪の発生を予測して警察活動を行う予測的警察活動のうち、特に犯罪の発生場所を予測して行う警察活動である。

□　場所予測型警察活動とその背景

アメリカ合衆国の一部の都市の警察署では、2010 年代後半から、人工知能（AI）を用いて犯罪発生場所・発生時刻を予測する活動を始めた。有名な AI として、Geolitica 社（旧 PredPol 社）の AI を挙げることができる（他社でも HunchLab 等の AI が開発された）。地図上に、AI が犯罪の発生する可能性が高い領域を指示し、その場に警察がパトロールに赴く運用を行うことで、犯罪を予防し、または犯罪発生時に被疑者を早期に確保して摘発できるようにするというわけである（写真参照）。

アメリカ合衆国でこのような動きが生じたことには理由がある。

第 1 に、情報科学技術が発展し、AI の基礎となる多様なデータを収集することが容易になるとともに、データの保管・利用に要す

写真：Geolitica 社のホームページより転載。

るコストが低くなった。いわゆるビッグデータを警察組織が保有し、それをもとに AI がそのアルゴリズムに従って結果を出力する環境が整った。

　第2に、財政赤字を解消するために警察官の人員が削減され、効率的に配置する必要性が高まった。そのため、犯罪予測を的確に行えればコスト削減につながると考えられた。

　第3に、現在も指摘されることではあるが、2010 年代当時も、アメリカ合衆国では警察官による人種差別的な法執行が問題となっていた。AI が犯罪予測をするならば、そのような人種差別的な法執行が回避できるのではないかという期待も存在していたのである。

　第4に、犯罪学の領域において、犯罪の発生を予測するための理論的な枠組みが提供される現象が生じていた。ブランディンガム夫妻が既存の犯罪機会にかかわる諸理論を統合的に理解して、犯罪パターン理論を主張した。犯罪が集中して発生しやすい地点・時間帯をホット・スポットと呼び、そのホット・スポットを見つけ出すための方法論を分析したのである。犯罪者の行動パターンを空間的・時間的にとらえ、犯罪者の日常活動が行われる空間・時間帯と被害者の日常活動が行われる空間・時間帯の交差する箇所で犯罪が発生しやすいことを指摘した。そして、そのような地点・時間帯は自ずから限定されるので、パターン化して対応することが可能だと主張した。先に挙げた、Geolitic 社の前身である PredPol 社をブランディンガム夫妻の子が創設したのは、まさに犯罪パターン理論の知見を活用することを意識していたものだといえよう。このような犯罪パターン理論をはじめとして、犯罪が発生する環境を解明しようとする環境犯罪学が、犯罪発生場所等の予測のために理論的な基礎になると考えられたのである。

　以上のような背景から、アメリカでは犯罪発生場所とその時間帯をAIによって予測して、警察官のパトロール活動に活用するという運用が生じた。日本においても、報道されている限りでも、京都府警が先行して導入し、その後、警察庁等も2019年度に実証実験を行ったことなどが報じられた。

□　基礎となるデータは確かか？

　以上のような背景の下で用いられるAIは、アメリカでは人種差別を伴わない法執行を期待できるものとして、当初はもてはやされた。しかし、その後、様々な課題が指摘されることになった。AIを導入するために要する予算に見合うほど、効果的な法執行を実現できるのか、弊害も生じているのではないか、という疑問である。

　第1に、AIが基礎としている過去の犯罪に関するデータが、信頼に値するものなのかという問題である。犯罪の場所的予測をするAIの基本的な仕組みは、過去の犯罪の発生場所・時刻・罪種等のデータとともに、飲食店等の店舗の配置やプロスポーツの試合の有無、空き地の有無等の犯罪とは無関係なデータ（外的事情）を入力し、それらの相関関係についてAIに処理させるというものである。犯罪と外的事情の相関関係を踏まえて、アルゴリズムが犯罪発生地点と時刻の予測結果を出力するわけである。

　このような構造を前提とすると、過去の犯罪の発生場所・時刻・罪種のデータに偏りがあると、AIも偏った予測しかできない可能性が生じるように思われる。データの歪みの問題である。

　犯罪は、発生したものがすべて捜査機関等の公的機関によって認知され、計上されるわけではない。まず、犯罪が発生したとしても、被害者が警察等に届け出ない場合がある。図は、法務総合研究所『第5回犯罪被害実態（暗数）調査——安全・安心な社会づくり

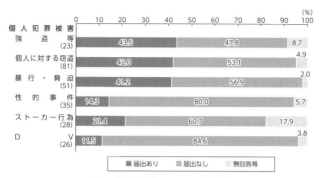

図：暗数調査結果の概要（抜粋）

のための基礎調査』（2019 年）から抜粋したものである。詳細の説明は省くが、各罪種の被害を受けた経験があると回答した者のうち、警察等に被害の届出をした者の割合を示したものである。各罪種の左の方の数字から、「届出あり」「届出なし」「無回答等」の回答割合（％）である。この調査結果からすれば、強盗等の財産に対する犯罪であっても、警察等に被害の届出をする人は 50％もいない。性犯罪やストーカー、家庭内暴力（DV）に至っては、被害に遭った人のうち 10％〜20％程度の人しか届け出ない。AI の基礎になっている犯罪統計自体が、犯罪の全数に近い数字を表しているわけではないのである。

　また、被害者からの犯罪被害の届出が警察等に対してなされたとしても、そのすべてが犯罪として認知されるわけではない。犯罪といえるか否かを警察が判断して、犯罪とはいえないとして認知しない場合もある。また、警察の方針によって、同じ行為でも犯罪として扱うか否かが変わる場合もある。例えば、犯罪統計上は、1999 年頃に急激に犯罪認知件数が増加したことが知られている。その背景には、1999 年に桶川ストーカー事件が発生したことが影響した

という指摘もある。この事件では、ストーキングに伴う脅迫行為等があったにもかかわらず警察が犯罪として対応しなかった結果、女子大生を元交際相手が殺害するに至った。この事件等における警察の対応が社会的に非難され、警察相談業務の整備拡充等につながった。これによって、犯罪認知件数が急増したことが指摘されている。アメリカにおいては、ニューヨーク市において、被疑者の逮捕件数の増加と重大事犯の認知件数の減少を数値目標として設定した結果、現場の警察官が強盗行為をより軽微な犯罪である窃盗罪に分類して計上し、見かけの上では統計上の強盗事件数が減少したという事例が報告されている。現在の日本でも同じような状況があるか否かは定かではないが、警察の対応が統計上の認知件数を左右することを示す例だといえよう。

　犯罪統計に認知されない犯罪件数のことを暗数と呼ぶが、以上のように、犯罪が発生したときにも、被害者側と警察側の対応次第で暗数が生じる。法務省が発行する『犯罪白書』には、毎年の犯罪認知件数が掲載されており、インターネット上でも読むことができる。この『犯罪白書』に掲載されている犯罪認知件数は、被害者と捜査機関という二重のフィルターを通り抜けた犯罪だけが計上されているわけである。

　以上のことを前提とすれば、AIが基礎とする犯罪統計は、一部の犯罪事件を拾い上げた上で、その中で予測をしているにとどまるということになる。一部とはいえ、過去に認知された犯罪の限りでは予測をしている点で、意味がないとまではいえないが、その予測の範囲に限界があることは指摘できるだろう。

　また、場所的なデータを伴うことによる、固有の問題もある。場所的な予測を行う場合、場所をどのように入力するかも問題になりうる。1人の被疑者が多数回の犯罪を行っている場合に、どこで犯

罪を行ったかは被疑者の供述に依存することも多いだろう。その場合に常に正確な犯行場所を特定できるわけではない。黙秘したり、記憶が曖昧だったりすることも生じうる。また、違法な薬物を所持している事犯等は、犯罪発生地点というよりは逮捕地点を入力するにとどまるだろう。このようなデータをもとにAIが指し示す「犯罪発生地点」とは、実質的には「過去の逮捕地点」に過ぎない可能性もあるということである。

□　過去の法執行の反復？

また、アメリカで指摘されているのは、「そもそもAIは人種差別的な法執行の問題を解消してくれるのか」という問題である。先に説明したように、アメリカにおいては警察官による人種差別的な法執行が問題視されてきた。具体的には、アフリカ系アメリカ人を重点的に監視対象とし、摘発の際にもアフリカ系アメリカ人が重点的に対象とされてきたという批判がなされてきた。そのような状況を、AIの導入によって解消することが期待された側面もあったのである。

しかし、AIが使用する過去の犯罪データは、人種差別的な法執行の結果として蓄積されたデータだともいえる。アルゴリズムは過去のデータに基づいて犯罪と外的事情の相関関係を分析する以上、過去の人種差別的な法執行がされたときの犯罪認知状況を基礎に予測結果を出力することになる。その結果、アフリカ系アメリカ人が多く居住する地域に犯罪発生を予測するホット・スポットが表示される頻度が多くなる。このことは、アフリカ系アメリカ人の重点的な摘発を再生産する形で行うことを意味する。そうすると、再び人種差別的な法執行のデータが蓄積されていくという、負のスパイラルに陥りかねない。

　アメリカでは、以上のような批判が AI による場所的犯罪予測について生じることになった。この問題は、日本でも無縁ではない。人種差別的な法執行の有無についても議論はあるので別に検討を要するところだが、少なくともこれまで日本の警察も重点的に取締りを行う地域というものは存在してきたものと思われる。そのような重点的な取締りをしていた地域の法執行のデータが重点的に蓄積されていくことになる。その結果、AI は過去の特定の重点的な地域の犯罪発生予測を繰り返す可能性がある。つまり、少なくとも犯罪予測のために用いられる AI は、過去の警察の行動様式を反復する構造を有しており、過去の法執行を最善とはいえない場合には AI を導入しても課題が残り続ける可能性があることを意味する。

　これに対しては、AI のアルゴリズムにおいて、過去のデータの重みづけを調整することで、過剰に特定の人種・地域の犯罪予測に偏らないようにするという対応策もあるかも知れない。しかし、その調整をどのような基準で、どのように行うかは困難な問題になるであろう。

□　アルゴリズムの限界？

　もう 1 つの問題は、AI の用いるアルゴリズムはビッグデータとの相関関係をみているという特徴と関係する。AI を利用することは相関関係を把握することに資する側面がある一方で、AI は因果関係の有無を判断しているわけではない。このような特徴は、AI が無意味になったデータを考慮し続ける可能性を生じさせるという指摘もある。例えば、放火事件では、同一犯人が反復して近隣の地域で放火を行うこともしばしば見受けられる。万引きでも、いわゆるクレプトマニアと呼ばれる病的に窃盗を繰り返す人がいる。このように、特定の人物が繰り返して集中的に特定の犯罪を繰り返す場

合、その犯人を摘発する以前と以後で、場所的な犯罪の発生状況が大きく変化することが生じうる。因果関係を理解していれば、当該犯人を摘発すれば、当該地域での同種の犯罪の発生件数は大幅に減少するであろうことが予測できる。しかし、アルゴリズムはこのような因果関係まで自動的に把握するわけではない。このことを判断に組み込むためには、人によるデータの補正が必要になる可能性がある。

　また、別の観点からは、AI による犯罪予測・早期摘発は、犯罪対策を近視眼的なものにしてしまうという批判もある。場所的な犯罪発生予測は、先に述べたように、警察官がパトロールを効果的に行えるよう人員を効果的に配置することで、犯罪を予防し、被疑者を早期に摘発することを狙っている。しかし、特に犯罪の予防の観点から言えば、犯罪が発生する環境を防ぐために、非行を行う場となる空き家の対策を行ったり、薬物利用の再犯を防ぐための離脱プログラムの充実や利用の促しに取り組むなどの方策を複合的に行う方が、より犯罪の発生を根本的に除去する点で有効である。犯罪から離脱するための知見や、離脱に伴う様々な苦しみに関する犯罪学・刑事政策上の知見は数多く存在する。それにもかかわらず過度に AI による犯罪発生予測と早期摘発に力点を置くと、本来解決すべき事項と政策上の優先順位を見誤る可能性がある。

　これらの批判が示唆するように、「データがより粗末な方針の選択を正当化する」という状況を防ぐ必要がある。AI を利用する場合であっても、人間の側は AI の判定結果が持つ意味を理解し、その限界を踏まえて、どのような方策を採ることが問題の解決のために最善なのかを考えなければならない。

□　警察官職務執行法との関係

　AIによる場所的な犯罪予測を警察官が用いる場合、法解釈の上でも検討を要する。例えば、次のような事例を想定しよう。

　【設例】　警察官がAIによる場所的な犯罪予測にしたがって、AIがホット・スポットとして表示した地点に赴いた。その地点には、大学生のような年齢・服装の男性である甲が一人で立っており、その他には近隣に人がいなかった。そこで、警察官は甲に対して、氏名や住所・職業・年齢を尋ねるとともに、なぜその場に立っているのか等の職務質問を行った。この場合、警察官の職務質問は適法だろうか。

　この問題を検討するためには、警察官の職務質問に関する法規定を確認しておく必要がある。警察官職務執行法2条1項には、次のような定めがある。

　　「警察官は、異常な挙動その他周囲の事情から合理的に判断して何らかの犯罪を犯し、若しくは犯そうとしていると疑うに足りる相当な理由のある者又は既に行われた犯罪について、若しくは犯罪が行われようとしていることについて知つていると認められる者を停止させて質問することができる。」

　この条文によれば、異常な挙動その他周囲の事情から合理的に判断して、①何らかの犯罪を犯し、もしくは犯そうとしていると疑うに足りる相当な理由のある者、②既に行われた犯罪について、もしくは犯罪が行われようとしていることについて知っていると認められる者に該当すれば、警察官は対象者に質問することができる。①②を総称して、講学上は不審事由と呼ぶことが多い。AIを用いる際には、これら不審事由をどのように認定すべきかが、問題となっ

てくる。条文の文言に則していえば「異常な挙動その他周囲の事情から合理的に判断」するとは、どのような判断構造をとるべきなのか、ということになりそうである。

　そこで、警察官職務執行法に関する条文を解説する書籍（コンメンタールと呼ばれる）を確認してみよう。そうすると、田宮裕ほか編『大コンメンタール警察官職務執行法』（青林書院、1993 年）には、「異常な挙動とは、不自然、奇妙な、又は正常でない言動、服装・持ち物の不自然さをさす」とされている。【設例】の大学生甲は、ただ立っているだけだから、これには該当しそうもない。「その他周囲の事情」はどうだろうか。「周囲の事情とは、…（中略）…挙動不審者（質問の対象者）を認めた時点と場所に限定する必要はない」と書かれている（以上の引用は、同書 89 頁〔渡辺咲子〕による）。この記述では、今一歩、何が考慮できるのかがつかみづらい。

　そこで、この書籍が引く裁判例を見てみよう。すると、「異常な挙動その他周囲の事情」とは、「現場における相手方の挙動自体及び周囲の状況のほか警察官側の持っている事前の知識や情報等を総合的に考慮し得るものと解される」と説示した裁判例があることを確認できる（大阪地判昭和 63 年 3 月 9 日判タ 671 号 260 頁）。この裁判例は、集会に現れた日雇い労働者の労働組合が過去に警察官等に暴行を加えていた事実と、他に過激な行動をとる団体も集会に参加しているという事前情報を踏まえて、集会会場に来た当該労働組合の者に対して職務質問等を行った事案であった。このように「警察官側の持っている事前の知識や情報等を総合的に考慮」できると判断したのは、例えばテロ事件の予告があって対象場所近辺で職務質問をする場合のように、警察官が保有する事前情報等を加味して質問の要否を判断しなければ、犯罪事件の予防等、警察官職務執行

法が期待するところの目的（同法1条）を達することができないからであろう。

　以上のような理解からすれば、警察官は職務質問を行うには不審事由が存在することが必要であるところ、その不審事由は単に対象者の挙動や対象者の質問前の周囲の状況のみならず、「事前の知識や情報等」も考慮して認定してよいことになりそうである。そうすると、AIの判断結果であるホット・スポットの表示は事前情報の1つとして考慮できるものと考えられる。

　もっとも他方で、AIのアルゴリズムが企業秘密で開示されなかったり、深層学習（deep learning）等によって人間にはもはやAIの判断枠組みの理解が困難な状況になったりしている場合もある。そのような場合には、AIは説明責任を果たせないという問題も抱えうる。いわゆるブラックボックス問題である。

　たしかに、人間の経験則の内容をすべて言語化して説明できない場合があるのと同じように、AIの判断結果のすべてを言語化して説明する必要がないともいえる。しかし、職務質問における不審事由の判断を、ブラックボックス問題を抱えたAIに全面的に委ねることになれば、不審事由が存在するとした理由を「AIがそう判断したから」以外には説明できない状態に陥る。単に「AIの予測したホット・スポットに対象者がいたから」というだけでは、適法といえるだけの不審事由が存在していることを説明できていない。それは、単に「自分の経験から対象者が怪しいと思った」というだけでは、適法といえるだけの不審事由が存在していることを説明できていないのと同じである。しかも、先に述べたように、現在の犯罪発生場所の予測には、種々の限界があることに鑑みれば、現状ではAIに全面的な信頼を置いてAIのみで説明は十分だと評価することはできないだろう（説明可能AIと呼ばれるものも現れているが、

現状では、その内実は AI の判断枠組みをすべて表現するものではないと評価すべきように思われる）。法や裁判には、人々の納得を調達することが期待されるところ、現状の AI のみでは説明責任を充分に果たせないのではないか。

　以上のことを勘案すると、AI が出力したホット・スポットの情報は、不審事由の判断資料の 1 つとして用いることはできるものの、職務質問を行う警察官自身が対象者やその周囲の状況も加味した上で、自ら不審事由を判断すべきだろう。「AI の予測したホット・スポットに対象者がいたから」という理由だけで警察官が職務質問を行ったのだとすれば、不審事由を欠いた違法な職務質問に当たると解すべきだろう。

　なお、AI による犯罪発生予測は、犯罪の予防・鎮圧を目的とする行政警察活動（行政法）と、犯罪について公訴提起をするか否かを判断するための証拠収集を目的とする司法警察活動（刑事訴訟法）という 2 つの法領域の関係を融解させ、両者の法原則をどのように調整して適用するのかという理論的な課題をも浮き彫りにしうる点も指摘しておきたい。詳細は双方の法律を学んでから考えてみて欲しい。

　本稿では、前半において予測的警察活動の 1 つである場所予測型警察活動の背景、特徴および AI の限界を、犯罪学の観点から確認した。後半では、刑事訴訟法学の観点から、場所予測型警察活動の一環として行われうる職務質問について、条文の解釈を実践しつつ AI の限界を踏まえて適用してみた。少子化が進行して人手不足が各所で生じうる今後の日本社会では、AI の使用は各場面で不可避的に生じるだろう。そのような状況下で、AI の限界を使用目的との関係で見極め、その性質を理解した上で政策や法に落とし込むこ

とは必要になるであろう。犯罪学、刑事訴訟法学、そして法解釈の一端に触れて、刑事法学が新たな社会的課題に取り組むためにどのようなことを考えているのかが伝わること、そして、興味関心を持つことを願っている。

■　読書案内

　予測的警察活動に関しては、アンドリュー・ガスリー・ファーガソン『監視大国アメリカ』（原書房、2018 年）を通じて、アメリカにおける予測的警察活動を含む AI と監視を駆使した警察活動の様子と課題を知ることができるだろう。日本の状況について紹介ものとして、守山正編著『犯罪予測・AI による分析』（成文堂、2022 年）がある。日本の警察による法執行において人種差別的なところがあるか否かを研究したものとして、宮下萌編著『レイシャル・プロファイリング』（大月書店、2023 年）が詳しい。刑事訴訟法にも関心を持って欲しいところであるが、法曹の手によって書かれた小説である大森顕ほか『痴漢を弁護する理由』（日本評論社、2022 年）は、被疑者・被告人（とその家族）、被害者、弁護士、検察官、裁判官というそれぞれの視点から、痴漢事件を素材として刑事手続の様子を描写している。刑事訴訟法がどのような力学の中で作動していくのかを知るのに良い素材となるだろう。

【緑　大輔】

※本研究は JSPS 科研費 JP21K01193 の助成を受けたものである。

7 会社法

◆　私たちの隣人、会社について深く考える

　皆さんは、会社の活動に直接かかわったことがなくても、多国籍展開する巨大なものから地元密着の小さなものまで膨大な数の会社が存在しており、あらゆる商品やサービスの提供を通じて社会の需要に応え、たくさんの人々に雇用の機会を提供し、世界中の投資者から事業資金を集めて彼らに利益を還元していることを知っている。さらに会社が、私たちの知識と技術に日々革新を生み出し、会社が活動する地域や国家に貴重な税収をもたらしていて、それらにより社会をいっそう豊かで幸福なものにするということを、私たちは程度の差はあるにせよ認識していることだろう。

　本節では、会社とはそもそも何か、何のために存在するのか、そして、私たちの社会の一員としてどう振る舞うことが求められているのかを、会社に関連する法制度の観点から見ていくこととする。

□　会社とは何か？

　人々が共同して経済的な事業を遂行するための道具または器として、日本の会社法は「会社」という制度を提供している。会社とは、簡単にいえば、営利を目的とする企業であり、会社法の定めに従って設立されることにより、独立の取引主体としての地位を与えられたもののことである。

　法は、共同して事業を進める上での便宜を起業者に提供するだけでなく、その事業に関係する人々の間の利害を調整し、事業活動全体を社会にとって好ましいものとするために、会社の組織と行為に

詳細な規制を加えている。

　会社が私たちの社会生活に与える効用には、計り知れないものがある。しかし、会社が単独で、または集団的に有する力が大きければ大きいほど、ひとたび会社の運営に解決困難な問題が生じたならば、上で述べた数々の長所や利益が突然失われて、会社の存在と活動に深く依存している社会にきわめて深刻な被害をもたらす。1720年のイギリスの南海泡沫事件から 1991 年の日本のバブル崩壊、そして 2008 年の世界金融危機などに至る数々の歴史的大事件を通じて、私たちはそのことを多く学んでいる。

□　会社は、法律上の「人」である

　まず、「会社」という仕組みは、19 世紀後半に福沢諭吉や渋沢栄一などによって日本に初めて紹介された西洋由来のものであり（この造語は、人々が集まって団体を作ることを意味する「立会結社」から来ている）、その起源は古代ローマの法人制度にまでさかのぼる。

　いま、「法人」という言葉が出てきたが、会社は、私たち人間のように物理的に知覚することができる生命体を持たないにもかかわらず、法律により権利・義務の担い手（人）として特別に取り扱われるもの、すなわち法人である。確かに、会社が保有している財産とか、会社が行使する物理的・経済的・法的な力というものを、私たちは客観的に識別することができるが、それらは、会社の名において代表者が——または、会社のために代理人が——保有している財産であり、行使している力にすぎない。つまり、会社の実体は、それに相対する私たちの意識の上にのみ存在するものであって、会社の名において、または会社のために何らかの活動が行われることを通じて、私たちは会社の存在を初めて認識することができるので

ある。

　人間ではないものの存在と活動を法が認知することは、「同じ目的を有する多数の者が共同して行う取引を単一の仮想的主体がするものと構成すれば、それらの取引を非常に簡単に処理することができるようになる」という、社会にとって大きな有用性があることを根拠とする立法政策から導き出されたものである。したがって、会社を含む法人はすべて、会社法その他、その法人の設立を認める法律の適用を受けるのであり、法律に基づかない「法人」を自由に作り出すことはできない。ちなみに最近では、種や環境の保全を促進するために、動物や自然環境といったものを法人として取り扱い、（実際には代理人である人間を介した）権利の積極的な主張を認めるべきだという議論が行われている。

□　会社の設立と運営

　法人、すなわち人間とは異なるけれども「人」としての地位を法律上与えられている会社は、寿命というものがなく、その活動の量や範囲について人間が抱えている肉体的制約を一切受けない超人である。ところで、固有の肉体と精神を持たない会社は、どのようにして形成され、運営されるのだろうか？

　会社を設立するには、その会社の構成員になろうとする者が、会社の組織や運営に関する基本的事項を定めた規約（定款）を作成し、会社の所有と運用に委ねられることとなる出資財産を提供し、経営者を決めた上で、会社の目的や名称（商号）などの法定事項を公簿に登録すること（設立の登記）が必要である。会社法によれば、会社は持分会社と株式会社の2つに区分され、持分会社の場合は構成員（社員）になろうとする者が出資とともに経営を引き受ける。株式会社の場合は、構成員（株主）になろうとする者が出資を

するが、経営者（取締役）は、株主から構成される株主総会で選任される。

　持分会社と株式会社の最大の違いは、出資者が自ら経営者となる権利を持つかどうかという点にある。一見すると持分会社のほうが、自分たちの出資財産の使い道を自分たちで決められるという意味で、社員にとり自由と安心感があるように思われる。しかし、株式会社であれば、株主は、経営に参画しなくてよいぶん、複数の株式会社に出資を同時分散することで、特定の会社の事業の失敗による損失を抑えることができるし、自分たちよりも有能な経営者を見つけることができれば、その者に任せることで会社の成功は確実さを増す。このことから、株式会社は、私たちの遊休資金、または銀行・保険会社などの金融仲介機関に預けられた資金を吸収して成長していく力を、潜在的に備えている。

　株式会社は、株主の出資によって財産的基盤を形成し、その財産をもって事業組織を構築して運営をしていくものである。そして、債権者や従業員といった、会社の他の利害関係者が会社に対して具体的な財産上の請求権を法で保障されているのとは異なり、株主は、「あるとき払いの催促なし」の状態に置かれている。つまり、会社に留保しなければならない額（負債の額および資本金の額その他の合計）を上回る額の財産が会社にあるときに限り、株主は、法定の手続に従って配当を受けられるにすぎない。これらの事実に照らせば、株主は、会社の事業の今後をめぐって他の利害関係者とは質的に異なる大きな利害関心を有しているといえることから、株式会社の組織と運営のあり方を最終的に決めることができるのは、株主であるとされている。

　このことを前提にして、株主が会社に対して有する権利が、会社法でいくつも定められている。株主の総意を取りまとめるための機

関（機関とは、会社の運営を司る機構のこと）として株主総会というものがあり、株主の会社運営への関与は、議案に対する議決権行使という集団的な方法によって基本的に行われる。取締役を株主総会において選任し、または解任するというのも、株主の重要な権利として挙げられる。

□　株主の有限責任

日本において、株式会社の数は、会社全体（持分会社と株式会社の合計）の９割以上を占めている。これは、他の企業形態よりも株式会社の知名度が高い（ファースト・チョイスになる）ということもあるし、株主は出資をするだけでよく、経営に直接関与することは求められないという点も影響している。加えて、会社事業がたとえ破綻しても株主は会社債務について責任を負わなくてよいことが、株式会社の普及の大きな要因となっている。

すなわち、会社が破産手続に入ったとき、会社財産の管理は会社債権者の利益を代表する破産管財人に委ねられる。これにより、株主が出資した財産は、それまで株主が支配していた会社のものから、実質的に会社債権者のものに変わる。しかし、会社の支払不能額について株主が会社債権者から返済を迫られることは、もはやない（個人としての立場で株主が会社の保証人になっている場合を除く）。会社の債務に関して、株主が自己の出資額以上の責任を負わないことを、株主の有限責任という。この仕組みは、事業が破綻した際の責任負担の限度を定めておくことで、会社に出資しようとする者の心理的抵抗を取り除き、リスク（結果の不確実性）のある事業への投資を促すという政策的意図に基づいている。今日に至る資本主義経済の発展の最大要因は、株主の有限責任にあるといってよい。

　もっとも、単純に債権者の利益を犠牲にして株主の有限責任を認めたことにならないよう（かりにそうであるならば、債権者になる可能性がある者は、誰も株式会社とは取引をしたがらない）、会社の財産を厳正に管理させる仕組みと、会社の財産状態を明瞭に記録させる仕組みが会社法により提供されている。

□　株主が投資を回収する方法──株式売買と株式市場

　株主が株式会社の経営に関与しなくてもよいということは、株主が好きなときに特定の会社の株主であることをやめて自己の投資を回収しても、会社の運営には影響が出ないということを意味する。いま投資している会社よりも収益力が高い会社にすぐに資金を移すことができれば、株主自身の経済的な利益につながる一方、収益力が低い会社は事業資金を集められなくなり、支払能力が低下して借入れにも支障をきたし、やがて市場から撤退しなければならなくなる。それゆえ、株主に迅速な資金回収の手段があることは、経済全体として見れば資源の効率的な利用に役立つ。

　株主は、保有している株式を他人に売却して会社への投資を回収する。なお、株式会社が株主に出資金を返還することは、原則として禁止されており、これにより会社は財産の流出を防ぎ、長期的な視野に立った事業を続けることができる。資本主義諸国では、株式売買を集中して行うための金融商品取引所（証券取引所）が高度に発達しているが、それは、外国からのものを含めた巨額の投資資金を呼び込んで、優良な上場会社が発行する株式をたくさん買ってもらい、そうした会社の盛んな資金需要を満たさなければならないからである。

　ここにおいて、金融商品取引法を中心とする法は、株式を買うか、売るか、それとも保持するかという投資判断に必要となる正確

な情報が速やかに提供される仕組み（開示制度）を作り、当事者間の公正な取引を確保して、株式市場（平等の条件で行われる同時多発的な株式取引の総体）がもたらす健全な価格形成機能を維持している。また、株式市場に関する法の主要な執行機関として、強力な調査・検査権限を有する証券取引等監視委員会が活動している。

　株式売買を大量かつ迅速に行うことができる環境の下では、他人から資金を預かって株式投資および株式売買をするビジネスもまた発達する。実際、日本の上場会社株式の時価総額の6割以上は、こうしたビジネスを行ういわゆる機関投資家が保有しており（しかも3割が外国法人である）、個人株主の保有比率は2割にも満たない。

□　コーポレート・ガバナンス（企業統治）

　数の上では中小規模の株式会社が9割近くを占めているとはいえ、日本経済を先導しているのが、上場会社を中心とする大規模な株式会社であることには疑いがない。そうした会社の株主の数は1社だけで90万人近くに上ることがあり、従業員の数も1社で5万人を超えるものが存在する。それゆえ、どのようにして大規模株式会社の管理運営を、主要な受益者である株主の存在を強く意識しつつ、適法・適正で効率的なものにしていくかということが、今日、「コーポレート・ガバナンス」と総称される学問上・政策上の重要な論点となっている。

　会社の適正な運営を実現するために、株主一般の積極的な権利行使を促すというアプローチが考えられる。しかし実際のところ、大規模会社の圧倒的多数の株主は、期待したとおりの利益が得られる限り、会社の経営がどのように行われるべきかについて、意見や希望を特に持たない。思いがけず経営が悪化したとしても、株主総会に出席して取締役の再任議案に反対票を投じたり、経営判断を誤っ

た取締役に対して訴訟を起こして会社に対する責任を自ら追及したりしないで、株式を売って会社からいち早く離れてしまう者がほとんどである。

　こうしたなかで、たとえば株主一人ひとりの会社に対する権利を強化したとしても、その権利はほとんど行使されないおそれがあり、逆に会社への嫌がらせなどのため不当に利用される危険すらある。むしろ、経営者の行動を適切に誘導して、会社の利益を自律的にそして秩序ある形で実現していくための仕組みがあることが望ましいといえる。

　その一つとして、株主が経営に関与する機会をなるべく減らし、経営者に権限を集中させることが挙げられる。ただし、強大な権限を与えられた経営者に対する実効的なコントロールの手段を残しておかないと、会社および株主の利益につながらない経営者の独善的な行動につながるおそれがある。

　まず、会社法は、株主が選任する取締役が取締役会という経営会議を組織して重要な経営案件を審議し、取締役のなかから選ばれた会社代表者（代表取締役）に日々の業務執行を委ねるという方法を、株式に流動性がある株式会社における原則とする（取締役会設置会社）。代表取締役の活動状況は取締役会のメンバーである各取締役によって監視され、問題があれば取締役会の決定により代表取締役の交替が行われる。

　このとき取締役会は、重要な経営案件の決定と、その実行の監視・監督という、2つの異なる仕事を並行して行うこととなるが、規模の大きい会社では取締役会の業務量が多すぎて経営の機動性が失われるかもしれない。そこで、会社の業務全般に関する監査の仕組みが比較的整っている会社——公認会計士または監査法人であることを資格要件とする会計監査人を置き、かつ、会社経営に関して

独立性を有する取締役であるところの社外取締役を複数置く会社
——のうちの一部については、取締役会の機能を基本的に経営者の
監視・監督に限定し、その反面、取締役会によって選ばれた経営者
（執行役または代表取締役）の権限を一般の取締役会設置会社より
も相当程度拡大することができるようになっている（指名委員会等
設置会社、監査等委員会設置会社）。

　経営者の裁量を発揮する余地を広げても、経営に失敗したとき会
社に生じた損害を経営者が必ず賠償しなければならないというので
は、意欲的で創造的な企業活動を期待することはできない。この点
を意識して、日本では、取締役がした決定の過程および内容に著し
く不合理な点がなければ、その取締役は会社に対する任務を怠った
ことにはならないとするルールが判例で認められている（経営判断
原則）。これは、取締役の進取の気性を損なわないようにするとい
う、取締役への消極的な動機づけにかかわるものである。他方、取
締役に対し、会社の利益実現に向けた積極的な動機を与えるものと
して、上場会社の取締役の報酬を、金銭ではなく株式または一定価
格で株式を取得することができる権利（新株予約権）とし、会社の
価値が高まりそれに応じて株式の市場価格が上がれば報酬額も増え
ていくという仕組みが普及しつつある（業績連動報酬）。

□　会社の自由な営利活動が向かう先

　ここまでの叙述を通して分かることは、その事業内容が何である
かを問わず、会社が、利益を獲得してこれを株主に還元していくと
いう営利法人としての本質を備えており、その点に着目して、株主
を中心的な受益者とする規制が、主に会社法を通じて行われている
ということである。どのような事業をどのようなやり方で進めるの
かといった具体的なことは、すべて会社の自治に委ねられており、

法は基本的にこれに関知しない。むろん、会社の事業活動はすべて法律に適合したものでなければならず、一定の株式会社については、そのための方針と手続を定めておくことが会社法で義務づけられているが（内部統制構築義務）、法律を正しく守っている限り、会社の活動には制約がないのである。

　しかし、社会の現実に目を向けるとき、皆さんには、上の説明がどことなく空々しく聞こえる気がするのではないか。会社は、営利の実現という目的を与えられ、それを可能にする物的・人的資源を惜しみなく投入される、老いることも死ぬこともない超人である。スタインベックの小説「怒りの葡萄」には、土地所有者である銀行が、凶作に繰り返し見舞われた小作農たちに退去を命じ、彼らがそれまで暮らしを営んできた綿花畑や家屋を最新式のトラクターで容赦なく踏みつぶし、あっという間に広大な農地へと作り変えていく場面がある。銀行という会社の利益至上主義がもたらす災厄を目の当たりにして、一人の小作農は、「わしらがいためつけられてるのは、人間のつくった悪いものからなんだ。だが、そいつなら、わしらでも変えることができるんだ。」（大久保康雄訳）と静かにつぶやく。

　「怒りの葡萄」が出版されたのは、銀行業務の厳格な規制を目的とする法律（1934 年グラス・スティーガル法。1999 年に廃止）や労働者の基本的権利を定めた法律（1935 年ワグナー法）など、大恐慌から立ち直るために理想的な企業行動を確保する数々の重要な法律がアメリカで制定された後の、1939 年のことである。上の農夫の言葉にあるとおり、社会に対する洞察を欠いた会社の無分別な営利主義は、私たち一人ひとりの考えと行動があればこそ変えられるし、そうしなければ、私たち人間は、あらゆる生活局面で会社に隷属させられることになりかねない。

　とはいえ、法制度一つをとってみても、「怒りの葡萄」が書かれた20世紀前半といまとでは充実の度合いがまるで違っており、会社の行動の適正を確保する法的枠組みは、もはや十分であると考える人がいるかもしれない。しかし、会社は、選挙権も被選挙権も持たないため国または地方自治体の政治に自ら参加することはできないけれども、政党または政治団体に対する政治資金の寄付や陳情、その事業に関する広報または言論を通じて、国民およびこれによって選出された議員たちの双方に対し、組織的・計画的・継続的に、会社自身と事業に対する一定の理解・認知を働きかけることができる。そのようにして形成された国民や議員の意識は、会社を対象とする立法や行政の実現または不実現に少なくない影響を及ぼすものと考えられる。それゆえ、現在の法制度が、私たちの隣人である会社を客観的に見て適切にコントロールしているかどうかを判断することは、私たち自身の目がもしかしたら会社によって曇らされているかもしれない以上、案外難しいのである。

　会社による営利の飽くなき追求は、経済的地位と能力に劣る取引相手方の搾取、課税または規制の回避を目的とした活動拠点の閉鎖・移転による地域・国家の経済または財政の衰退、有害物質の排出による生態系破壊や地球規模での気候変動などといった、見過ごすことができない負の効果を、私たちの社会にいくつも生じさせる原因にもなっている。では、会社の存在に起因するこれらの現実が、法や政治によって有意義に解決されていないと考えられるとき、私たちがとることができる手段は果たして何だろうか？

□　企業の社会的責任、会社の目的

　多くの会社法学者は、この問題を取り扱うにおいて、会社法そのものを変えていく必要はないと考えている。株主を除いた会社の利

害関係者の権利や地球環境といったものの保護は、基本的に、その
ための個別の法律を整備し、または国家間で条約を結ぶといった立
法プロセスを経て行政または司法に委ねられるべき事柄であり、会
社法は、あくまでも株主の利益実現を目的としながら会社の機能の
維持と向上を図るべきだというのである。

　ここには、会社法の目的や保護対象を安易に多元化してしまう
と、経営者に対する監督が十分行われなくなる可能性があり、会社
の自治に対する国家の介入が容易になるという警戒心が働いてい
る。もっとも、こういった伝統的な説明に納得しない学者も多く見
られる。

　今日、会社の目的とは何であり、会社法は何を目的とする法律で
あるのかを改めて問う動きが世界各国で出ている。会社の目的が、
会社を創立する人々によって設定されるものであるならば、営利以
外の目的を彼らの判断で定款に掲げた上で、会社が営利の目的と他
の目的（株主以外の利害関係者の利益や公益の増進）とを両立させ
なければならないとすることも許されるという意見がある。実際に
アメリカの複数の州では、そのことを条文で明確に許容する、特別
な会社形態のための法律が存在する（ベネフィット・コーポレーシ
ョン）。一般の株式会社についても、株主以外の利害関係者の利益
を尊重したり公益保護に努めたりすることは、何らかの形で会社の
長期的な利益の実現に貢献するといえるから、会社の営利性の本質
に反しないと指摘される。そして、会社法政策として、適切な情報
開示の下に一定の公益志向の活動を会社に推奨するべきであり、こ
れに基づく機関投資家からの働きかけを促すべきであると主張され
る。また、社会的に公正な企業活動をするといった、その成果が株
価に反映されないような事柄に関する株主の期待に応えることが、
会社の目的には含まれていると説くものもある。なお、いずれの見

解においても、取締役の裁量の余地をもっと広く確保する必要があると考えられている。

　これらの見解の根底には、株主への利益の提供を論じることよりも前にある論理として、生産や販売、サービスの提供といった基本的な事業活動を健全な形で遂行していくことが、個々の会社の本来の設立目的であるはずだ――すなわち、株主が受ける利益は、合理的な低コスト・高付加価値をモットーに会社が健全な事業活動を行って市場の競争を制したことの結果にほかならないのであり、株主をとにかく満足させるため、違法でなければ会社は何をしてもかまわないなどといった理屈は本末転倒である――という、非常に素直な発想があるといえるだろう。

□　**会社法制のゆくえ**

　株主が取締役を選任し、解任することができるという基本原則を変えるべきであるといった議論――たとえば、ドイツを始めとするヨーロッパ諸国に見られるような、労働者代表を取締役の選解任に関与させる共同決定制度の採用など――は、現在のところ日本では支持を集めていない。このことを前提とすると、取締役は、選解任権限を唯一有する株主の要求をつねに意識して経営にあたらなければならず、その結果、労働者の雇用環境や福利が改善されないとか、環境にはよくないが安価な操業方法をやめられないなどといった状態が、株主還元を主目的とするコスト削減を理由に放置されてしまうのではないかと、皆さんは心配するかもしれない。

　これまで述べられた、会社の本質と目的、会社法の基本思想、会社を取り巻く諸制度の現状などを踏まえて考えると、少なくとも、会社法の仕組みそれ自体に大きな欠陥があるわけではなく、株主至上主義に取り憑かれた会社が、その有する経済的な力を制約のない

まま利用して、外部の諸般の利益を圧迫している点に問題の根源があるように見える。なお、会社自身が利益を上げて株主にこれを還元するという基本的な枠組みは、理論的にも正当であるといわなければならない。その過程である「会社が利益を上げる」までの部分で株主以外の者の利益を取締役が考慮する余地がないとされたときに、大きな問題が生じるのである。しかも、業績連動報酬などを通じて取締役の行動が株価ひいては株主の利益に少なからず縛られていることや、会社の政治的行為に関する制約が弱いために立法による十分な統制を期待しづらいことといった、いくつもの構造的な要因がここでは働いており、上記の問題の解決は決して一筋縄ではいかないだろう。

　もっとも、病巣と病因をある程度特定することができているのだから、治療の方法は遠からず見つけられるはずである。有効と考えられる処置もすでにいくつか試行または導入されている。それゆえ、いましばらくの間、会社とは何か、会社法は何を目的とするものか、そしてあるべき会社法制とは何かをめぐる世界的な議論をフォローし、またはこれに主体的に参加しながら、私たちは事態が進展していくのを見守ることにしよう。

■　読書案内

　神田秀樹著『会社法〔第 3 版〕』（岩波新書、2023 年）は、最新の世界的動向を織り込みつつ、会社とは何か、会社法とは何かを簡潔に解説したものである。太田洋著『敵対的買収とアクティビスト』（岩波新書、2023 年）は、株主至上主義が、会社経営の現場や企業買収の局面でどれだけの軋轢を生んできたかを、生々しく描いている。

【酒井　太郎】

パート　2　　ビジネスローの最前線

1 労働法
◆ 近年の立法・解釈の展開

　労働法とは、労働者（従業員）・使用者（企業）の関係を規律する一群の法令・判例を指す。体系的には「個別的労働関係法」と「集団的労働関係法」があり、前者の主な立法として労働基準法・労働契約法、後者の主な立法として労働組合法がある。このほか労働市場の法と呼称される分野もあり職業安定法等がこの分野に属する。これらのうち個別的労働関係法の分野では、特に近年、立法に向けて、また法解釈に関し、様々な議論が充実、展開してきている。それらの立法論・解釈論を概観して、労働法はどのような法分野であり、どのような注目すべき展開がみられるか、以下、紹介しよう。

□ 労働基準法とは

　労働基準法は 1947 年に制定された。強制労働の禁止、賃金全額払いの原則、解雇予告義務などが定められている（5 条、24 条 1 項、20 条）。労働者に日常的に関係するだろう規定として、労働時間関連の一連のものと、年次有給休暇（年休）や産前産後の休業など休暇・休業関連の規定がある（32 条から 41 条の 2、65 条等）。労働基準法そのものではないが、同法に由来する労働者災害補償保険法、労働安全衛生法も重要である。大学入学直後の方に大いに関わる立法といえばアルバイトにも適用される最低賃金法だろうか。同法に基づき地域別最低賃金の額が都道府県ごとに定められている。それを下回ってはならず、下回った労働契約は無効になり、賃

金額は最低賃金の額まで引き上げられる（4条1項、2項）。契約内容を無効にして直接是正するこのような効果を強行的・直律的効力と呼ぶ。違反した場合の罰則も付いている（40条）。もちろん労働基準法にも強行的・直律的効力が与えられ（13条）、罰則がある（117条以下）。労働基準監督署が地域ごとにあり、労働基準監督官が助言や勧告を行う。企業と従業員との関係は対等でないことも多いので、このようにして契約内容に強制的に介入し、行政や刑事罰の仕組みを使って履行を確保しようとしている。

□ 働き方改革──労働時間の絶対的上限の導入

「働き方改革」という言葉を耳にしたことがあるかもしれない。2018年に「働き方改革を推進するための関係法律の整備に関する法律」が成立した。この法律によって労働基準法をはじめとする労働関係の多くの法令が改正された。このときの改正箇所は多岐にわたるが、その中でも大きな改正点のひとつが労働時間の絶対的上限の設定であった。

□ 法定労働時間と適用除外・例外規定

基本的なところからみてみよう。労働基準法では、1日8時間、1週40時間を法定労働時間とする（32条）。これを超えて労働者に働いてもらいたいけれど可能か、と問われたら、基本的にはできないと回答することになる。しかし様々な可能性がある。適用除外規定として管理職の場合（41条）と高度専門職の場合（41条の2）がある。変則的な労働のために用意される変形労働時間制や（32条の2、32条の4）労働時間の柔軟な配分を可能にするフレックスタイム制（32条の3）では、1日8時間、1週40時間という枠が修正される。

　いわゆるホワイトカラー労働者であれば、特に専門的な種類の業務に就いているひとは「裁量労働制」の対象となっていることが多いだろう（38 条の 3、38 条の 4）。実際に働いた時間数にかかわらず一定時間働いたものとみなす制度である。労働時間数がみなされるので、実際は労働時間数に上限がないことになる。ただし協定を従業員代表と結ぶことが求められていたり、労使委員会という企業側代表と従業員側代表によって構成される委員会で決議をしたりといった手続きを踏む必要がある。だれが裁量労働制の対象になるのか、みなし時間数は何時間かといったことは、こうした協定・手続きによって決定される。みなしの対象になるのは労働時間数だけであり、働く日や時間帯がいつかということは注意しておかなければならない。休日労働規制と深夜業規制は適用される。週 1 回以上は休日を与えなくてならない。休日労働や深夜（午後 10 時から午前 5 時までの就労）労働には割増賃金支払義務がある。ちなみに上記の従業員代表とは、過半数組合または過半数代表のことであり、事業場の労働者の過半数を組織する労働組合か、投票などにより事業場の労働者の過半数によって民主的に選出された代表労働者でなければならず、こうした従業員代表との協定を労使協定という。

□　労働時間の絶対的上限とは

　もっとも汎用性がある例外は「三六協定（さぶろくきょうてい）」によるものである。従業員側の代表と先述の労使協定を結ぶことで上記法定労働時間を超える労働が適法となる（労基法 36 条 1 項）。働き方改革によって労働時間の絶対的上限が設定されたことの意味は、この三六協定による法定労働時間外労働について、これまでなかった上限が設けられたことにある。法文上は、三六協定における「労働時間を延長して労働させることができる時間」は「限度時間

を超えない時間に限る」と定められたうえで（同条3項）、限度時間は1か月につき45時間、1年について360時間とされる（同条4項）。この限度時間はさらに延長し得るが時間外・休日労働あわせて1月100時間未満とされ、1年の時間外労働は720時間までとされる（同条5項）。時間外・休日労働の2〜6か月の平均が月80時間を超えないよう注意も必要である（同条6項3号）。

　労働時間の絶対的上限の設定は学説においても長年にわたり主張されていたが一気には実現せず、法的効力を徐々に高めた末にようやく実現に至ったものである。しかし上記限度時間の時間数が長すぎるという批判がある。

□　労働契約法とは

　労働基準法はその名が示す通り「基準」を定めるが、労働基準法制定後、判例によって、労働契約に関するルールが確立、定着していく。解雇権濫用法理はその一つである（「法理」は「法の考え方」「法的ルール」のことを指していると差し当たり捉えておいて頂きたい）。著名な高知放送事件・昭和52年1月31日最高裁判決は、ラジオ番組のアナウンサーであった原告が寝坊して番組時間帯が空白になるという放送事故を起こしてしまった事案である。しかも近接した時期に2回起こして解雇された。最高裁は、放送事故は使用者にとって重大なものであったと認めつつ、労働者も反省しており普段の勤務態度に別段問題がなかったこと、使用者側にも落ち度があったこと、ほかの労働者が放送事故を理由に解雇されたことはなかったことなどから、当該解雇は社会通念上の相当性に欠けると判断した。解雇は労働者の生活への影響が大きい。企業が理由もないのに解雇したり、理由があったとしても乱暴なやり方で解雇を行ったりといったことはできないようにしているのである。

　このほかにも、懲戒処分（労働者に対する制裁措置）は就業規則に定めがあって権限が認められる場合であっても濫用してはならないという懲戒権濫用法理が判例が積み重ねられ確立している。そしてこうした判例法理を中心に、労働契約に関する法的ルールが成文化されている。これが2007年に制定された労働契約法である。解雇権濫用法理は16条、懲戒権濫用法理は15条に定められている。

　これらの法理は労働基準法に定めることもできたと思われる。実際、解雇権濫用法理はいったん労働基準法の中に定められた時期があるが、のちに削除された。解雇権濫用法理は、まさに「社会通念」によって適法、違法の判断が変化し得るものである。たとえば先のアナウンサーの放送事故は、高度化した現在の社会では許されないかもしれず、いま訴訟になったら解雇は社会通念上相当だったといわれる可能性もゼロではない。このように判断が変動しうるルールは「基準」として直律的効力を付与し罰則を課すのにあまり適していない。実際、労働契約法は罰則規定をもたず、労働基準法13条のような規定もない。

□　労働契約法の解釈問題
──就業規則か、労働者との個別の合意か

　判例のルールを成文化した労働契約法のもとでも新たな解釈問題が浮上し、判例法理がさらに形成、発展してきている。その一つが就業規則をめぐる解釈問題である。

　就業規則とは、賃金や労働時間、退職などに関わる職場のルールを使用者が成文化するものであり、労働基準法上、使用者は作成するよう義務づけられている（89条）。形態は色々あり得て、書面にして職場に備え付けたり、全員にそれを交付したりする。企業内でイントラネットによってみることができるようにすることもある。

この就業規則について、労働基準法では、最低基準になるとしつつも（旧93条、労働契約法12条）、労働契約に対してどういった効力を及ぼすのか、契約内容になるかどうかなど定めを置いていなかった。このことは初期のころから訴訟で争われるなどして問題になっていたが、最高裁は、第一に、就業規則が合理的である限り労働契約の内容になること、第二に、これを一方的に変更して労働条件を労働者の不利益に変更することは原則として許されないが合理的でありかつ周知されている限りやはり労働契約の内容になることの二つを明らかにした（秋北バス事件昭和43年12月25日最高裁判決）。労働契約法7条が第一の点を、9条・10条が第二の点を定めている。

　以上のとおり「合理性」は就業規則の拘束力を決定的に左右する。では、労働者から個別に同意を得た就業規則の不利益変更についても同じように合理性は問題となるか。就業規則をめぐるもっとも重要な解釈問題といってよい。この点につき、山梨県民信用組合事件平成28年2月19日最高裁判決は合理性を審査しないとする立場を採った。理由は合意原則である。「労働条件は、労働者と使用者との個別の合意によって変更することができるものであり、このことは、就業規則に定められている労働条件を労働者の不利益に変更する場合であっても…異なるものではないと解される（労働契約法8条、9条本文参照）」。使用者・労働者間で合意があれば原則どおり合意によって労働条件は変更し得るのであり、合意に至らない場合に例外的に使用者による一方的労働条件変更を認めつつ、しかし例外だからこそ就業規則の合理性を効力の要件としているのだ、と理解することになろう。

　労働者個人の同意の効力を簡単に肯定してしまってよいのかと疑問をもたれるかもしれない。労働者の同意の有無については同判決

も慎重に判断すべきとする。労働者は使用者の指揮命令に服する立場にあり意思決定の基礎となる情報収集能力にも限界があるから、という理由による。具体的には、変更を受け入れる旨の労働者の行為の有無に加えて、不利益の内容・程度、受入れ行為の経緯・態様、労働者への情報提供・説明の内容等を考慮して「労働者の自由な意思に基づいてされたものと認めるに足りる合理的な理由が客観的に存在するか否かという観点からも」判断されるべきとする。判例によって新たなルールが設定されたものであり、今後はこのルールをめぐって裁判例・学説が蓄積していくと思われる。

□　非正社員の雇用の安定と処遇問題

　労働契約法が制定された 2007 年以降、同法においてもっとも変わったのは有期雇用労働者の雇用終了に係る規制強化であろう。有期雇用とは、たとえば 2 か月の期間が労働契約の存続期間とされるタイプの労働契約である。有期雇用契約の終了に関わる規定として法律にどのような規定があるかというと、以前は、中途解約についてやむを得ない事由を求める 628 条（労働契約法 17 条 1 項にも規定）と期間満了後の異議のない就労継続時の更新推定（民法 629 条）があった。これに 2012 年労働契約法改正により、法律上、新たにルールが付け加わった。

　一つは無期転換に係る労働契約法 18 条である。2 つ以上の有期労働契約を締結し、その 2 つ以上の有期雇用契約の期間が通算して 5 年を超える労働者は、無期労働契約への転換を使用者に申し入れることができ、これを使用者は承諾したものとみなされる（18 条 1 項。空白期間を挟むことで通算されない場合はある。同条 2 項）。

　もう一つは 19 条である。有期労働契約の期間満了時に労働者には更新・継続の意思があり申込みが行われているが、使用者がこれ

を拒否しているといった場合、期間満了による雇用終了につき客観的合理的な理由及び社会通念上の相当性を欠くならば、使用者は当該申込みを承諾したものとみなされ、有期労働契約が更新されることになる。判例で形成されたいわゆる「雇止め法理」を成文化したものである。雇止めとは期間満了による雇用終了のことを指す。18条と異なり有期労働契約自体は維持される。誰でも対象となるわけではなく、期間満了による雇用終了が無期労働契約における解雇と社会通念上同視できるか（19条1号）または更新の期待に合理的理由がある（同2号）場合に限られる。前者は有期労働契約を長期にわたり更新しておりしかも更新手続きが形骸化していたようなときに、後者は臨時的でない業務について有期労働契約を更新し一定期間雇用されてきたようなときに認められる。こうした事情があれば、有期雇用はもともとは2か月だったら2か月、1年だったら1年で労働契約が自動的に終了するものであるが、その自動的終了の時点で契約更新を拒否したときに、まるで解雇であるかのように客観的合理的理由と社会通念上の相当性という2つの要件を充たすことが求められるのである。

　非正社員の処遇についてはどうか。この問題も学説における長きにわたる議論の末に立法が行われ、紆余曲折を経て、現在では、パート有期法の9条においてパートタイム労働者や有期契約労働者であることを理由とする差別的取扱いが違法とされ、さらに同法8条においてこれらの労働者と正社員との間の待遇の不合理な相違が禁止されている。

　待遇に係る規定の解釈問題、すなわちどのような待遇が違法になり得るのかについては、ここ数年の最高裁判決によりおおむね道筋がつけられた。まず第一に、基本給・賞与・退職金については、正社員・非正社員間で職務内容が異なっていたり、あるいは両者間で

職務内容・勤務地の変更の範囲が異なるならば、不合理とされることはあまり想定されない。正社員については高度の職務を柔軟な形で担う労働者として長期的な雇用が期待されており、そのような働き方に見合った処遇がなされるからである。第二に、各種手当については、手当を支給する目的が非正社員にも妥当するならばその手当を非正社員に支給しないことは不合理だと判断されやすい。年末年始に勤務したときに支払われる手当を有期の労働者に支払っていなかったことが不合理で違法だと判断された例がある。第三に、手当のうち生活関連のもの（家族手当など）については、当該非正社員についてもある程度の継続勤務が見込まれるのであれば、その対象から外すことは不合理と判断される。

　他方で、先述の雇用の安定に係る規定をめぐっては解釈上、未解決の問題も多い。無期転換の権利が発生しそうなその直前に、権利の発生を阻むためになされた雇止めがあったとして、その期間満了による雇用終了は違法といえるのか。更新上限を当初から、あるいは有期雇用労働を開始した以降に、使用者が一方的にまたは労働者の同意を得て設ける場合、労働契約法19条2号における更新の期待の利益は否定されるのか。また、労働契約法19条が求める雇止めに関する客観的合理的な理由及び社会通念上の相当性は、解雇権濫用法理を正社員に適用する場合とは異なると判断されたことがあるが、どのように異なるのか。

　労働者が有期雇用労働であると分かって雇い入れられ、また分かったうえで更新上限に同意しているとすれば保護の必要はないと言えそうである。他方で無期雇用と有期雇用の雇用保障の差をそれだけで正当化できるのか、労働者の立場を考えると同意の真意性を慎重に検討すべきでないかといった意見にも傾聴すべきところがある。決着がつきにくい論点であり、引き続き議論されていくと思わ

れる。

□　雇用平等と多様なアプローチ

　雇用平等にかかわる規定としては従来、労働基準法3条があり、国籍・社会的身分・信条による差別が禁じられる。憲法で有名な三菱樹脂事件昭和48年12月12日最高裁判決は、同条における信条による差別禁止は雇入れに及ばないと判示した。現在でも同判決に対する労働法学説からの批判は根強い。

　一方、ここ数十年間、特に議論の焦点となってきた男女平等については相当の進展がみられる。法令についていえば、労働基準法は4条において男女間の賃金差別を禁じており、多数の裁判例が出され、違法な賃金差別であったとして救済を命じたものも相当数ある。また男女雇用機会均等法が1985年に制定され、数回にわたる法改正を経て、雇用のほとんどの局面における性差別は違法と定められることになった（5〜7条）。

　もっとも男女間の賃金格差はいまだに大きく、妊娠や出産を契機に退職する女性は少なくなく、管理職に就いている女性の割合も低いままであった。この状況を改善するために各種の不利益取扱いが禁止された。育児介護休業法による育児休業・介護休業制度の整備と休業取得等を理由とする不利益取扱いの禁止はその一つである。妊娠や出産、産前産後の休業、妊娠時の軽易業務転換などを理由とする不利益取扱いは男女雇用機会均等法9条において禁じられてきた。そして同条に関しては、妊娠への配慮を契機とする降格の事案の平成26年10月23日最高裁判決が、労働者から自由な意思に基づく同意が得られていない限り、必要性の内容・程度、不利な影響の内容・程度等に照らして法の趣旨に実質的に反しないと認められる特段の事情が示されなければ降格は違法になると判断し、妊娠労

働者の保護を強化した。降格は通常は企業の裁量の問題と解されているが、妊娠労働者の事案では特段の事情がなければ違法になる。この判断が実務に及ぼした影響は大きい。

　女性活躍推進法も大きな役割を果たしている。同法は一定規模以上の事業主に対して女性の雇用状況の数値による把握、行動計画策定と行政への届出、情報公表を求める。行政や社会一般による監視のもとで企業が自ら現状や原因を吟味し、改善策を実施するよう自省を促す。当事者が法的救済を求めずとも状況を改善し得る点で新しい。男女平等の一層の進展に資するものとして期待されている。

□　雇用平等の新しい課題──性自認・性的志向による差別

　男女平等は長年の積み重ねがあるが、まだ法的規制が本格的に始まったばかりの雇用平等のテーマがいくつかある。その一つは性的志向・性自認による差別である。これらの差別を雇用分野において強行的に規制する法律はまだない。

　もっともこうした労働者の利益を保護するための手がかりとなる法規制がないわけではない。たとえば、異性のひとが通常身に着けるであろう服装をして出社した労働者を解雇できるか。実際に裁判になったケースであるが、解雇の効力を争った労働者が勝訴している。前記解雇権濫用法理が根拠となった。このように日本では差別禁止法がなくとも一定の救済が与えられ得る。多数派のひとと性自認・性的志向のあり方が異なることが、不利益取扱いに関する業務上の必要性や客観的合理的理由を基礎づけられず権利の濫用だと解することができれば、相応の法的保護を提供し得るのである。民法709条の不法行為に基づく損害賠償請求においても、多様な性自認、多様な性的志向が法的保護に値すべき利益と認められれば救済の対象になり得る。

　まさに本稿執筆中の令和5年にこうした判断が示された。公務員の事案であるが、女性であると自認する戸籍上男性の国家公務員が、女性用トイレを使用させるよう求めていたところ国において使用を認めるトイレを制限したため、国に対して損害賠償を請求した。最高裁は同人の請求を認めた（国・人事院（経産省職員）事件・最判令和5年7月11日）。本年は雇用分野のみでなく、多様な性自認のひとの利益を認める最高裁判決が立て続けに出されており、今後も保護を拡充する方向に進むことが予想される。一方で同僚労働者や使用者の利益も関わり得るのではという懸念もあるかもしれない。こうした利益はどのように考慮すべきなのか。議論はまだ始まったばかりである。

□　ハラスメントへの対応

　もう一つの課題はハラスメントである。セクシュアル・ハラスメントの違法性は30年以上前の裁判でも認められており（福岡セクシュアル・ハラスメント事件・福岡地判平成4年4月16日）、雇用機会均等法においてもセクシュアル・ハラスメントの相談対応体制の整備などの措置をとるよう使用者は義務づけられてきた（11条）。しかし近年、性的なものに限らずハラスメント一般について社会の意識が高まっているように感じられる。実際に、雇用機会均等法改正により、妊娠・出産等に係るハラスメントについても相談対応などの措置をとる義務が使用者に課されることになり（11条の3）、育児介護休業についても（育児介護休業法25条）、さらにはいわゆるパワハラについても同様の義務を使用者は負うこととなった（労働施策総合推進法30条の2）。

　ハラスメント事案への対応の方法には、性別であれ妊娠であれ、他の事由に係るものであれ、様々なものがあり得る。懲戒処分はそ

の1つであり、懲戒処分の対象となった労働者がその効力を争って提訴する事案も増えている。立証の困難という課題のほか、ハラスメントであるという被害者側の主張とハラスメントでないという加害者側の主張がぶつかり合い、ハラスメントなのかどうかを評価して結論づけることが困難な事例もありそうである。使用者の対応についてみても、配置転換など懲戒処分以外の手段をとることができるか、すべきかなど、検討課題は多い。

　本稿において紹介したのはすべて、冒頭に述べた「個別的労働関係法」の分野のテーマであった。雇用差別やハラスメント問題の議論の高まりには個の尊重の浸透という側面もあるように思われる。そのように考えると積極的に捉えられそうであるが、同時に過重労働の規制強化が行われ、また就業規則の不利益変更、期間満了による雇用終了につき労働者との個別合意の効力が問題になっていることを考えると、経済状況が厳しくなった結果、労働者個人が、雇用の場面において、健康や生活に関わる重大な不利益に直面せざるを得なくなっているということかもしれない。本稿では「集団的労働関係法」の分野は扱わなかった。集団的労働関係法においては、労働者が労働組合に加入し、団体交渉を求め、組合活動や争議行為といった手段を用いて労働者の利益を守ることが想定されている。憲法28条の団結権・団体交渉権・団体行動権である。これらの権利の保障のあり方や、労働者個人と労働者集団とのかかわり方は今なお、あるいは今だからこそ、重要な検討課題である。

■　読書案内

　労働法に興味を持たれた方には森戸英幸『プレップ労働法（第7版）』（弘文堂、2023年）をお勧めする。複雑な労働法の内容がわ

かりやすく解説されているうえ、楽しく読み進められる、優れた教科書である。ジリアン・トーマス『雇用差別と闘うアメリカの女性たち――最高裁を動かした10の物語』（日本評論社、2020年）とリリー・レッドベター、ラニアー・S・アイソム『賃金差別を許さない！―巨大企業に挑んだ私の闘い』（岩波書店、2014年）はいずれも中窪裕也・一橋大学名誉教授が翻訳された。アメリカ法に関する書ではあるが、労働関係とは何かについてより具体的に理解できるようになるだろう。

【櫻庭　涼子】

2 租税法

◆ 「簡素」の原則と複雑化する租税法

　税金は私たちの日常生活に密接に関わっており、公共サービスの提供、インフラの維持・整備から社会保障の給付に至るまで、国家活動の全般にわたって租税収入が使用されている。しかし、民主主義の下で、自分および他者が負担している税金の内容を理解することは非常に重要であるとされながらも、税金を払う根拠となる租税法の複雑さは、多くの納税者が頭を悩ませる要因となっているのが現実である。昔から、租税法の条文は「一読して難解。再読して誤解。三読して遂に解する能わず」とも評されており、租税法を初めて学ぶ者にとって、とっつきにくい分野という印象を持たれていることは否めない。

　もっとも、租税法分野において、「簡素」は基本原則の1つだと考えられている。つまり、わかりやすいルールを理念（の1つ）として目指しているのである。そこで、本章は、この矛盾した状況を理解することで、税制が担う目的、そしてその実現の手段である租税法が果たすべき役割についてより深く考える手助けとなることを目指している。租税原則の1つとして「簡素」が掲げられながらも、なぜ租税法が複雑になるのかを知ることで、租税法に興味を持つ取っ掛かりとなれば幸いである。

　例えば、所得税法（の所得計算に関するパート）が、次のような1条の規定で成り立っている場合を考えてみよう。この規定は簡素ではあるが、何か問題を抱えていると感じる者が多いであろう。そして本章で述べるとおり、この簡素な規定は、租税法および税制に

期待される役割を果たしていないのではないかという疑問は、いくつかの原則によって肯定される。この検討を通して、租税法が、我々が暮らす社会および経済取引とどのように関係しているかを考えるのが目的である。

> 第1条　居住者は、その所得に応じて所得税を納める義務がある。
> 2　前項に規定する所得税の額は、所得の金額に百分の二十の税率を乗じて計算した金額とする。

　租税法の基本原則として一般的に挙げられる他の原則には、「公平」および「中立」がある。これらの原則がどのように理解され、具体的にどういった形で租税法の規定を複雑化させるのかを見ていく。その中で、これから租税法について学習を進めるために有益な基本用語にも触れる。

□　租税法の基本原則

　そもそも税制を評価するにあたって、簡素はどのような役割を与えられているだろうか。政府で租税制度に関する基本的事項を調査審議するために設置される税制調査会では、税制が準拠すべき基本原則として、「税負担の『公平』、納税者の選択への『中立』、制度の『簡素』という概念」が重要だと記しており、簡素についても言及している（税制調査会「わが国税制の現状と課題──令和時代の構造変化と税制のあり方──」（令和5年6月30日））。つまり、税制の良し悪しを評価する視点の1つとして、簡素が重要な役割を期待されていることは間違いない。なお、各原則の具体的内容は、次のように説明されている。

・公平：①経済力が同等の人々は等しく負担すべきであること（水平的公平）および②大きな経済力を持つ人はより多く負担すべきであること（垂直的公平）

・中立性：租税制度が職業選択、資産移転、企業立地などの納税者の選択を歪めないようにすること

・簡素：税制を理解しやすいものにし、国民の納税手続きの負担を軽減すること

　しかしながら、この記述のすぐ後には、「『公平・中立・簡素』の中でも、税制に対する国民の信頼の基礎として最も重要なものは、税負担の『公平』です」と続き、簡素は公平に劣後する原則であることが示唆されている。このほか、租税法分野における代表的な基本書では、「租税制度は、公平や中立性の要請に適合するのみでなく、同時に効率および簡素の要請にも適合しなければならない」と言及があるものの、それ以上の解説は与えられていない（金子宏『租税法〔第24版〕』（弘文堂、2021年）90頁）。これらの見解は共通して、簡素を評価軸の1つとして認めつつも、納税者の負担内容に直結する公平および中立性がより重みを持つと考えていることが読み取れよう。

　例えば、冒頭に掲げた仮想の規定では、いくら所得を稼いだとしても、その金額に「百分の二十の税率」を乗じて税額を計算することが定められていた。この制度の下では、年間所得200万円を稼得する者と年間所得2億円を稼得する者に同じ税率が適用される（このような税率を「比例税率」という）。仮にこのような状態が、大きな経済力を持つ者はより多く負担すべきという垂直的公平の考え方に反すると受け止める国民が多数派であれば、所得税は比例税率ではなく、その金額が大きいほど税率が上昇する「累進税率」が採用されことになろう。

　一般的に採用されている（超過）累進税率の下では、所得金額をいくつかの段階に区分し、上位の段階にはより大きな税率が適用されることになる。例えば、0円を超え500万円以下の所得段階には5％、500万円を超え1500万円以下の所得段階には15％、1500万円を超え4000万円以下の所得段階には25％、4000万円を超える所得段階には40％の税率を設定するといった具合である。前述の2人の例では、所得金額200万円を稼得した者は200万円×5％＝10万円の所得税を納めるのに対して、所得金額2億円を稼得した者は、その所得金額を区分した各段階に応じた税額の合計額、すなわち次式の計算により、7200万円の所得税を納めることなる。この場合、各人の所得金額に占める納税額（平均税率）は5％と36％と顕著な違いを見せる。

（500万円×5％）＋（1000万円×15％）＋（2500万円×25％）＋
（1億6000万円×40％）＝7200万円

　このように垂直的公平の観点から累進税率が導入された場合、所得税額の計算は複雑になる。さらに累進税率の下では、所得税額を算定する単位（課税単位）をどの範囲で捉えるかが議論される。個人の経済力を把握するにあたって、所得を稼ぐ主体（個人）としての側面に注目するのみならず、その所得を消費する側面に注目した場合、個人を単位とする方式（個人単位主義）に対して、夫婦を単位とする方式（夫婦単位主義）または家族を単位とする方式（家族単位主義）が構想されるのである。例えば、夫婦単位主義の場合、2人の所得を合算し、その合算額に対して個人と異なる累進税率表を適用することで、夫婦いずれか一方が1000万円を稼ぎ、他方が200万円稼ぐカップルと、夫婦双方が600万円ずつ稼いでいるカッ

プルが同一の税負担となる制度を採用することが考えられる。また、夫婦の合算所得を2分し、各人に分割された所得額に個人と同じ累進税率表を適用することを認めている国も存在する（米国、ドイツ）。

　実際の日本のルールでは、きめ細かい調整が行われている。すなわち、個人単位主義を採用した上で、消費単位としての夫婦（または家族）に配慮して、配偶者の所得金額が48万円以下である場合に配偶者控除が認められ、課税対象となる所得金額から一定額を差し引くこととしている。ただし、その本人の所得金額が1000万円以下であることもあわせて要求されている（所得税法2条1項33号・33号の2）。

　同一生計配偶者　居住者の配偶者でその居住者と生計を一にするもののうち、合計所得金額が四十八万円以下である者をいう。

　控除対象配偶者　同一生計配偶者のうち、合計所得金額が千万円以下である居住者の配偶者をいう。

　加えて、その際に控除される金額は、次のように、その本人の所得水準によって差を付けるという微調整が行われている（所得税法83条1項参照）。夫婦として消費が一体である、すなわち配偶者に対して扶養を行っている点を一定の範囲で考慮しつつ、その本人の所得水準に応じて課税上のメリットを制限することが公平だと考えられ、政治的に決定された結果なのである。こうした公平な税制を求める声の前に、税制の簡素さは失われていく。

　居住者が控除対象配偶者を有する場合には、その居住者のその

年分の総所得金額、退職所得金額又は山林所得金額から次の各号に掲げる場合の区分に応じ当該各号に定める金額を控除する。

　一　その居住者の合計所得金額が九百万円以下である場合三十八万円

　二　その居住者の合計所得金額が九百万円を超え九百五十万円以下である場合　二十六万円

　三　その居住者の合計所得金額が九百五十万円を超え千万円以下である場合　十三万円

□　ルール複雑化の要因

　前述の例では、租税原則としての公平が優先され、税制が複雑になる局面があることを示した。もっとも、租税法が複雑になる原因を考えてみると、こうした他の租税原則の要請だけでなく、ほかにもさまざまな要因が働くことに気付く（以下の項立てには、David I. Walker, Tax Complexity and Technology, 97 IND. L. J. 1095 (2022) を参考にした）。

　第1に、立法技術的な限界によって、規定が複雑になることを指摘しなくてはならないだろう。租税法の条文を作成する際には、複雑な経済活動や取引を適切に把握し、（理想としては）過不足なく課税上の取扱いを定める必要がある。しかし、このような言語化の努力を洗練させる一方で、読みやすさの維持と両立させることはほぼ不可能であろう。一部の国では計算過程を数式で表現することで条文の可読性を高めているが、それでもルールの複雑さを解消することができるわけではない。

　特に、日本においては租税法律主義（憲法84条）の要請として、

納税者の税負担額を特定するための基本的な内容（課税要件）はすべて法律において規定しなければならないと考えられている（最判昭和30年3月23日民集9巻3号336頁、最判昭和60年3月27日民集39巻2号247頁）。つまり、行政府（内閣）が定める政令に委任できるのは細則的・技術的事項に限られる。例えば、課税上の取扱いを定めたい対象の通称のみを法律で言及し、その具体的内容を政令に委任して、法律を簡素にするといった工夫は禁じられていることになる。そうすると、法律を見れば基本的な事項が余すことなく書いてあるという状態は、課税対象をかなり具体的に規定せざるを得ず、それを解読して内容を理解するのは困難になっていく。

> 電気通信利用役務の提供　資産の譲渡等のうち、電気通信回線を介して行われる著作物（著作権法（昭和四十五年法律第四十八号）第二条第一項第一号（定義）に規定する著作物をいう。）の提供（当該著作物の利用の許諾に係る取引を含む。）その他の電気通信回線を介して行われる役務の提供（電話、電信その他の通信設備を用いて他人の通信を媒介する役務の提供を除く。）であつて、他の資産の譲渡等の結果の通知その他の他の資産の譲渡等に付随して行われる役務の提供以外のものをいう。

　例えば、国内外の競争中立を図り、消費者の所在地を基準として課税範囲を確定する考え方（仕向地主義）に基づいて消費税の課税対象を再設定するため、電子書籍を海外の事業者から購入する取引や、パソコンやスマートフォンで利用するアプリケーションを海外の事業者から購入（ダウンロード）する取引について、新たに消費税の対象に取り込む法改正（平成27年度税制改正）をした際に創

設された定義規定を見ながら、その具体的過程を想像してみよう。

　まず何を取引対象とするかについて、整理すると、「著作物の提供（著作物の利用の許諾を含む）その他の電気通信回線を介して行われる役務の提供」と規定されていることがわかる（なお、「役務の提供」はサービスの提供と言い換えても問題ない）。まず、電子化された書籍はもちろん、現行法ではプログラムも著作物として保護されるので（著作権法10条1項9号）、著作物の提供（利用許諾を含む）と定義することで必要な範囲をカバーすることができる。

　次に、「その他の」という用語は、法令用語の約束として、その前の事柄がその後ろにつながる事柄の例示となっていることを示すものである。すなわち、著作物の提供にとどまらず、これを例示として含む範囲で「電気通信回線を介して行われる役務の提供」を広く対象とすることが明らかにされている。ただ、この表現では、離れた場所にいる者同士の通信を媒介している電気通信事業者によって、ただ両者間で情報を伝送・交換しているだけの媒介（役務提供）も含まれてしまい、そもそも海外から電子書籍やソフトウェアを購入する場合を中心に取引を定義しようと考えた範囲から逸脱してしまう。そのため、カッコ書きにより、電気通信事業者を除くことが付け加えられている。

　この消費税法改正の例でわかるように、経済は常に変化しており、新しい取引形態やビジネスモデルが続々と登場してきている。経済活動と密接に関係する租税法も、これらの新しい変化に適応するために改正を繰り返し、その積み重ねが条文の複雑さを増加させる一因となっている。

　第2に、政治的な調整の産物として、規定が複雑になる面があることは否めない。いかなる政治体制であれ、租税法はつねに政治的な過程を通じて作成される。これにより、投票者の多数が公平と考

える区分や軽減措置が導入されるケースもあれば、特定の利益団体や選挙区への配慮が法律に組み込まれることもしばしば見られるのが現実である。その結果として法律はより複雑なものとなる。例えば、前述の配偶者控除に関する複雑なルールは、制度改正にあたって、配偶者控除の維持を決めつつも、高額所得者に恩恵が及ぼすことに反感を覚える層や所得状況に応じた丁寧な対応を求める投票者の多様な意見を汲み取った結果ともいえるのである。

　また、日本では、所得税、法人税、相続税または消費税といった各税目の基本構造を定めるいわゆる「本法」と、政策的観点から設けられた優遇税制など、本法に基づく税負担を軽減・免除することを目的とした特例を定める「租税特別措置法」とに分けてルールが規定されている。本法だけでもかなり複雑な内容が定められているものの、政策的な目的が強い規定を括り出し、その整理に向けた関心が失われないようにする効果を期待しているとも考えられる。平成22年には、租税特別措置の適用状況を明らかにするため、「租税特別措置の適用状況の透明化等に関する法律」が制定され、法人税関係特別措置の一部については、その適用を受ける法人が申告書に適用額明細書を添付することが義務付けられ、その集計結果等を国会に報告するといった枠組みが作られている。国によっては、租税優遇措置を補助金と同視して、その適用による減収見込額（これを租税歳出（tax expenditure）という）を各年度の歳出予算とともに議会に提出して、整理・合理化の議論に役立てようと試みている。

　第3には、租税回避に対抗する規定が盛り込まれることで、租税法が複雑になっている。企業や個人といった納税者は、経済的に必要とされる取引ばかりでなく、税金の支払を少なくすることを目的とした取引を行うことが広く観察される。「租税回避」とは、私法

上の形成可能性を異常または変則的な態様で利用すること（濫用）によって、税負担の軽減または排除を図る行為のことである（金子・前掲書 133 〜 134 頁）。事実をあったかのように仮装したり、逆になかったことにして隠ぺいしたりして、支払うべき税額を「脱税」する行為とは異なり、通常用いられない（異常な）法形式を利用し、租税法が定めている要件に該当することを回避することによって税負担を小さくしようという試みである。

　例えば、ある土地（時価 1 億円）の所有者が、資産を譲渡したときに譲渡所得として課税するという所得税法の規定（33 条 1 項）を回避することを目的として、土地を譲渡する代わりに、その上に長期間の地上権を設定し、土地の使用・収益権を相手に認めるとともに、相手から 1 億円の融資を受けることとし、その弁済期をその地上権の終了する時期と一致させ、かつ、この 2 つの契約は当事者のいずれか一方が望む限り更新されること（さらには地代と利子とは同額に設定して、その支払は相殺すること）を取り決めたとする。この場合、通常用いられない法形式を利用することで、この土地の所有者は土地を売却したのと同じだけの経済的成果（1 億円）を得ながらも、資産の所有権を手放していない、すなわち「譲渡」していないことで、税負担を回避しているのである。

　課税当局は、こうした租税回避に対抗するために、既存の規定を改正し、または新しい規定を創設することがある。納税者の租税回避を完全に抑止することは難しく、イタチごっこに陥ることも珍しくないものの、これによって法律が一層複雑になっていく。現行法では、「譲渡」の後にカッコ書きが加えられ、「建物又は構築物の所有を目的とする地上権又は賃借権の設定その他契約により他人に土地を長期間使用させる行為で政令で定めるものを含む。」と要件を拡張する対応が図られている。前述の例との関係では、法律の委任

を受けた政令（所得税法施行令）において、土地を使用させる行為に伴って、「通常の場合の金銭の貸付けの条件に比し特に有利な条件による金銭の貸付け……その他特別の経済的な利益を受ける場合」に対処するための規定が設けられている（80条1項）。こうして租税法の規定は複雑化の一途をたどるのである。

□　租税法の複雑さに対する評価

　次に、「複雑」な租税法規が何を実現し、何を失っているのかを考えてみよう。前述のとおり、理由もなく租税法は複雑になっているわけではない。複雑さによって、国民が考える公平な税制に近づいているといえるかもしれない。つまり、第1に、税制の正確さ（精緻さ）を向上させていると評価できる。複雑な税制は、より細かな区別を可能にし、納税の指標となる経済力（いわゆる担税力）に基づいて納税者を識別することができるという利点がある。様々な経済活動や個々人の事情に適合した細かい規定を設けることで、より公平で正確な租税負担の割り当てを実現しようとする試みの結果であれば、複雑なルールも正当化されよう。

　そして複雑に見える税制は、実は公平で納得しやすいものとして国民に支持され、税制に対する信頼を通じて納税者が感じる負担の不公平感を軽減するものとなっているかもしれない。極端な例となるが、簡素な税の代表として、すべての人がその経済力等に関係なく一定額を支払う人頭税に対して、各人が稼ぐ賃金および資産所得を基準として課される所得税を提示した場合、後者はより複雑なルールをもたらすにもかかわらず、納税者に適切な租税負担を割り当てるものとして、広く国民に支持される選択肢になるだろう。

　第2に、租税法の複雑さは納税者に追加的費用（コスト）を強いるものである。複雑なルールを読み解き、正しく税額を計算するた

めには、それを正確に理解するだけの十分な時間をかけるか、または専門的知識を有する人材（代表的には税理士）に対価を支払って処理を任せる必要がある。日本の所得税および法人税は、納付すべき税額を納税者自らのする申告により確定することを原則とし、その申告がない場合またはその申告に係る税額の計算が租税法の規定に従っていなかった場合等に限り、税務署長の処分により確定する方式（これを「申告納税方式」という）を採用している。そのため、所得税・法人税の税額を算定するには、まずは納税者自らが租税法の規定を理解し、適用する必要があり、これに伴う納税協力上のコスト（コンプライアンス・コスト）を負担することが予定されている。コンプライアンス・コストの負担は、税制改革の議論でもしばしば見落とされているため、その負担が公平に適うように納税者に割り当てられているかを評価することは難しい。これに加えて、ルールが複雑であるために、納税者は税負担を最小化するために取引や取極めを複雑化して対応することが考えられる。すなわち、本来は不要であった取引費用が発生する可能性を意味する。

　さらに、税制が複雑になり、一見して税負担がいくらになるかわからない、すなわちコンプライアンス・コストが過大となっている状況では、人々は自身の税額に影響がある取引を行いながらも、その意思決定（選択）にあたって課税を無視することになる。その結果として、税制の複雑さと不透明さは、納税者が本来選択するはずの最適な意思決定を逸脱させる可能性がある。例えば、自分が負担する所得税を正しく理解しないことで、最適な水準よりも長くまたは短く働く判断をするといった具合である。ほかにも、国が個人・企業の行動を誘導するために設定した政策税制が十分に利用されないという可能性もある。

　その一方、やや皮肉な見方であるが、これによって個人・企業が

税に反応して生じるはずだった非効率な行動を減少・排除することができる可能性もある。税法が複雑化することで、死荷重を最小限に抑え、税の適用をより効率的に行うことが可能になるという指摘である。

　第3に、租税回避を抑制するために租税法が複雑になっている面があり、これは社会的に無駄な租税回避の抑制を実現していると評価できる。国家が税金を集めずに政府を運営することはできない以上、納税者が自分の税負担を減らすために時間と資源（特に租税法を理解する優秀な人的資源）を費やすことは自然であるが、同時に、社会的には無駄な費用を生じさせるものだといえる。厳格に租税回避の抜け穴を塞いだ規定は、納税者が社会的に無駄な費用を費やすことを抑制できるものと期待される。

　最後に、民主主義との関係では、租税法の複雑さと不透明さにより、それぞれの納税者は自身の税負担を他の納税者との関係で把握することが難しくなるため、政治的な説明責任が曖昧となり、国民による統制が損なわれるという批判が考えられる。投票者が自分の税負担を正確に理解していない結果として、より多くの公共サービスを約束する大きな政府を支持する可能性がある。また、政治家は、複雑な租税法を隠れ蓑として、特定の企業・業界のみを対象とした優遇税制を導入・維持することが容易くなるかもしれない。

　以上見てきた通り、租税法が複雑化することは必然ともいえるし、公平や中立といった他の租税原則を押しのけて、簡素を追求すべきだと考えられているわけでもない。しかしながら、複雑な租税法が一定の利益をもたらす可能性がある一方、これらの利点が複雑化に伴うコストを上回るものとなっているかどうかは慎重に評価する必要がある。このバランスをとる役割が、租税原則としての簡素

に期待されている。租税法の学習にあたっては、各制度・規定の成立ちや趣旨だけでなく、その複雑さがその目的に対して許容される水準にとどまっているかも意識して欲しい。その際は、どのような租税回避が行われてきたかを意識すると、規定の複雑さに対する理解を深めることに役立つだろう。

　また、将来 IT や AI といったテクノロジーを利用して租税法をわかりやすくすることができるとすれば、租税原則としての簡素を再構成する可能性も指摘されている。複雑さが引き起こす問題のうち、納税者が自らの行動（意思決定）と税負担との関係を容易に把握できない状況（透明性の欠如）に起因する部分は、デジタル化によって多くが解消されるかもしれない。これからの技術発展によって、租税法のあり方にも大きな変化があるかもしれない。

■　読書案内

租税法の入門書も他分野と同じく数多くそろっている。佐藤英明『プレップ租税法』（弘文堂）は、軽妙な筆致ながら、租税法における議論がどのような問題意識に支えられているかを理解する助けとなろう。増井良啓『租税法入門』（有斐閣）は、所得税法および法人税法の基礎的な概念について、現行法の背景にある基本的な政策や制度の沿革などを説明する良書である（ただし、じっくり腰を据えて取り組む必要がある）。

【吉村　政穂】

3　知的財産法

◆　価値創造を促進する制度的インフラ

　「知的財産法」という言葉は、法学に馴染みのない人も聞いたことがあるだろう。だが、「知的財産法」という名称の法律があるわけではない。では、知的財産法の実体をなすのはどのような法律なのだろうか。単純化していえば、知的財産の不公正な模倣を禁ずるための法制度の総称である。特許法、著作権法、商標法、不正競争防止法などが例として挙げられる。

　たとえば、新薬を開発した製薬企業は、特許権を取得することにより、競合他社を排してその薬を独占的に製造販売することができる（特許法）。漫画には著作権が与えられ海賊版を市場から放逐することができる（著作権法）。ファッション・ブランドのロゴも保護され、模倣品を排除することができる（商標法・不正競争防止法）。製法や顧客リストなど企業の営業秘密が不正に窃取されたり使用されたりすれば、企業は不正使用者に対して訴えを提起することができる（不正競争防止法）。

　上記で紹介した新薬の「発明」や、漫画という「著作物」、ブランドロゴの「商標」、企業の保有する「営業秘密」などはいずれも知的財産である。それらを保護する特許法、著作権法、商標法、不正競争防止法などのさまざまな法制度の総称として知的財産法という言葉が用いられる。

　知的財産法の各法では何が許されない模倣であるかが要件の形で示されている。また、知的財産の活用に関する規律も定められている。知的財産法は、知的財産の創出者、媒介者および利用者の間の

ルールを定める法制度であるということができるだろう。

□　知的財産保護の目的

　知的財産を保護する目的はどこにあるのだろうか。この点を考察するには、有体物と対比して知的財産の特徴を把握するのが有益である。

　知的財産は、物理的な実体のある有体物ではなく、情報の一種である。情報は、経済学でいう公共財的な性質をもつ。公共財とは、消費における競合性と排除性がない財を指す。漫画を例にとると、有体物としての漫画本は誰かが占有しているとその人しか利用できないのに対し、漫画それ自体は、複数の人間が、別々の漫画本により、あるいはネット上で、同時に読むことができる。複数人が同時に利用できることをとらえ、情報には消費における競合性がないという。そして、有体物である漫画本は手元に置いて誰にも触らせなければ他人の利用を排除できるのに対して、無体物の側面をもつ漫画それ自体は手元で管理ができるわけでないから容易にフリーライドされてしまう。このようにフリーライドを排除することは極めて困難であることを消費における排除性がないという。

　公共財的な性質をもつ知的財産の利用を自由にまかせていたらどうなるだろうか。今度は医薬品の例で考えてみよう。新薬を開発したメーカーばかりでなく、他の医薬品メーカーが同じ成分の医薬品を自由に製造販売できれば新薬の価格は低下するから、病に苦しむ患者にとって福音であるように思われる。だが、医薬品の開発には10年以上の月日と数百億円規模の開発費用が必要であり、その成功確率はわずか20,000分の1以下であるといわれている。新薬の開発に成功しようやく投下資本の回収段階に至ったところで、他のメーカーが同じ成分の医薬品を自由に販売できるのだとしたら、新

薬開発のための投資がされることはなくなってしまうだろう。短期的には自由な模倣を認めることに社会的メリットがあるようにみえても、長期的な視点でみればイノベーションが生まれなくなってしまう。新薬の開発に積極的に挑戦することを製薬企業に促す制度的なインフラとして、新薬へのフリーライドを規制する特許制度が必要とされるのである。知的財産の種類によって異なるが、このように、情報へのフリーライドを防止する何らかの社会的必要性が認められるときに登場するのが知的財産法である。

　ただし、知的財産の保護は強ければ強いほどよいというものではない。保護が強すぎることによる独占の弊害に常に注意を払う必要がある。たとえば、特許の例では、新技術に独占を認めることにイノベーションへの投資促進という便益があるとしても、過去に特許の付与された技術が永遠に独占されるのだとしたら、独占による弊害が便益を上回ることになるだろう。そこで特許法は、特許権者に永遠の独占を認めるのではなく、出願から20年という有限の存続期間を定め、存続期間満了後は誰でもその技術を利用できるものとして公に開放することとしている。知的財産法というと、とかく知的財産を保護することによるメリットにばかり目が向きがちであるが、知的財産の保護によるメリットと公に広く利用させることによるメリットの均衡点を探ることが求められる。

□　知的財産法の種類

　模倣を禁止する目的は、知的財産の種類によって異なる。一般には、創作法と標識法に分けて説明されることが多い。創作法とは、人の創作活動の成果を保護することにより、創作へのインセンティブを確保することを目的とするものである。特許法、実用新案法、意匠法など、特許庁への出願手続を要し登録により権利が発生する

ものと、何ら手続を要することなく創作と同時に権利が発生する著作権法に分けられる。標識法は営業上の信用を化体した商標等を保護するもので、使用の有無にかかわらず登録で物権的な権利を与える商標法による保護と、実際に使用されている商標を対象とする不正競争防止法による保護に大別される。創作法にも標識法にも分類されない知的財産の例としては、不正競争防止法による営業秘密の保護がある。以下ではこれらの制度について概観する。

□　特許法──技術イノベーションを牽引する法制度

　産業分野で技術的なイノベーションを牽引する役割を果しているのが特許法である。特許法は、新規で進歩性ある技術的思想に対して、独占権を与える制度である。特許法の保護対象は「発明」である。発明は「自然法則を利用した技術的思想の創作のうち高度なもの」(特許法2条1項1号)と定義されている。

　特許法が守備範囲とする技術の領域では進歩が観念できる。技術的課題を解決するために新たな発明がなされ、それを基礎にさらに次の技術課題を解決する発明が生み出される。こうしたイノベーションの連鎖により技術水準は高まっていく。自然に任せておいても到達しうる程度の技術に特許を与えることは独占の弊害が大きい。そこで、特許を受けるためには、従来技術と比較して同じ分野の技術者が容易に到達できない進歩性が求められている。

　特許権を得るためには、特許庁に出願しなければならない。特許出願は1年6か月後に公開され、社会における次のイノベーションを生み出す基礎となる。特許権は、特許要件について特許庁での審査をクリアし特許登録されてはじめて発生する。特許権者は、第三者が無断で特許発明を実施している場合、侵害訴訟で差止や損害賠償請求を求めることができ、特許権侵害は刑事罰の対象にもなる。

特許権の存続期間は、前述のとおり、出願日から20年である。

特許登録されると、特許登録名義人や発明の内容（特許請求の範囲、明細書）等が記載された特許公報が発行され、誰がどんな技術について特許権を有しているのかが社会に公示される。記載事項のうち特に重要なのが、特許を受けようとする発明の内容を文章で記載した「特許請求の範囲」（一般的には「クレーム」と呼ばれることが多い）である。特許権で保護されるのは、クレームに基づいて定められる技術的範囲に限られるのが基本である（文言侵害）。判例により、わずかにクレームの文言から外れている実施についても一定の要件を満たす場合には侵害と認められている（均等侵害）。このように、公示されたクレームを基準に侵害の判断がなされるのは、第三者の予測可能性を確保するためである。

特許法は有体物についての所有権の法技術を借用して作られており、権利の譲渡や担保化、ライセンスに関する規定も整備されている。特許権者である企業は、自社の戦略に応じて、他社に実施させず独占実施することもできるし、ライセンスによりロイヤルティ収入を得ることもできる。

□　著作権法──コンテンツ・ビジネスを支える法制度

漫画、アニメやゲームなどグローバルな競争力のある日本のコンテンツ・ビジネスを支える法制度が著作権法である。著作権法も特許法と同じく創作法に分類され、所有権の法技術を借用している点も特許法と共通しているが、特許法と大きく異なるところもある。以下では、著作権法の特徴について、特許法と対比しながらみていこう。

著作権法の保護対象は、「著作物」である。著作物は「思想または感情の創作的表現であり、文芸、学術、美術又は音楽の範囲に属

するもの」（著作権法2条1項1号）と定義されている。この定義の後段をみればわかるように、著作権法が保護の主領域とするのは文化・芸術の領域であるが、小説や音楽、絵画のような伝統的な芸術作品にかぎらず、漫画やゲームのような作品も保護される。ソフトウェアのような技術作品や地図のような事実作品といわれるものも著作物として広く保護されうる。ただし、実用品のデザインについては、デザインを保護する意匠法との調整等の理由で著作権法で保護しないとする裁判例が多い。なお、デザイン保護のためには、特許法と同様に登録により権利を与える意匠法が設けられているほか（存続期間は登録後25年）、不正競争防止法にも3年かぎりでデッドコピーを規制する規定がある（不正競争防止法2条1項3号）。

　著作権法上の保護を受けるには「創作性」が必要であるが、とりたてて高い芸術性や学術的価が要求されているわけではなく、特許法の「進歩性」のような高いハードルは課されていない。従来技術より優れた技術であるか否かを客観的に判断できる技術の領域と異なり、芸術や文化の世界は多様な表現が尊ばれる。価値の優劣を評価できるものでなく、その創作物の価値を裁判所が判断するのも好ましいともいえない。後述のように、著作権の保護範囲は特許と比べて狭く、低いハードルで著作物性を認めても独占の弊害も大きくない。そこで、何らかの個性が表れているといえる程度で保護を認めているのである。

　著作権侵害となるのは、他人の著作物に依拠して類似の範囲で創作的表現を再製し、法定された利用行為をなした場合である。著作権侵害に対して、著作権者は差止や損害賠償等を請求することができ、刑事罰の対象にもなる。財産権であるから譲渡やライセンスも可能である。他人の著作物の利用を欲する者は、著作権者から許諾を受ける必要がある。

　著作権侵害の対象となる法定利用行為（著作権法21条〜28条）は、複製や演奏、インターネット上の送信などである。音楽を聴いたり、本を読んだりする行為、すなわち著作物の価値を享受する行為は法定利用行為には含まれていない。

　著作権法では依拠性が侵害の要件とされている。特許法では依拠性は侵害の要件ではなく、たとえ偶然特許発明と同一の技術を開発し実施する場合でも特許権侵害となるのが原則であるが、このような帰結が正当化されるのは特許法では権利の存在と内容が公示されているからである。無方式で権利が発生する著作権法の下ではたまたまよく似た作品を創作した場合に侵害の責任を負わせることは妥当でないため、他人の著作物に依拠した場合のみ侵害となるとされているのである。

　著作物は「創作的表現」であるから、著作権による保護は具体的な「表現」のレベルの模倣にかぎられる。この点も、より抽象度の高い「思想」のレベルで独占権を与える特許法と対照的である。保護対象を把握する抽象度の相違を理解するには、特許法における「発明」と著作権法の「著作物」の定義を比較するとよい。「発明」は「技術的思想の創作」であるのに対して、「著作物」は「思想」や「感情」そのものでなく、その創作的「表現」である（ここでいう「思想」は、日常用語でイメージされるイデオロギーや哲学といったといった意味合いはない。「感情」も喜怒哀楽といった人間の情緒的心理状態を具体的に意味しているわけではない。抽象度のレベルを高く設定して把握される人間の精神活動を「思想」や「感情」といい、それが具体的な形で表出され、外部に認識可能となったものを「表現」という。なお、「思想」や「感情」は、著作権や知的財産法の文献では「アイデア」と表現されることが多い）。特許法でも著作権法でも保護されうるソフトウェアを例に説明する

と、何らかの問題を解決するための数学的計算手順であるアルゴリズムを具体化しコンピュータに理解させるように記述したものがプログラムである。「思想」を保護する特許法ではより抽象度の高いアルゴリズムが保護の対象となりうる。その場合、同じアルゴリズムに基づいて記述されたプログラムにはすべからく特許権の効力が及ぶ。これに対して、保護対象を「創作的表現」とする著作権法では、たとえ同じアルゴリズムに基づいて作成されたプログラムでも、プログラムのコードに相応の相違があれば侵害が否定されることになる。

　著作権は、登録主義をとる特許権と異なり、何ら方式を履むことなく創作と同時に発生し、原則として著作者の死後70年間保護される。たとえばある人が幼稚園の頃に描いた絵の著作権は、その人が長命であれば死亡するまでの生存期間に加え、さらに死亡後70年間の保護が継続するのであるから、創作の時から150年以上保護されることもある。特許権の存続期間は出願後20年であることと比較して、いかに長い保護が与えられていることがわかるだろう。特許と著作権でこれほどの存続期間の相違があるのはなぜだろうか。優れた技術は誰もが利用を欲するものであり、特許権による独占を長きにわたって認めると独占の弊害が大きくなる。これに対して、個性や多様性が尊ばれる文化・芸術の領域では、後続の創作者が既存の著作物と同じ作品を作ることには大きな価値がない。また、著作権の保護は、抽象度の高いアイデアにまで及ばず具体的な「表現」に限られるから、長期の保護による独占の弊害は特許の場合と比較して小さいといえる。著作権について長期の保護を与える理由はこのように説明されるが、無方式主義の著作権法では、旧い著作物になればなるほど権利者を探索するのが困難になり、著作物が利用されないままに死蔵されてしまうという問題がある。

　以上は、財産的権利である著作権に関する説明であるが、著作者には、著作権のほかに、著作者人格権が与えられる（著作権法 18条〜 20条）。特許法が発明者の人格的利益の保護に関心が薄いのと対照的である。未公表の著作物が無断で公表されたり、著作者名が適切に表示されなかったり、著作物に勝手に改変が加えられた場合には、著作者人格権侵害を構成する。財産的権利である著作権と異なり著作者人格権は譲渡できない。著作者の人格的利益は著作者の死後も一定の法的保護が与えられている。

□　標識法──ブランド・マーケティングを支える法制度

　特許法や著作権法のような創作法と対置されるのが、標識法である。標識法は、営業上の信用（グッドウィル）を化体する標識の保護を図る法制度である。標識とは、自社の商品やサービスを他社のものと識別させるために、企業が商品等に用いる商標などのマークである。さしあたり、「SONY」のような文字で構成される文字商標や、ナイキの「スウッシュ」と呼ばれる有名な図形商標などをまずは思い浮かべてもらえばよいが、立体形状や色など様々な態様のものも含まれうる。

　商標は企業と消費者を結ぶコミュニケーションのツールであり、ブランド・マーケティングの重要な手段である。企業は、特定の商標を用いて継続的に良質の商品を販売することで、その商標に信用（グッドウィル）を蓄積していくことができる。需要者（消費者や取引者）にとって、商標は商品の出所や品質を知る手がかりとなる（出所表示機能・品質保証機能）。過去の購買においてある商品の品質に満足した需要者は、いちいち商品の品質を精査しなくとも、同じ商標の用いられた商品を選べば同じ品質の商品を手に入れることができるのである。商標が著名になると、そのブランドに対する強

い愛着や信頼（顧客ロイヤリティ）が醸成され、商標が出所や品質期待を超えた特別の意味を持つようになることもある（宣伝広告機能）。たとえば、フランスの有名ブランドの「シャネル」のバッグを買うのは、品質もさることながら、シャネルのブランド品をもつこと自体に消費者が特別な価値を見出すからにほかならない。

　企業は、商標への信用蓄積により競合他社に対して優位性を獲得しようとして、日々、商標を用いて、良質で魅力的な商品の供給に努めている。こうして品質競争が行われることにより、需要者に多様で良質な商品の選択肢が与えられることになる。

　ここで、ある企業が使用している商標と同一の商標を、その企業と無関係の企業が用いて同種類の商品を販売したらどうなるだろうか。需要者は元の企業を出所とする商品だと誤認して、その商品を買ってしまうかもしれない。騙された需要者の利益が損なわれるばかりでなく、その商標にグッドウィルを蓄積してきた企業にも損害が生じる。需要者が出所を混同して他社商品を買った場合、その分、元の企業の売り上げが減少する上、その商品の品質が劣悪であった場合元の商標に対する信頼が揺らぐことにもなるからである。いくら良質の商品を継続して販売してもその努力に見合うだけの需要者の信頼を獲得することはできないとなれば、企業は、良質な商品を市場に供給しようという意欲を失ってしまうだろう。このように品質競争に向けられる企業のインセンティブが削がれてしまうことのないよう、商標を保護するのが標識法である。

　特許法や著作権法のような創作法は、発明や著作物などの創作へのインセンティブを確保するためのものだと述べた。標識法は新規なマークを創作することを奨励するものではないが、当事者に一定のインセンティブを与えることで社会にとって望ましい行動を促すというインセンティブ論で説明できるという点で創作法と共通して

いる。

　標識法には、2つの異なる立法技術を用いた法制度が存在する。ひとつは、商標登録により独占権を与える商標法であり、もうひとつは、登録の有無にかかわらず周知な商標の混同惹起行為を規制する不正競争防止法の混同防止規定（不正競争防止法2条1項1号）である。

　商標法では、商標とその商標を使用する商品（指定商品）を記載して出願することが求められ、登録要件を満たし商標登録がなされると、同一または類似の商標を指定商品と同一または類似の商品に使用することについて全国的な独占権が商標権者に与えられる。まだ使用されていない商標でも、将来使用する意思があれば登録することができる。商標が周知になるまで保護を受けられないと、第三者の類似商標の使用により企業がそれまでに費やしてきたマーケティング投資が無駄になりかねないので、未使用の段階での先行的な保護を認めているのである。

　もう一方の不正競争防止法の混同防止規定では、あらかじめ登録を受ける必要はないが、現に周知性を獲得していなければ保護を受けられない。もっとも、地域的な周知性でもその地域内での保護が受けられるとされており、全国的な展開を予定していない飲食店など地域に密着したサービス業で使用される商標は不正競争防止法による保護で十分であろう。

　不正競争防止法の混同防止規定は、「混同のおそれ」が保護を受けるための要件とされている。たとえば、著名な商標である「Disney」がマグカップに無断で使用された場合、需要者はこの商標を管理するディズニー社によるマーチャンダイジング・グッズであろうと誤認混同するおそれがあるから、混同防止規定の対象となる。では、「Disney」が風俗店の商号に使用された場合はどうか。

常識的に考えて、ディズニー社が事業の多角化を図るため風俗店の営業をはじめたと誤認する需要者など存在しないだろう。つまり、この事案では「混同のおそれ」はない。だが、「Disney」商標の喚起する健全なイメージが損なわれるおそれがある。こうした行為を規制するため、不正競争防止法には、特に著名な商標に限っては混同のおそれがなくとも保護を認める規定が設けられている（不正競争防止法 2 条 1 項 2 号）。この著名表示保護規定は、商標の出所表示機能・品質保証機能を超えて、宣伝広告機能を保護するものということができる。

□ 重要性を増す営業秘密——知財戦略に欠かせない選択肢

　ここまで、保護目的が異なる創作法と標識法の法制度の概要と特徴を紹介してきた。創作法にも標識法にも分類できないが、近時、特に重要性を増しているのが営業秘密に関する制度である。

　技術情報については特許で保護を受けることもできるが、特許出願すればその技術は公開されてしまう。また、特許権の存続期間が満了すれば誰でもその技術を利用できるようになってしまう。それゆえ、特許出願をせずに営業秘密として管理するという戦略が選択されることもある。有名な例は、コカ・コーラの原液のレシピである。コカ・コーラの原液の配合に関するレシピは、1886 年以来今日にいたるまで、門外不出の営業秘密として厳重に秘密管理されているという。秘匿化により特許権の存続期間をはるかに超える長期にわたって、このレシピはコカ・コーラ社の競争力の源泉となっているのである。

　では、企業が秘匿する営業秘密にはいかなる法的保護が与えられているのだろうか。企業が営業秘密として管理している情報を産業スパイが不正な手段で入手する行為や、従業員が所属企業の営業秘

密を多額の対価を得るために競合他社に売るといった行為等に対して、営業秘密を保有する企業は、不正競争防止法の営業秘密に係る規定（不正競争防止法2条1項4号〜10号）により、差止や損害賠償を請求することができる。営業秘密保護のための規定が不正競争防止法に設けられたのは1990年であり、旧法時代も含めて100年以上の歴史をもつ特許法や著作権法に比べると新しい部類に属する。当初は民事的救済手段しか定められていなかったが、平成15年に刑事罰が導入されて以降、数次にわたる改正が行われ刑事罰は大幅に強化されている。多発する海外への営業秘密の流出事案への対応し海外重課規定も導入されている。

　情報はクローズ戦略でやみくもに囲い込みさえすればよいというものではない。ある領域で自社技術を広く他社に使用させることで市場の拡大を図りつつ、コア領域については営業秘密として秘匿し競合他社を排除して市場における競争優位性を維持するビジネスモデルが大きな利益を生むこともある（オープン＆クローズ戦略）。こうした知財戦略の構築において、営業秘密保護制度は欠くことのできないものである。

□　企業の知財戦略と知的財産法

　知的財産法は、技術イノベーションやコンテンツ・ビジネス、ブランド・マーケティングへの投資を促し国の経済の成長ドライバーとしての役割を担うべきものであるが、知財への投資・活用についての企業の積極的な経営判断がなければその役割を果たすことはできない。

　長く続く日本経済の低迷の一因は、企業の競争力の源泉となるはずの知的財産への投資と活用が過小にとどまることにあるともいわれている。こうした分析に基づき、2021年のコーポレート・ガバ

ナンス・コード改訂では、知的財産への投資等に関する取締役会の
ガバナンス強化と情報開示についての記載が新たに盛り込まれた。
内閣府知的財産戦略推進事務局により「知財・無形資産ガバナン
ス」ガイドラインも策定されている。今後、各企業には、自社の経
営戦略に整合的で、企業価値の向上に資する知財戦略の構築が求め
られている。

■　読書案内

　知的財産法分野の入門書は数多くあるが、事例を交えたわかりや
すい記述で定評のある、平嶋竜太＝宮脇正晴＝蘆立順美著『入門
知的財産法［第3版］』（有斐閣、2023年）は、知的財産法の全体
像を理解するのに役立つだろう。内田朋子＝萩原理史＝田口荘輔＝
島林秀幸著（桑野雄一郎監修）『すごいぞ！　はたらく知財── 14
歳からの知的財産入門』（晶文社、2019年）は、知的財産法を活用
してビジネスを行う企業やクリエーターの視点から、知的財産法が
社会においてどのような役割を果しているかを描出したもので、大
人にも読み応えのある内容になっている。

【井上　由里子】

4　リーガルイノベーション

◆　Society5.0 に相応しい司法を考えるための法学
　　──まだどこにもない「レクチャー」の舞台裏

　リーガルイノベーションという言葉、聞きなれないと思われる。それもそのはずで、私たちが提案している、今、まさに発展しつつある新たな法学コンセプトだからだ。それにしても、「イノベーション」が「リーガル」と結びつくとはいかなることか、ピンと来ないのではなかろうか。若い人たち、特に、弁護士になりたい等の明確な夢をもっている人ほど、ほとんど変わらない状況だと思われる。

　提案者として、この言葉に込めた思いはいくつかある。まずは、「日進月歩で進化するテクノロジーが法の世界に浸透してくることによって、どんな変化をもたらすのか、その変化を『イノベーション』という概念で捉えよう」という提案。そして、社会・経済のインフラである法制度の「再構築」に身を投じ、社会をより善い方向へ導いていくような人材、リーガルイノベーターになろう！ という熱い思いで参加してきてくれることへの期待である。

□　社会変革をめざしてチームで研究

　リーガルイノベーション研究は、司法にテクノロジーを取り入れることによって、なるべく多くの方がどこにいてもタイムリーに、そして安価に、抱えている問題について「司法はどういう結論を下すだろうか」ということを考え、法律に触れる機会を広げることを目標にしている。これは、「すべての人に司法を届ける（justice for all)」という SDGs の掲げている目標そのものでもある。背景には、国連の調査によれば、なんと世界で 51 億人もの人が司法にアクセスできていないという厳しい現実がある。そして、もうひとつ、重要な要素がある。それが、テクノロジーも社会も猛烈なスピードで変化し、法律問題も複雑化している現代において、最適解を目指すために、色々な専門知識をもったメンバーが集まってチームを組んで取り組むということだ。

　例えば、私たちが取り組んでいる課題の一つに、SNS における誹謗中傷やプライバシー侵害がある。加害者は匿名に守られながら、被害者を真偽不明の事件などでも一方的に攻撃することができる。もちろん、「プロバイダ責任制限法」という法律があり、法的に解決を導くための手続きはきちんと整備はされている。とはいうものの、いざ問題に直面して救済を求めても、多大な時間と労力がかかり、経済的な負担も大きいため、現実には運用が難しい。そこで、より迅速に、しかも安価で解決に導くことを支援できるようなテクノロジーが必要とされているのではないかと、今、AI の開発実験をしているのだ。こうした問題に悩んで人格が破綻させられるようなことがないよう、安易な匿名の誹謗中傷が抑えられるような世界を目指して、法学者だけでなく AI 研究者、法曹有資格者と一緒にチームで試行錯誤しながら研究を進めているわけである。

　法律 1 本でトラブルを解決するだけではない、多分野のプロフェッショナルやテクノロジーと連携して課題解決に向かう、そういう世界がもうすぐ来ようとしているのだ。そうした中で、法律家のプロとして活躍される皆さんは、どういう仕事をしていくべきなのだろうかということを、ここでぜひ一度立ち止まって考えてみていただきたい。

□　考えてみてもらいたいこと

　私たちのこうした実験、開発がうまくいって、AIを使ったトラブルを解決するサービスが社会実装されるようになった時代を想像してみていただきたい。そのとき、法律の規定、解釈をめぐる学説、重要な裁判例を全て正確に暗記していることが、いい法律家の条件といえるのだろうか。恐らく皆さんは、そうではないということに気がついておられるかと思われる。

　トラブルを抱え、問題解決を願う人間に寄り添うために何が必要なのかといえば、彼らのニーズに迅速に応えて、支えてくれるサービスであろう。たとえ勝ち目のない裁判と言われても、被害者を励ましながら、裁判官の心を動かして、これまでの判例でならあり得ないような勝訴判決を勝ち取る、そんな法律家になるためには、何が必要か。今までの重要な判例、学説を知っていればいいのか、という発想を起点に考えてみていただきたい。これを問うのが「リーガルイノベーション」だ。

　次なる課題は、リーガルイノベーションという新しいコンセプトをどうやって、世に問い、共鳴してもらえばよいか、というものであろう。ここで、私たちはある実験を思いついた。それが、先端的な研究や取組みを専門家同士で共有して終わらせるのではなく、書籍化を前提としたオンライン授業を企画することで、次世代を担う学生だけでなく現役の法律家とも先端的知見の共有を実現するというものだ。もちろん、参考にできる先例はない。以下では、この実験的な「レクチャー」をどうやって実現させたのか、その舞台裏を語ってみたい。いままさに育まれようとしている、新しい法学のダイナミズムを感じて頂ければ幸いである。

□　将来、ずっと記憶に残るはずの経験を、
　　学生たちと共有したい一心で

　1966 年 3 月、ウィスコンシン州のライスレイク高校の物理学の教師トーマス・J・リッチンガーから、1965 年にノーベル物理学賞を授与された世界的物理学者であるリチャード・P・ファインマンのもとに一通の手紙が届く。そこには、ある実験のアイディアが書かれていた。そのアイディアとは、「長距離回線を使った指名定時通話で、生徒たちと話をする」、「所要時間は全体で、35 分から 40 分」という電話授業への協力依頼であった。

　ファインマンは、当時としては「おそろしく高価な実験」に「なんとすばらしいアイディアでしょう！」と歓喜した。電話授業は「はじめに 20 分から 25 分間、貴兄から生徒にお話ししてもらい、そのあと生徒から質問を受け付ける時間を設ける」というリッチンガー案に対し、ファインマンが「35 分から 40 分間ずっと、私が質問に答える形にするのが、一番うまくいくと思います。黒板を使わずに何かを説明しようとしたら、おそらく私は、おかしくなってしまうでしょう。」と応じ、この修正案で進行したようである（リチャード・P・ファインマン著、ミシェル・ファインマン編、渡会圭子訳『ファインマンの手紙』（Softbank Creative、2006 年）300 頁以下）。

　2021 年 1 月、私たち——角田とケンブリッジ大学法学部のフェリックス・シュテフェック教授は、『司法の世界で起きつつあるデジタルトランスフォーメーションとはどういうことか』について、最前線にいる当事者を招き、学生達と語り合いながら、一緒に考えていく、オンライン授業に挑んだ。もちろん、この半世紀の間のテクノロジーの進化により、技術的制約の様相は大いに異なるものとなった。日本と英国のホスト・コンビがゲストだけでなく、コメン

テイターまで招くことが可能となり、学生たちとの多角的な語らいを実現した。さらには、こういったオンライン講演会仕立てを超えた国際ワークショップまで実現してしまった。ZOOM というオンライン会議システムを介して提供される同時通訳が、この対話を支えたことも特筆に値する。

　他方、ファインマンの電話授業とぴったり重なるものもあった。それは、「将来、ずっと記憶に残るはずの経験を、学生たちにしてもらいたい」という思いである。この思いを関係者で共有できたことが、私たちの実験を成功に導いた鍵だと考えている。1単位科目・105分7コマの授業に、20名を超える夢のようなゲスト陣が、次世代の法曹界を担う生徒たちに特別な経験をさせてあげようと、専門家が専門領域で用いているのではない言語を用いて、生徒たちに語りかけながら、一緒に考えることも可能にするよう最大限に工夫された、斬新なオンライン授業の進行プログラムの開発は、この情熱抜きには語れないであろう。

□　本邦初公開のドリーム・チーム

　オンライン授業のプロデューサーとしての腕の見せ所「キャスティング」は、私たちの研究プロジェクト「法制度と人工知能」との将来的な連携を視野に入れながら協力依頼するというコンセプトで進めた。まさに、研究と教育のホリスティックなコンビネーションを地で行くアプローチである。

　印象的なエピソードとして、オンライン授業のフィナーレを飾った国際ワークショップ「司法アクセスのイノベーション」パネリストのキャスティングがある（集中講義❼デジタル化が、法の外に置かれた51億人の民を救う）。パスファインダーのマイケ・デ・ランゲン氏がニューヨーク在住で、時差の関係でライブ討論に参加でき

書籍化されたオンライン授業の目次・各セッション登壇者

プロローグ	「大川小学校児童津波被災事件訴訟」から、私たちは何を学ぶのか
	吉岡和弘弁護士×齋藤雅弘弁護士×角田美穂子
	コラム「リーガルイノベーション人材」野間幹晴
集中講義❶	課題先進国・日本の立ち位置から目をそらすな
	幸田博人×角田美穂子
集中講義❷	テクノロジーが変える紛争解決
	フェリックス・シュテフェック×角田美穂子
	藤田正人法務省参事官・山本和彦・竹下啓介
	コラム「法に関する文書の処理は困難なのか？」山田寛章
集中講義❸	若きWメジャー法律家たちは、なぜ法律以外も学ぶのか
	ルードヴィヒ・ブル×フェリックス・シュテフェック×角田美穂子×ホリィ・サージェント×ヴォイテック・バッチンスキ
	コラム「法律分野での機械学習への期待」小原隆太郎弁護士
	コラム「イノベーションの核心：法制度と人工知能を考える面白さ」石原裕也
集中講義❹	AI時代で変わるコーポレート・ガバナンス
	佐々木清隆×小塚荘一郎×泉卓也×角田美穂子×フェリックス・シュテフェック
集中講義❺	テクノロジーで挑む法執行
	池田宜睦×角田美穂子×フェリックス・シュテフェック
	佐々木清隆元金融庁政策局長・野崎彰金融庁総合政策局組織戦略監理官
集中講義❻	日本型ロー・ファームはAI時代も生き残れるか
	酒向真理×岩倉正和弁護士×フェリックス・シュテフェック×角田美穂子
集中講義❼	デジタル化が、法の外に置かれた51億人の民を救う
	独司法省フィリップ・ショルツ×日法務省吉川崇×OECDタチヤナ・テプロヴァ×パスファインダー・マイケ・デ・ランゲン×ユニドロワ・イグナシオ・ティラード＆アンナ・ヴェネチアーノ×フェリックス・シュテフェック×角田美穂子
	山本和彦・竹下啓介・小塚荘一郎
エピローグ	リーガルイノベーションとは何か
	角田美穂子×フェリックス・シュテフェック

ないことが判明したために、シュテフェック先生はヨーロッパであればライブ討論に参加できるだろうと、ローマに本部を置くユニドロワ（私法統一国際協会）への声掛けを提案してきた。その時、筆者は、当日紹介されることになったプロジェクトの存在を知らず、国内の事情通に照会しても同様で、提案の趣旨を理解することができなかった。そこで、シュテフェック先生に、先のコンセプトに照らしてユニドロワとの連携可能性はあるか尋ねたところ「もちろん！」という回答が返ってきた。こうして、ティラード事務局長とヴェネチアーノ事務局次長の異例の２名参加、そして、企画者自身による本邦初の債権執行に関するユニドロワのプロジェクト紹介は実現した。蓋を開けてみれば、それはスマートコントラクトによる債権の自動執行を含む、まさにテクノロジーが司法アクセス向上に大きなインパクトをもたらし得るテーマであり、そこにユニドロワがコミットしはじめたこと自体、実にワクワクさせる話ではなかろうか。

　もう一つ付け加えるとすれば、佐々木清隆先生（一橋大学客員教授）のダブル登壇であろう（集中講義❹のスピーカーと❺のコメンテイター）。金融庁から東京大学公共政策大学院に出向中の池田宜睦先生が集中講義❺テクノロジーで挑む法執行のコメンテイターを野崎彰・前 FinTech 室長と、元金融庁政策局長の佐々木先生に依頼することを提案してきた。佐々木先生は現在、一橋大学に籍を置かれていることから同僚ということで筆者が企画説明と依頼の連絡をしたところ、名刺代わりに最近の講演スライドを添付ファイルで送ってきてくださり、雷に打たれた。シュテフェック先生もまったく同意見ながら、「学生の目線からすると、法律に基づく監督や規制対応にテクノロジーの活用を探る RegTech/SupTech の話はコーポレート・ガバナンスの話を経た後でないと混乱しかねない」と一

言。スリリングな日程調整が奏功し、集中講義❹ AI時代で変わるコーポレート・ガバナンスを佐々木先生の「Withコロナ時代のコーポレート・ガバナンスの課題」でスタートし、「異能の官僚」が金融・証券市場の監督、監査法人監督でしてきた経験を踏まえ、テクニカルタームを一切使わずに、ダイナミックなコーポレート・ガバナンス改革をめぐる変化を見渡す視点を学生たち（読者）と共有できたとき、まさに遣り甲斐を噛みしめる思いであった。集中講義❺では、大鹿靖明『金融庁戦記──企業監視官・佐々木清隆の事件簿』（講談社、2021年10月刊）で、「平成の銭形警部」（「銭形警部」とは、モンキー・パンチ作の漫画『ルパン三世』に登場する、あの執念深い警部の俗称）と表現された佐々木先生の生きざまが当事者の口から語られた。ド迫力の体験談に学生たちがどれだけ興奮したかは、ご確認いただければ幸いである。

　こうして、ほとんどが本邦初公開となる、非常に刺激的な、文字通りの最先端の研究やプロジェクトの当事者からなるドリーム・チームが結成されることとなったのである。

□　学生たちとの豊かな対話を実現させた「言語」

　本書に収録されたオンライン集中講義は、これから起こる事態の真っただ中に放り込まれるであろう、次世代を担う学生たちに、法の世界はどのような変化を遂げようとしているのかを正確に伝え、「リーガルイノベーションとは何か」を共に考え、深めていく機会として企画された（本書49頁）。この極めて挑戦的な試みに参加してくれた各ゲストが、最先端の内容をどのように語り、学生たちとの対話を実現させたのか。その創意工夫もまた、もうひとつの見どころである。それは、学生が自分の足で歩けるように、法学の最先端の突端で行われている最高に緻密で繊細な議論にありがちな、論

理の結晶のような「ツルツル滑る氷の上」に入り込むような言語ではなく、しっかり前に進めるように、摩擦のある、「ザラザラした大地」のような言語でなければならないはずだからだ（L・ウィトゲンシュタイン（鬼界彰夫訳）『哲学探究』（講談社、2020 年）107節・105 頁）。

シュテフェック先生が、当時教え子だったルードヴィヒたちが開発した AI の性能を試そうと、ロンドン・シティの弁護士とコンペを企画した体験を通して、AI 導入によって紛争解決がどう変わるか、世界の研究をみながら、受講生と一緒に考えるという巧みな構成をとったのはその好例といえよう（集中講義❷）。気がついたら、学生たちはテーマをきちんと受け止め、自分の考えを語りはじめていた。続く集中講義❸では、そのルードヴィヒ自身が、身銭を切る形で、AI スタートアップを起業した自分の体験談と世界観を日本語で語ってくれた。若干 25 歳のルードに対する学生たちの見る目、聴き方は明らかに違っており、実際に、後日、連絡をしてきた学生も数名いたと聞く。

こういった好スタートを切ることができたのは、一にも二にも、これから起きる大きな変化にどう向き合うかは自分たちのテーマなのだと、圧倒的な説得力をもって語ってくださった幸田博人先生のなせる業である（集中講義❶）。自分の足で前に進もうという意志が奮起されるとともに、地図とコンパスを手にしたのだから。フィナーレを飾った国際ワークショップ（集中講義❼）における、法務省の吉川崇大臣官房政策立案総括審議官による迫力あるアドリブ（341 頁以下）も、このウェーブがあったからこそ、と思われる。日本で司法のデジタル化が遅れている理由、そして、民事司法デジタル化に向けたトータルデザインとスピード感に関する時間感覚が、ここまで明快に語られたことがあったであろうか。

□　話を「鵜呑み」にしないために

オックスフォード大学サイードビジネススクールの酒向真理先生に集中講義❻の登壇を依頼したときのことだ。授業の趣旨や受講生の詳細を話した後、ある条件がきちんと満たされるのであれば、ゲストをお引き受けいたしましょう、というお返事を頂いた。そこで示された条件とは、次のようなものであった。

自分の研究は、イギリスとアメリカをターゲットに、AIの導入は弁護士や法律事務所の未来にとって、どのような意味をもつかを問うものです。自分は、日本の状況をよく把握していません。ですから、日本の若い人たちが自分の話を「鵜呑み」にしないために、相対化してくれるコメンテイターが必要です。つまり、私がお話する課題が、日本、とりわけ、日本の未来を担う若い人たちにとって、どんなインプリケーションを持つのかを読み解いて下さる方——そのためには、英米の法律実務に精通していて、日本の変化の動向についても自分の言葉で語ってくださる必要があります。適任な方はおられますか？

実に、頭の下がる難題であった。しかし、考えてみれば、酒向先生たちの学際的研究プロジェクトの成果はインターネットで公開されており、最新情報にアクセスすることはできる。でも、環境激変が約束されている、次世代を担う学生たちにとっては、それを読んで海外の事情を知るだけでなく、もう一歩、踏み込んだ検討が重大な関心事なはずで、授業とはそのようなものであるべきなのではなかろうか？　酒向先生の熱意に、教育者の鑑をみた思いがした。

□　リーガルイノベーションとは何か

リーガルイノベーションは、まだまだ発展途上のコンセプトである。しかし、このような素晴らしい体験を経て、大まかな骨格がう

っすら浮かび上がってきたように思われる。

　まず、このコンセプトは、いわば法律進化論とでもいうべきもので、法律の環境への「適応」を論ずるものである。このことは、テクノロジーや複雑化する社会などの環境変化と法律の相互作用を視野に入れることを意味する。そのため、私たちは、「目覚ましい進化をとげるテクノロジーにどうすれば法律が追い付くことができるのか」という問いだけではなく、逆方向の法律論もまた重要な課題と考える。つまり、法律があるべき目標を設定し、テクノロジーのイノベーションを牽引するという議論である。一例として、シュテフェック先生は、テクノロジー・ベースのリーガルサービスに対応させるべくリーガルサービスを提供する資格に関する法律の自由化を挙げる（390 頁）。しかし、筆者の見るところ、人間に重大な影響を及ぼす決定を行う AI に説明責任を求めた GDPR もその好例ではなかろうか。因果関係を検証した訳ではないが、XAI の研究の隆盛、開発への投資の呼び水となったといって差し支えないのではなかろうか。そして、私たちの研究 PJ もまた、AI 研究者とタグを組んで、民事紛争の解決結果の予測だけでなく、その根拠も一緒に出力するようなシステム開発に挑んでいる。この実験が成功し、これまで人間の法学者の手作業でしか行われてこなかった課題に、新たな視点が拓かれることになれば、それもまた新たなリーガルイノベーションを起こすことが期待されよう。

　私たちはまた、司法制度の独立性を絶対視する立場はとらず、「私たちの経済インフラの重要な一部である」という、イングランドとウェールズの記録長官ヴォス卿の立場（97 頁）を支持する。ヴォス卿は、これまで膨大な手間とコストをかけても現実に回収できる確率が低かった金銭請求を、一定金額まで代理人の関与なしに無料で利用可能なオンライン調停システムを 2018 年にスタートさ

せ、これを執行までオンラインで実現させるシステム導入を推進している。「個人や中小企業が支払うべき金額を確実に支払い、取引を継続できるようになります。不必要な個人や企業の倒産を減らし、司法へのアクセスを強化する」ためだ。このような見方こそ、「すべての人が平等に司法にアクセスできるようにする」ことを約束した SDG 16.3 にも繋がるであろう。最後に、リーガルイノベーションは、テクノロジーとの関連に閉じ込められるものではない。詳細は、プロローグ「大川小学校児童津波被災事件訴訟」から、私たちは何を学ぶのか、をご確認いただければ幸いである。

■　読書案内

　角田美穂子・フェリックス・シュテフェック編著『リーガルイノベーション入門』（弘文堂、2022 年）。ロボット工学者・工藤俊亮（電気通信大学）とタッグを組んで、多彩なゲストをお迎えしておこなったリレー鼎談を書籍化した『ロボットと生きる社会──法はAI とどう付き合う？』（弘文堂、2018 年）もぜひ。こんな筆者が若いころ法律家として何より大事な「反骨精神」に気づかされた團藤重光・伊藤乾編『反骨のコツ』（朝日新書、2007 年）もおすすめしたい。

【角田　美穂子】

パート　3　　現代国際社会と政治

1 国際法

◆ 国際社会の法を学ぶための想像力

記者が新聞記事で国際法の大学教員にこう尋ねていた。「ロシアによるウクライナ侵攻を始め、世界各地で戦争・紛争やそれに伴う残虐行為が後を絶ちません。国際法はその役割を果たしていると言えるのでしょうか」。国際法が法として存在しているとしても役割を果たしていないのではないか、という疑問であり、昨今の国際情勢に鑑みて当然の疑問であろう。

国際法とは、国際社会の法であると定義されることが多い。つまり、国際社会を構成する国家や国際組織といった行為者を規律する法のことである。国際社会のイメージを念頭に置き、国家という抽象的な、しかし厳然として存在する実体を頭に描きつつ、それらを拘束する規則があることを想像しなくてはならない。その際に、国内社会を基盤として成立している国内法と、国際社会を背景に生成される国際法を単純に比較し、国際法の機能を想像すると、「国際法は法か」という疑問に直面し、ついには「国際社会には警察がいないから、結局、力がものをいう。国際法はあっても守られないから意味がない」といった心境に至り、国際法の勉強が無意味に思えてきてしまう可能性もある。

そこで、国際法の講義の冒頭では「国際法を勉強する際には、想像力が必要です」と述べることにしている。一体、どのような想像力が必要なのだろうか。

□　国際法学と想像力

　国際法を学ぶ際に必要だと考えられる想像力とは、第1に、国際社会を想像する力を指す。寺谷広司東京大学教授の言葉を借りれば、世界が国際法のテキストである。したがって、国際社会が今どのような問題に直面しており、その問題の関係者は誰なのか、なぜその問題が起きているのか、法的に解決するにはどうすべきかといった、日常生活よりもはるかにスケールの大きな問題を想像する力が必要である。国際社会を想像する力には、隣国、遠く離れた国々の人々とその周囲の環境を思いやる力も含まれる。国際法の重要分野の1つに国際人権法と国際環境法があり、これら法分野の勉強は重大な人権侵害、重大な環境破壊を他人事とせずに、関心を持つ力を必要とする。

　第2に、国という存在を身近に想像し、国と国が約束ごとを交わしたり、暗黙裡にルールを形成したりする様子を想像する力である。原則として、国家と認識されている政治実体は、他国から国として認められ、国際社会に国として存在する限り、何者にも支配されることがない。これはその国が主権を持つ結果であり、対外主権と呼ばれている。小さい国も大きい国も国際法の前には平等であり、主権国家平等の国際社会には世界政府がない。したがって、国を強制的に支配したり国に命令的な法律を作ったりする国際法構造とはなっていない。国内社会のような三権分立を想像するのではなく、国際社会独自の立法・行政・司法の仕組みを想像する必要がある。国際法学では、このような国際社会のあり方を「主権国家並存の国際社会」と呼ぶ。主権国家並存の結果、国家は条約に入ることを強制されず、国連などの国際組織への加盟も自由意思で決めることができる。

　国際法の例を挙げてみよう。国連の設立条約である国連憲章は多

数国間条約であって、国際法として存在している。国連憲章の2条4項は「すべての加盟国は、その国際関係において、武力による威嚇又は武力の行使を、いかなる国の領土保全又は政治的独立に対するものも、また、国際連合の目的と両立しない他のいかなる方法によるものも慎まなければならない」と謳う。他方で、日本の国内法の最高法規である日本国憲法9条1項は「日本国民は、正義と秩序を基調とする国際平和を誠実に希求し、国権の発動たる戦争と、武力による威嚇又は武力の行使は、国際紛争を解決する手段としては、永久にこれを放棄する」と規定しており、日本の国内法である日本国憲法9条1項で日本国民は国連憲章2条4項と似たような約束をしていることがわかるだろう。

　憲法は国内法の最高法規として、国家の仕組みを定めると同時に、往々にしてその国内法体系の中で国際法がどういう位置づけとなるかを定めている。日本国憲法の場合、98条2項が国際法の位置づけを定めている。

　第3に、国際法の存在自体を想像する力を指す。通常、現代の国内社会では、国内法が文書の形式で成文化され、六法全書のように法典の形で存在し、たとえば憲法、民法、刑法の講義では六法片手に授業が進む。これに対して、確かに国際法の講義でも一定程度、法典である条約集に依拠して条文を参照しながら授業を進める一方、「これは条約化されていないので、慣習国際法の規則として存在しています」という説明をせざるを得ないような「文書になっていない法規範」もある。また、国際文書にはなっているけれども、国連総会の決議のように拘束力のない宣言として成立している文書もある。その拘束力のない文書が慣習国際法の内容を取り込んでいる場合は、その文書の一部の規則が慣習国際法として国家を拘束するということになる。

慣習国際法は、特段の反対を示していない限り、すべての国家を拘束するのに対して、条約はその条約に入っている国しか拘束しない。もっとも、条約の成立時に条約の一部の規則が慣習法を条約に取り込んだり、条約内容が時間をかけて慣習法となったりする場合がある。この場合も、条約の一部の規則が慣習法化することですべての国を拘束する。このようにある国際法の形式が拘束的かそうでないかにかかわらず、国際法規則が慣習法として成立していることが認められると、その規則は原則としてすべての国家を拘束する。

国際法にはしばしば国内の行政法、たとえばコロナ禍でのマスクの着用と同じく、法と非法の間のソフトローと呼ばれる原則や指針が存在する。ソフトローはそれ自体拘束力がないから、たとえ守らなくとも、違法とはならない。国連総会決議に含まれる勧告的な内容は、ソフトローと呼ばれることが多い。たとえば、企業や個人を名宛人とした環境に関する国連の定めた行動目標、とりわけ持続可能な開発目標 SDGs は、国際法では直接に拘束的な義務を課すことが難しい個人や企業へソフトローとして行動計画を提供している。

第4に、国際法が法であると想像する力である。正確には、想像ではなく、国際法の法としての機能を見定め、認識する力を必要とする。実は、ある規則が国際法であることを見定める力は、国際法の初学者だけではなく、国際法を用いる外交官などの実務家、国際裁判の裁判官、国際法の研究者など国際法に携わる者には常に必要となる。ある規則が国際法であると認識する想像力は「国際法は法か」という問いに対する回答を用意する上でも重要である。

□　国際法に潜む悪魔

確かに、領土保全を脅かすような武力行使の禁止という最も基本的な国際法の規則が破られ、それに対して強制的かつ効果的な制裁

を行う制度を完備していない国際法ではある。では果たして、国際法は存在しないも同然で、もはや国際法は風前の灯なのか。この国際法は法か、という問題こそ、村瀬信也上智大学名誉教授の言葉によれば「国際法の深淵に潜む『悪魔的なるもの』」として亡霊のように、国際法を学ぶ者につきまとう国際法の法的性質の問題である。もっとも、この問いが、国際法は強制力を欠くなどの国内法との違いから生ずる限りにおいて、「『法』の定義次第である」。

　結局のところ、国際法を国内法と比較してその法的性質を考えると、悪魔に出くわすことになる。なぜなら、国際法は国内法と似ていないところが多いからである。国内法と比較すると、国際法の場合、国際社会に世界政府がない以上、立法府を前提としないので、立法過程が不明瞭である。条約は国家が自覚的に法を制定するので立法過程が比較的明瞭であるにせよ、慣習国際法については、国家の繰り返し行うこと又は行わないことが徐々に規則化していくため立法過程は不鮮明である。関連して、ある原則が国際法となっているか、国家のみに妥当するのか個人にも権利を付与しているといえるのか、その妥当範囲も不明瞭である。さらに、ある国際問題について、適用可能な国際法の規則を探してみても、一見すると、妥当する国際法が存在しない場合も多い。これを法の欠缺という。

　裁判所が法の欠缺を確認すると、裁判不能の状態になる。国家間紛争を裁判所が解決できないと宣言すれば、最悪の場合、戦争を引き起こしかねない。由々しき事態は避ける必要がある。しかし、国際社会に立法府がなく、国際法上、国家に主権という国家機能運営上の非常に大きな裁量権が認められているため、その国家間の利害関係が調整されないと国際法は成立せず、利害関係衝突の多い特定分野では特に法の欠缺は避けがたい。もっとも、法の欠缺を防ぐため、諸国の国内法に共通して見られる法の一般原則を国家間の紛争

処理に使う場合もある。ただし、国内法の法原則は国家間の紛争処理を前提に作られたものではないことにも注意する必要がある。

□　国際法の拘束力

　国際法と国内法を比べると、悪魔にとらわれるので、国際法を他のものとたとえると何になるのか。国際法は、それを信じている者（とりわけ国家）には拘束力がわかるから、宗教のようなものだと思ったことがある。そして、英語の国際法の教科書中に、慣習国際法は宗教のようなものだという記述を見つけた。とはいえ、諸宗教の各種信念体系は、国際法の信念体系よりも複雑であり、それを簡単に国際法言説へと応用することができない。

　では、執行機関が法の遵守状況を見張ることのない国際法になぜ国家はしたがうのか。難しい問題であり、この問いを探求することも国際法学を学ぶ面白さのうちの1つである。米国人法学者ルイス・ヘンキンが書いた「ほとんどすべての国が、ほとんどすべての国際法の原則と、ほとんどすべての義務を、ほとんどすべてのときに遵守している」という言葉はあまりにも有名であり、その後の国際法の遵守理論を牽引する一言となった。武力行使を禁止する慣習国際法がない社会であったら、戦争で国際紛争を解決できるという前提の国際秩序に生きていたら、国家平等の前提がなかったらどうなっているだろうと想像してみると、案外国際法は機能していると気付く。一体、なぜ国家は国際法を守るのか。

　条約の遵守に関しては、国家は自らの意思に基づき自発的に条約へ参加することから、「条約に入りたい」という国家の同意が条約の遵守を担保すると考えられている。そして、条約のもう1つの存在形式である慣習国際法については、国家が繰り返し法的信念をもって行ったり行わなかったりすることが慣習法規則となるので、や

はり国家は慣習国際法形成の過程でそれに拘束されることに同意している とも説明される。とはいえ、慣習国際法については、その形成過程が自明でなく、国家の同意は慣習国際法の要件となっていないので、この説明は特に新しく成立した国家がなぜ慣習国際法に拘束されるのか、という課題を考える上では、不十分であろう。もっとも、国家の慣習が法律となったのが慣習国際法であるから、国家が慣習として行っており、国家がそれを行うのは自然となっていて、当然国家に守られるともいえる。ただし、慣習国際法の拘束力に関するこの説明も同語反復に過ぎず、本質的な説明となっていないとも考えられるため、国際法がなぜ守られるかという問いの答えは容易に出てこない。

□　国際法学の魅力

　国際法の実態を知るには、国際法の現実の使われ方を明らかにし、その国際法がどういう経緯で形成されてきたか、あるいはどうして法の欠缺が生じているのかを探る必要がある。したがって、国際法の勉強においては、時に自分にとって到底身近には思えない国際問題について、適用できる条約を探し、慣習国際法を探し、その紛争に関係する国家を拘束するかどうかを検討せねばならない。なんとも面倒な法と学問であるが、国内法と違う特色があるからこそ、面白いともいえる。

　無論、絶対に国際法に愛着を持てるようになるとは言い切れない。国内法の方がなじみやすく、法曹となってからも、国内法を用いて国内の法律問題を解決することが多いだろう。司法試験の選択科目である国際公法の受験予定者を見てみると、令和5年の司法試験では1.42%の受験予定者で、実際の受験者は1.4%となっており、司法試験においては敬遠されがちな科目の1つとなっている。とは

いえ、日本も国際法と無関係ではいられない。

□　日本と国際裁判

国際法上、各国は武力を用いて国際紛争を解決することを禁じられており、紛争解決に当たって国家は平和的手段を選ぶ主権と自由を持つ。平和的解決手段の主なものには、結果が当事者を拘束する司法的解決と呼ばれる国際裁判の他に、より柔軟な非司法的解決が存在する。たとえば、交渉と呼ばれる紛争当事者同士の「話し合い」、仲介と呼ばれる第三者が紛争当事国に解決策の提案を行う方法の他、事実関係を明らかにするための審査といったものもある。これらの手段を紛争当事国が自由に選択し、時には組み合わせることで紛争を迅速に解決することが期待されている。

日本はこれまで以下のような国際紛争処理事案に関与しており、日本の官僚と共に日本の法曹が国際法に親しみ、紛争処理に備える必要性は高い。特に経済関係での国際的紛争解決の利用は活発であり、2023 年 10 月現在、世界貿易機関（WTO）の紛争解決手続でこれまでに日本が申立側になった案件は 26 件、被申立案件は 13 件となっている。

国際裁判については、日本は開国後、早くも 1875 年に、マリア・ルス号事件で、ロシア皇帝アレクサンドル 2 世を裁判官として国際仲裁を経験して、初めて仲裁裁判の当事者となり、勝訴した経験がある。この事件は 1872 年にペルー船のマリア・ルス号が修理のため横浜港に入ったところ、同船内から苦力と呼ばれた清国人労働者が船から逃れてイギリス軍艦に助けを求めたことに端を発する。日本はイギリスの要請の下、清国人の苦力を船舶から解放し、船長を虐待の罪で訴追した。日本での判決内容を不服としたペルーとの間で仲裁合意が結ばれ、仲裁に至った。

　ところで、開国後の日本にとっては、開国時に欧米諸国と締結した不平等条約の改正が懸案事項であった。日本国際法学会は、日清戦争直後の1897年に国際法の研究と並んで条約改正の研究のために立ち上げられた法律学分野での学会では日本最古の学会である。そして、不平等条約の改正に絡む裁判が家屋税事件である。不平等条約改正によって治外法権が撤廃されたことを受けて、外国人居留地内の建築物に日本が家屋税を課したところ、イギリス、フランス、ドイツは条約違反であると抗議し、1902年に日本がこの3ヶ国と常設仲裁裁判所において争うに至った。この事件では、裁判所が諸国の免税を認めて日本が敗訴し、意外な判決結果に日本は人種差別的であると受け止めるに至って、日本の仲裁裁判と国際紛争の司法的解決への関心低下を招いたといわれている。

　その後、1923年に判決の出されたウィンブルドン号事件で英米伊と共に常設国際司法裁判所で共同原告となったことを除いては、第2次大戦後55年経つまで日本が再び国際裁判の場に出ることはなかった。第2次大戦後に日本が初めて国際裁判の当事国となったのが、みなみまぐろ事件である。1999年、日本によるみなみまぐろの調査漁獲について、オーストラリアとニュージーランドが国連海洋法条約に基づく仲裁手続を開始した。この事件では、2000年に仲裁裁判所は日本の主張を聞き入れて、みなみまぐろ保存条約が国連海洋法条約上の紛争解決手続の可能性を排除しているとして、自らの裁判権を否定した。その後に、日本はロシアによって拿捕された日本の漁船の船体の釈放を求めて国際海洋法裁判所で訴訟を2件（第88豊進丸事件と第53富丸事件）提起する経験もした。

　第2次大戦後、4例目に日本が国際裁判の当事者となったのがいわゆる捕鯨事件であり、またしても海洋資源の科学的調査の合法性について、オーストラリアが日本を訴えた案件である。2014年3

月に国際司法裁判所は、日本の第2期南極海鯨類捕獲調査（JARPAII）を「自国民のいずれかが科学的研究のために鯨を捕獲し、殺し、及び処分することを認可する」ことを締約国に認めた国際捕鯨取締条約8条1項違反と判断した。この裁判の過程でオーストラリアは条約の主目的が鯨類資源の持続可能な利用から鯨類保護へと変化したと主張したが、国際司法裁判所は「鯨族の適当な保存を図って捕鯨産業の秩序のある発展を可能にする」という条約の目的を維持した。もっとも、1982年から国際捕鯨委員会（IWC）は商業捕鯨を「一時停止する」という商業捕鯨モラトリアムを決定しており、その後もモラトリアムが撤回される兆しはない。以上の経緯から、日本は2018年12月に国際捕鯨取締条約とその議定書からの脱退の通告を行い、2019年6月30日に脱退した。

　捕鯨判決後の日本政府の対応として次の2点にも注目する必要がある。第1に、2015年10月に日本は「海洋生物資源の調査、保存、管理又は開発について、これらから生ずる、これらに関する又はこれらに関係のある紛争」を国際司法裁判所で解決することを求めないという意思を、同裁判所の強制管轄権受諾宣言の修正という形で表明した。第2に、2015年4月10日に外務省は国際法局国際法課の下に国際裁判対策室を設置した。国際紛争を解決する手段は司法的解決だけではないものの、司法的解決は時に避けて通れず、国際裁判の場で活躍できる法曹育成が日本の課題となっている。

□　国際法≠世界法

　国際法と国際組織の発達には、国益と国際共通利益と呼ばれる国際公益のバランス感覚が重要である。あまりに国益中心主義に走っても国際合意は達成できないし、逆に、国際法や国際組織が過度に国家主権を超越する制約を国家に課せばそのような条約や組織から

国家が離脱する契機となる。

　海外で国際法を学んだ時、あなたの国際法観は何か、あなたの国際法観を形成しなさいと指導された。国際法観を規定する際に重要なのはやはり国益と国際共通利益の間のどこに軸足を置くかであろう。人類に普遍的な共通目標達成のための主権国家への介入的国際法を重視するのか、平和維持のための相互不干渉の国際法を重視するのか、いずれの方向に力点を置くか次第で国際法観は大きく変わってくる。

　結局、国際法は「国際（inter-national）」法であって、「世界（world）」法ではない。主権を持った国家の上に立つ世界政府を前提とした世界法ではなく、主権を持った国家が作り出す利害調整の法が国際法である。もっとも、今日では、国際共通目的を達成するためには、主権国家の合意を前提とした伝統的な利害調整の法を超えて、関係国の合意がない場合にも積極的に国際法が機能するという状況や考え方も生じつつある。ただし、国際法は執行機関を前提としていないから、当事者による自発的な履行が不可欠である。したがって、当該国家が国際法内容に納得し、合意しているときにこそ国際法はうまく機能する。言い換えれば、国際社会の共通利益という普遍的価値の大義があっても、個々の国家の合意を得られていない状況で国際法を履行させることは容易でない。国際法に過剰に期待せず、過度に落胆もせず、国際法の得意なことと不得意なことを見極めながら、国際法の機能を想像し続ける不屈の精神が必要である。

■　読書案内

　多数国間関係を規律する国際法は、諸国の共通の利害関心である戦争を規律することを目的として発達してきたといっても過言では

なかろう。森肇志『楽しい調べ学習シリーズ　戦争はなぜ起こる？どうすれば防げるのか？』（PHP研究所、2023年）は、ロシアによるウクライナへの軍事侵攻の解説を導入に置きつつ、戦争の規律に関わる国際法の役割と国際法の成り立ちを小・中学生向けにオールカラー・ふりがな・図解付きで詳しく説明している。

　それでは、国際法は人権侵害状況の深刻な地域や国に対して、国際組織や他国が人道的に介入することを許しているのだろうか。もちろん、国連が機能していれば、集団安全保障体制の下に、国連の安全保障理事会が軍事制裁を与える仕組みになっている。また、ウクライナが他国に対して自国が武力攻撃を受けているので一緒に自衛のために戦ってほしいと要請し、これに他国が応えると集団的自衛権としての武力行使になる。しかし、ウクライナとロシアの武力紛争の場合、ロシアが安全保障理事会の常任理事国であるため、集団安全保障は機能せず、ウクライナのために集団的自衛権の発動をする国もない。さて、このような状況でウクライナのある地域の人権状況が深刻化した場合、安全保障理事会の武力行使容認決議なしに他国が人道的に軍事介入できるかという問題が人道的介入の問題である。この問題を扱うのが、最上敏樹『人道的介入──正義の武力行使はあるか──』（岩波書店、2001年）である。そして、「ブラックホーク・ダウン」（2001年）は国連平和維持活動いわゆるPKOによる人道的介入の経験を学ぶことができる貴重な映画である。

【竹村　仁美】

2 国際私法

◆ 国際社会における裁判を受ける権利の実現

　「国際私法」という法の名称を知っている読者は少ないのではないであろうか。「国際法」であれば、国際社会における国家間のルールを指すものとして、また、「私法」であれば、個人や企業等の私人の間の法律問題を規律する民法等のルールを指すものとして、一般に知られていると思われるが、双方の合体した「国際私法」は、必ずしも一般的に知名度がある法ではないであろう。

　一般的な知名度は低いものの、国際私法は、個人や企業等の私人の交流の国際化が急速に進展する中で、私人に国際社会における裁判を受ける権利の確保を実現しようとする法として、重要な意義を有する法である。日々の生活の中で意識することはあまりないかも知れないが、他者との関係において問題が生じた場合に法による解決を期待することができるからこそ、私人は安心して他者と交流をすることができる。そのための裁判を受ける権利は、日本国憲法32条に規定されているし、いわゆる SDGs においても、その16で「司法アクセス（access to justice）」が掲げられており、国際社会において適切に裁判を受ける権利を確保することが目的の中に含まれているのである。本稿では、国際社会における私人間の法律問題の解決に関して、国際私法という法が裁判を受ける権利を実現する姿を描写する。

□　国境を越える私人間の法律問題

　現代社会における私人間の交流は様々な形で国境を越えるものと

なる。例えば、日本で生活していても様々な輸入品を購入することができるが、これは、基本的に、日本企業が外国企業と取引という形で交流し、海外から物品を輸入することによって実現されている。また、インターネットの利用が一般化した現代においては、ソーシャルネットワーキングサービスによって海外在住の個人との交流も容易になった。家族関係についても、日本人と外国人の結婚も増えているし、外国人家族が日本国内で生活するといったことも一般化している状況にある。

　このような私人間の交流の国際化は、必然的に、私人間に生じる法律問題の国際化を伴うものである。国際取引において代金が適切に支払われないことで問題が生じたり、国際結婚をした夫婦の間に諍いが生じて離婚が問題となったりすることは容易に想像されよう。また、近時注目を集める知的財産に関する紛争の関係でも、世界的な企業同士で様々な国で裁判が行われている。特に、インターネットの一般化により、容易に海外と情報伝達をすることができるようになったことで、漫画や映画をウェブサイトにアップロードすることによる著作権侵害の問題や、他者の社会的評価を低下させるメッセージのウェブサイトへの投稿による名誉毀損の問題等は、国際性を帯びる場合が少なくない。

　これらの国際的な私人間の法律問題の解決については、基本的に、各国の国内裁判所における裁判によって実現される。国際的な私人間の法律問題の解決に特化した世界的な裁判所のようなものは存在しない。世界的な大企業同士の紛争であるとすると、仲裁等の裁判外紛争解決手続（Alternative Dispute Resolution：ADR）が利用される場合もあり、世界には国際的な取引紛争等を専門に扱う仲裁機関も存在するが、これらはあくまで紛争当事者間でそのような解決手続についての合意が形成された場合に利用されるのみであ

る。一方当事者の意思のみで開始することができる強制的な紛争解決手続としては、各国の国内裁判所での裁判のみが想定される。そのため、国際的な私法上の法律問題との関係においても、私人の裁判を受ける権利の確保は、国内裁判所において実現されるのである。

　なお、国内裁判所の視点からすると、このような国際的な私法上の法律問題は、自国だけではなく外国と関連する法律問題となるため、しばしば「渉外的」な私法上の法律問題と呼ばれる。

□　法律問題の解決の障壁──司法制度の併存

　渉外的な私法上の法律問題に関して、私人の裁判を受ける権利の確保について留意すべきは、世界には多様な司法制度が併存しているという現実である。東アジアを見ても、日本には日本の司法制度が、韓国には韓国の司法制度が、中国には中国の司法制度が、それぞれ存在する。また、香港では、中国に返還される前に英国に統治されていたため、英国の司法制度や法（コモンロー）の伝統を引き継ぐ、中国本土とは異なる司法制度が存在する。このように、一国内に複数の司法制度が形成されることも国際社会では珍しいことではなく、例えば、米国では、連邦裁判所制度もあるが、それと併存して州毎の裁判制度も形成されている（ただし、以下では、説明を簡略にするために、このように一国内に複数の司法制度が形成される場合は除外し、国毎に異なる司法制度が成立していることを前提として、説明を行う）。さらに、国際法上の位置付けに関しては議論が残るものの、台湾にも独立の司法制度が存在するのである。

　このような司法制度の併存の結果、渉外的な私法上の法律問題については、どの司法制度の裁判所で裁判が行われるべきかという問題が生じる。例えば、日本企業（買主）と韓国企業（売主）が物品

の売買契約を締結して、当該契約について紛争が生じた場合、日本と韓国のいずれの裁判所で紛争が解決されるのか、場合によっては双方の裁判所で裁判が行われるのか、問題となる。日本の裁判所での裁判は、日本人の裁判官が日本の裁判のルールに従って日本語を用いて審理を行う。日本の司法制度が外国人や外国企業を公平に取り扱おうと努力しても、司法制度と日本との関連性を否定することはできず、その結果、韓国企業にとっては、日本での裁判は必ずしも公平なものとは感じられないかも知れない。逆に、日本企業にとっては、韓国での裁判は、やはり必ずしも公平なものとは感じられないかも知れないであろう。このように国内裁判所での裁判は、渉外的な私法上の法律問題の解決について中立性・公正性を確保することが難しいという問題があり、だからこそ、逆に、裁判を行う場所、すなわち法廷地の決定が重要となるのである。

　確実に裁判を受ける権利を保障するという観点からは、いずれの国の裁判所においても原告が求める限りで必ず裁判を行うという可能性もある。しかし、紛争について日本企業は日本の裁判所に、韓国企業が韓国の裁判所に、それぞれ訴えを起こした場合に、双方の国の裁判所で審理が進行することは、必ずしも合理的なことではない。1つの紛争について複数の裁判が行われることは、当事者にとって裁判に対応する負担・費用が増大することを意味する。また、日本の裁判所では日本企業が勝訴し、韓国の裁判所では韓国企業が勝訴するといったように異なる判断が下された場合には、裁判の矛盾によって国際的な視点から捉えた場合に紛争がどのように解決されるべきかが不分明となるという問題が生じるのである。

　更に、日本企業がいくら日本の裁判所で勝訴して韓国企業に対して損害賠償等を命じる判決が下されたとしても、日本国内に韓国企業の財産がなければ、判決を強制的に執行することはできない。各

国はそれぞれ自国の国家主権を基礎とする独自の司法制度を有するのであり、他国の領域上で自国の国家主権に基づく強制執行を行うことは当該他国の主権侵害となるため、各国は自国に所在する私人の財産に対してしか、強制執行を行うことはできない。その結果、韓国企業が任意で支払わなければ、判決は「絵に描いた餅」になってしまうのである。

　世界に司法制度が併存しており、渉外的な私法上の法律問題については、どこで裁判を行うかが関係する全ての当事者にとって重要な意義を有するため、どの裁判所であっても原告や申立人が選択した限りで裁判を行って構わないとすることはできない。どの司法制度の下で裁判を行うべきか、更には、下された判決が「絵に描いた餅」とならないように、強制執行することできるようにするにはどうすればよいか、問題となるのである。

□　司法制度の架橋：国際裁判管轄の規律

　このような司法制度の併存を前提として、国際社会における裁判を受ける権利を適切に確保しようとすれば、まず、適切な法廷地での裁判を実現することが必要となる。これを実現するために、各国は国際裁判管轄に関する規律を有している。国際裁判管轄とは、裁判所が一定の渉外的な私法上の法律関係の裁判を行うことができる権限を意味する。各国は自国の裁判所での裁判を自国と一定の関連がある場合に限定し、自国が適切な法廷地である場合にのみ裁判を行うこととしている。例えば、日本においても、国際裁判管轄は、基本的に民事訴訟法3条の2以下、人事訴訟法3条の2以下、家事事件手続法3条の2以下にそれぞれ規定されている。これらのルールによると、例えば、米国在住の米国人夫と日本人妻の夫婦関係が破綻し、日本人妻が日本の裁判所に離婚の訴えを提起したとして

も、基本的に日本の裁判所には国際裁判管轄が認められず、裁判は行われない。原告と被告が争う訴訟事件の裁判は、原告の訴えによって被告が裁判に応じさせられることとなるため、被告を手続的に保護することが基本原則となる。この原則から検討するならば、米国で生活していた妻が日本人であったとしても、夫が日本人ではなく、夫婦が日本で生活していたわけでないことからすると、日本での裁判は被告となる米国人夫の利益を適切に保護するものではないと考えられる。そのため、日本では裁判を行わないのである。

　無論、このような限定のみで国内裁判所での裁判に起因する当事者間の公平に関する全ての問題を解決することができるわけではないが、自国内に居住する私人に対する訴え等、被告の手続的保護を実現することができる場合や、自国と事案との間に十分な関連がある場合にのみ国際裁判管轄を認めて、適切な法廷地で裁判を受ける権利が実現されるようにしているのである。

　他方で、このように裁判を行う場合を限定すると、必然的に、裁判を受ける権利の確保を外国の裁判所に委ねる場合も生じる。外国において、その国の国際裁判管轄に関する規律によって裁判が行われればよいのであるが、仮に外国でも裁判が行われないとすると、裁判を受ける権利が確保されないこととなる。そのため、本来的には、国際裁判管轄の規律は、外国との調整の中で実現されなければならず、複数の私法秩序が協調することによって裁判を受ける権利の確保が実現されなければならないのである。

□　司法制度の架橋：外国判決の承認執行

　自国で裁判を行わないとすると、自国の司法制度内での法律問題の解決のためには、適切な法廷地国である外国で行われた裁判をそのまま尊重して受け入れる必要がある。また、ある紛争について既

に適切な法廷地国である外国で裁判が行われていたとすれば、仮に自国の裁判所にも国際裁判管轄が認められるとしても、改めて自国で紛争解決のための裁判を行うのではなく、既に外国の裁判所でされた解決を尊重し、その判決の効力を認めることが考えられる。各国の司法制度は独立のものであり、ある国の裁判所で下された判決が当然に他国でも効力を有するということはないものの、各国の国際私法の下では、渉外的な私法上の法律問題について国際社会の視点から適切に解決するために、一定の条件を備えた外国裁判所の判決については自国で承認し、それに基づく強制執行を認める制度が採用されている。外国判決の承認執行と呼ばれる制度であり、日本では民事訴訟法 118 条に承認について、民事執行法 24 条に執行について、それぞれ規定が設けられている。このような外国判決の承認執行制度の存在によって、適切な法廷地国で裁判がされたものの、損害賠償等を命じられた被告の財産がその国にないといった場合に、他国で強制執行を実現することも可能となるのである。

　このように、国際社会においては、国際裁判管轄の規律によって適切な法廷地での裁判を受ける権利の実現を確保し、外国判決の承認執行によって適切な法廷地での裁判の効力が他国でも認められるようになることで、渉外的な私法上の法律問題に関して国際社会の観点から適切な規律を実現している。また、双方の制度よって、各国は協調して裁判を受ける権利を確保しようとしているのである。

□　司法制度の架橋：準拠法選択

　以上のように国際裁判管轄の規律と外国判決の承認執行制度によって世界に併存する司法制度間の協調を実現し、私人の裁判を受ける権利を確保している。しかし、一定の国の裁判所で裁判を受けることが確保されるとしても、当該裁判所において中立的な立場から

の公正な裁判が行われていなければ、適切に裁判を受ける権利を確保したことにはならないのである。

　渉外的な事案における国内裁判において、紛争解決に関する公平性・中立性を確保した公正な裁判を実現することは、前述のとおり、容易なことではない。特に留意すべきは、司法制度の併存と同じように、世界には様々な私法秩序が併存し、法律問題をどのように解決すべきか、権利義務の存否等、紛争の実体的な解決については、様々可能性があるということである。日本には日本の民法等によって形成される私法秩序がある一方で、他国にも他国の私法秩序があり、法の内容が異なるとすると、法律問題の解決についても異なる可能性があり得る。そうすると、日本で裁判をするからということで、日本の民法等のみを適用して法律問題を解決することでよいのか、疑問が残るのである。特に、日本で日本企業と外国企業との間の紛争が裁判に持ち込まれる場合に、日本の民法等のみで紛争の解決が行われるとすると、日本企業と日本との繋がりのみが尊重され、外国企業と当該外国との繋がりは無視されることとなり、公平とは言い難い状況が生じるのである。

　また、このように日本の裁判所で日本法、すなわち法廷地法のみを適用することには、法廷地によって法律問題の解決が変わるという問題点がある。仮に世界各国の裁判所で法廷地法を適用しているとすると、どの国で裁判がされるかによって法律問題の解決、例えば、民事訴訟における勝訴・敗訴が変わってくる。同一の法律問題についてどこの国に訴えるかで紛争解決が変わるとすると、訴訟を提起する原告としては、自らが勝訴することができる裁判所を選択するであろう。しかし、これが被告にとって不利な裁判を意味することは明らかである。また、このような状況では、裁判が行われるまで当事者間の法律問題がどのように解決されるか、判断の基礎と

なる法律がわからないため予見することができず、法律問題の規律に関する安定性・確実性が欠ける状況となるのである。

そして、このような状況を変えるためには、ある国の裁判所で裁判が行われるとしても、常にその国の法律を適用するのではなく、場合によっては外国の法律を適用することが必要となる。その結果、世界に併存する私法秩序の中から、当事者間の法律問題の処理を適切に行うことができる法秩序の法律を選択するという作業が必要となるのである。特に、世界の裁判所で同一の基準によって法律問題の判断のために準拠すべき法律、すなわち準拠法を選択し、どの国の裁判所においても同じ国の法律が準拠法として適用されるとすれば、常に同じ判断がされることとなる。このように、異なる国の裁判所において、同一の法律問題について同じ判断が下されることを、国際私法学では、国際的判決調和と呼ぶ。このような国際的判決調和を実現するためにも、各国の裁判所で外国法を適用する必要があり、そのためのルールである準拠法選択を行う規則が必要となるのである。

日本においても、このような準拠法選択規則として、法の適用に関する通則法4条以下の規定がある。例えば、同法36条では「相続は、被相続人の本国法による。」と規定されているが、日本で外国人が死亡し、当該外国人が生前に有していた財産を誰が承継するかという相続に関する問題が生じるとすると、その者の本国、すなわち国籍を有する国の法律によって問題が規律されることとなるのである。例えば、日本に住む韓国人が死亡し、その者の財産の相続について日本の家庭裁判所で遺産分割手続が行われるとすると、基本的に、韓国法によってどのように遺産を分割するかといった問題が処理されることとなる。仮に韓国の裁判所で遺産分割が問題となった場合にも韓国法が適用されるとすれば、いずれの裁判所でも同

じように判断がされるはずであり、法律問題を国際的に調和的に解決することができるのである。

　以上のように、国際裁判管轄、外国判決の承認執行、準拠法選択が国際私法の基本的な3つの問題であり、これらの規律によって、渉外的な法律問題について、私人の裁判を受ける権利を適切に確保しようとしているのである。

□　国内法としての国際私法

　ただし、以上に述べたような国際協調によって世界における私人の裁判を受ける権利を適切に確保する法という国際私法の捉え方は、あくまで国際私法を捉える1つの視点に過ぎない。日本の国際私法学においては、そのような他の司法制度との協調の側面はあまり指摘されず、むしろ、日本の裁判所において渉外的な私法上の法律問題を処理する場合に、単に日本の視点から適切な規律を与える法と捉えられている。その結果、例えば、準拠法選択についても、国際的判決調和を実現することよりも、日本の国際私法として適切な法秩序の法律を準拠法として指定しようとする「唯我独尊」的な国際私法観に基づいて検討が行われる場合が多い。

　このように他の司法制度との協調が重視されない理由の1つとして、国際私法が国内法として存在すること、各司法制度において、国内法として国際裁判管轄・準拠法選択・外国判決の承認執行といった問題を規律する法律が存在していることを挙げることができよう。各司法制度がそれぞれ独自に内容を決定することができる国内法として存在している以上、他の司法制度との協調を実現することは困難であり、むしろ自らの司法制度の視点からの適切な規律という実現可能な価値を重視することは合理的であるとも考えられる。

　しかし、国際私法として国内法が存在するとしても、国際協調を

考慮して国際私法に関する検討を行うことも可能である。例えば、準拠法選択に関しては、「反致」という法原則が法の適用に関する通則法 41 条に規定されているが、これは外国の準拠法選択規則を考慮して、日本でも準拠法選択を行い、当該外国との準拠法の一致による国際的判決調和を実現しようとする原則である。このような原則が国内法としての国際私法に規定されていることは、正に日本の国際私法が国際協調といった観点も考慮していることの表れである。

□　国際社会での議論

　実際、国際私法について国際協調の観点からの検討が必要不可欠であることを反映して、国際社会の中では、国際私法条約の作成が継続的に行われている。このような条約作成の中心には、ハーグ国際私法会議という国際機関がある。1893 年に第 1 回会議が開催されて以来、1955 年の国際機関化を経て、現代に至るまで多くの国際私法に関する条約を作成している。現在も、本稿で登場した国際裁判管轄に関する問題についての条約を作成する「管轄プロジェクト」が同会議で進められている。

　国際私法が、その本質において国際協調を実現する内容を有するものであり、条約のような形で司法制度に共通のルールとして形成されることが理想の姿であるからこそ、このような条約作成の検討が継続しているのである。このような現実からすると、国内法としての国際私法について検討する場合にも、他の司法制度・私法秩序との関係性を一定程度考慮することはやはり必要であろう。

　本稿で説明したように、国際私法という法律は、国際社会において私人の裁判を受ける権利を実現する枠組みを形成するために不可

欠となる各国の司法制度の協調を支える法と捉えることができる。他の司法制度や私法秩序を尊重しつつ、それらを架橋することによって渉外的な私法上の法律関係を適切に規律する国際私法は、自らの司法制度や私法秩序における正義を絶対視することなく、世界における司法制度・私法秩序の多様性をありのまま尊重しようとする考え方を基礎としている。多様性の尊重を基礎として国際的な協調の枠組みを形成する国際私法が、現代において急速に進展する私人間の交流の国際化を法的に支えているのである。

■　読書案内

　本稿で記述したような世界における司法の実現に関心があれば、田中耕太郎『世界法の理論（全三巻）』（岩波書店、1932 〜 1934 年）の精読をお勧めする。同書の内容を鵜呑みにすることはできないものの、その世界法構想は現代においても検討されるべきものである。なお、同書が 1930 年代に執筆されたことにも留意すべきであろう。また、日本の国際私法も、明治期の西欧化に伴う法典編纂において「法例」（明治 31 年法 10 号）に規定が設けられたものであるが、立法に深く携わった穂積陳重の『法窓夜話』（岩波文庫、1980 年〔初出、有斐閣、1916 年〕）は、法律学全般に関する「小噺」を集めたものであり、本稿に登場した「準拠法」の概念についても説明がされているので、是非一読されたい。

【竹下　啓介】

3 国際安全保障論
◆ 国際社会における紛争の防止と解決

　平和な暮らしは、多くの人が望むものである。しかし、残念なが
ら我々が住む社会には争いが絶えない。争いをどのように解決し、
あるいは予防するのか。社会の安全と安定を保つことは、国内、国
際問わず、おおよそ社会というものが存在しているところでは、そ
の構成員にとって最も重要な課題であると言えるだろう。しかし、
国内の社会と国際社会では争いの解決や予防の手段には大きな違い
がある。

　国内社会で何らかの争いが発生した場合、その国家の統治機構が
適切に機能していれば、法の執行および／あるいは民主的手続きに
よって紛争は解決され、秩序が保たれる。日本を例にとれば、何ら
かの犯罪行為が発生した場合、警察によって捜査が行われ被疑者が
逮捕される。被疑者は検察に送致され、検察の取り調べによって嫌
疑が濃厚であると判断すると被疑者は起訴され、さらに裁判所にお
いて審理のうえ、有罪と判断されれば、違法行為に相応しい刑罰が
科される。法執行の仕組みは、社会の構成員に、法を犯し秩序を乱
すことが割に合わないと認識させる。また、被害者やその家族は、
国家が法に則り懲罰を与えることで、自らが報復することを断念す
る。法の下の秩序に対する信頼が、犯罪を抑止し社会の秩序の維持
に貢献する。また、裁判所は、民事上の紛争についても当事者間で
解決ができない場合には、和解を勧告し、また裁判を通じて紛争の
解決策を提示する。

　このような社会の秩序を規律する法は、国会によって立法され

る。立法を担う国会議員は、民主的な選挙によって選ばれ、日本の議院内閣制の下では総理大臣は国会議員の中から選出されることになっており、国民に対する権力行使の正当性が担保される。他の多くの国でも、民主主義的な手続きによって国家のリーダーが選出されている。

しかし、国際社会にはこのような仕組みは存在しない。国際社会には国家の行動を規制する様々な国際法が存在し、国際司法裁判所もある。また、国際社会の抱える様々な課題に取り組むために国家が集まりルールを作ったり、活動を実施するための国際機関がある。だが、近現代の国際社会においては、原則として相互に干渉しない独立した存在としての主権国家に対して国際法を遵守させたり、国際機関の決定を強要することができる強制力を持つ世界政府のような中央権力は存在しない。こうした国際社会の状態は、「アナーキーなシステム」と形容される。「アナーキー」とは、無政府状態と訳されるが、国際政治の文脈においては、それは完全に混とんとした無秩序な状態を意味するのではなく、あくまでも、国際社会の構成者である主権国家の上位にあって、強制的に法やルールを執行する権限を持つ中央権力が不在であるということである。

中央権力が不在の「アナーキー」な国際社会において、お互いの利害が対立することは少なくない。利害の対立によって紛争が発生した場合、国内社会のように法執行などによって争いを解決することが困難であるとすれば、どのような解決がなされるのであろうか。また、紛争を予め予防し、関係を安定的に保つためにどのような取り組みがなされるのであろうか。国際政治という学問の発展は、国際社会において国家やその他の集団が争いや対立を繰り返すなかで、どのようにして争いを解決し平和を確保するかを問い続けてきた歴史であると言ってもよいであろう。こうした学問の発展の

中核的問いに向き合ってきたのが「安全保障」という領域である。

□ 「安全保障」とは何か

　歴史的にみて、「アナーキー」な国際社会において国家の最も重要な役割は、国家の自律性（外部から干渉を受けないこと）を維持し、外部からの侵略や攻撃から国民を守り、領土への不法な侵入や併合を防いでその一体性を確保し、経済的な権益が侵害されることを防ぐことであった。このような国家の役割は安全保障（security）と呼ばれている。security は、ラテン語の語源にさかのぼると、「不安がないこと」を意味する。一般的には、国や個人が外部の脅威や危機から保護され、その安全が確保される状態やそのための政策あるいは措置を指し、安全保障の目的を達成するためにとられる措置には、軍事（国防）政策にとどまらず、外交、経済的手段など様々なものがある。一般的には、「何が（主体）」、「何を（守るべき価値）」、「何から（脅威）」、「何によって（手段）」守るのかをどう定義するのかによっていくつかの考え方が存在する。

　上で述べたような、一つの国家の視点から国家の生存と安全を確保することを「国家安全保障」と言う。他方で、ある特定の一国だけを対象にして安全保障を考えるのではなく、複数の国家間での協調や多国間での制度やルールなどを通じ、複数国の枠組みで国際社会の安全保障を担保することを「国際安全保障」という。一国の視点のみから安全保障を追求すれば、敵対する相手との間で、自らの安全保障を追求しあう競争が起きる。自分が安全を追求すれば相手の不安が増大して対抗措置を取り、さらにそれに自分が反応するというスパイラルの状態を「安全保障のジレンマ」という。そこで、「国際安全保障」の考え方はこの「安全保障のジレンマ」を脱するために、友好国間のみならず、敵対国も含めた当事国の関係全体の

安定を追求する。

　また、国家を安全保障の単位とみなすのではなく、社会の最小構成単位である人間一人ひとりに注目する「人間の安全保障」という考え方もある。人間の安全保障とは、個人の生存・生活・尊厳を脅かすさまざまな脅威から人々を守り、それぞれの持つ豊かな可能性を実現するために、持続可能な個人の自立と社会づくりを促すという考え方である。伝統的な国家安全保障が主として外部からの軍事的侵略などを脅威として想定しるのに対し、人間の安全保障が想定する脅威は、貧困、飢饉、感染症、災害、環境破壊、組織犯罪、薬物、人権侵害などが含まれる。この場合、安全保障の担い手は、主権国家、国際機関、民間団体など多様なアクターである。

□　なぜ争いは起きるのか

　国際社会の平和と安定が脅かされる脅威やリスクには、さまざまなものが存在する。紛争の原因は、領土紛争や資源分配のような目に見えるものから、イデオロギーや宗教のような無形のものまで多岐にわたる。国際社会は、異なる目的、能力、考えを持つ多数のアクターで構成されているが、以下に述べるような原因が、国家だけでなく非国家主体も含めた国際政治のアクター間での紛争につながる可能性を持つ。

(1)　国家間のパワー・ダイナミクス：国家間の力の均衡の崩壊、あるいはある国の力への欲求が紛争を引き起こすことがある。各国は、自国の影響力を高めるため、ライバル国の影響力に対抗するために軍事力を増強する。そしてライバル国もそれに対抗する。この両者の均衡が崩れたとき、あるいは一方の不安が増大したとき、他国が強大になりすぎるのを防ぐために紛争を起こすことがある。

(2)　経済的利益：石油、鉱物、水などの資源の利権をめぐる競争や対立が紛争を引き起こすことがある。貿易ルート（サプライ・チェーン）をめぐって、あるいは経済制裁、関税、その他の貿易障壁も紛争の原因となりえる。また、環境悪化、気候変動、自然災害などによる資源の不足や資源の分布の変化は、枯渇しつつある資源をめぐる国家間の対立・競争を引き起こすことにより、紛争の原因となる可能性がある。

(3)　領土をめぐる対立：領土は国家を構成する重要な要素であり、伝統的に土地の支配権をめぐる対立は紛争の原因となってきた。領土をめぐる主張の違いは、歴史的な経緯、民族の分布、戦略的重要性などに起因することが多い。また旧植民地諸国では、旧宗主国が民族や部族の分布を無視して国境線を引いたことが、国内での民族間対立や国境をめぐる対立を引き起こしている場合もある。

(4)　アイデンティティ：ナショナリズムや民族的アイデンティティは、他者に対する強い対抗心を生むことがある。逆に特定の集団が、他の集団による政治的、経済的な差別に対抗するために、ナショナリズムや民族的アイデンティティを強く打ち出して団結力を高めることがある。他者に対する違いを強調する感情のもと、集団が自決や自治、更には分離を求めるようになり、既存の国家秩序に挑戦することで紛争が発生する。

(5)　イデオロギーの相違：民主主義対権威主義、資本主義対共産主義など、イデオロギーの相違は、国家や非国家主体が自らの政治体制や信条を他者に不寛容な状態で推進しようとすれば、紛争につながる可能性がある。

(6)　宗教対立：宗教の違いは、集団が自らの信仰体系の優位性を主張したり、宗教的に重要な土地を支配したり、あるいは宗教的

な考えに依拠して既存の秩序とは異なる秩序体系や領土の範囲を主張しようとしたりすることもあり、そのような場合に、紛争につながる可能性がある。

(7) 内政要因：国内で複数の民族集団や宗教間の対立を抱え、内部抗争に苦しむ国家は、ガバナンスが機能せず内戦が起きる可能性がある。あるいは、こうした内政をめぐる対立から争点をずらし、内部統制を強化するために外敵を求めることがある。他方、国内の対立は、外部勢力が特定の集団を支援するなどの干渉を招きやすい。このような外部勢力の行動は、既存の紛争を悪化させたり、紛争を引き起こしたりする可能性がある。

(8) 人の移動：政治的な迫害や経済的困窮、あるいは環境的要因による大量の人々の移動や難民の発生は、難民や移民を受け入れる社会の不安を増大させることがある。このような社会不安の増大は、国家の安定的な存続にとってリスクとなりえ、対外的に強硬な姿勢を取り他国との紛争の要因にもなりかねない。

□　脅威の態様

　こうした紛争の要因が国家あるいは国際社会の安全保障に対する脅威として顕在化する形態は、国家間の武力衝突にとどまらずさまざまである。例えば、過激なイデオロギーや宗教的な動機に基づき非国家主体が暴力によって既存の秩序を破壊しようとするテロリズムの活動や、国家や非国家主体によるサイバー空間での攻撃や情報戦、核兵器、生物兵器、化学兵器といった大量破壊兵器の拡散や使用のリスクの増大といった形となって、国家の安全保障に重大な脅威をもたらしている。

　また、紛争や軍事的な脅威という形を取らず、国家の生存や安定を脅かす要因となりえるものもある。気候変動による自然災害や資

源の枯渇は、国家や地域の安定に影響を及ぼしえる。例えば地球温暖化の影響で海面が上昇し、領土喪失の危機に直面している島しょ諸国がある。あるいは新型コロナウィルス感染症のような感染症の大流行は、伝統的に国家安全保障を脅かすもの見なされてきたが、現代においてもグローバリゼーションが深化する中、人々の社会経済活動を大きく阻害し、社会の安定を脅かし、あるいは国家間での医療資源の確保をめぐる競争やワクチンの配分をめぐる不平等の拡大などが発生して国際社会を不安定化させ、究極的には国際安全保障環境を悪化させかねない問題として浮上している。

　以上のような国際社会における安全保障環境に変化をもたらす要素が科学技術である。新しい技術は、軍事力のバランスを変化させ、安全保障の脅威や挑戦を再定義し、安全保障のため新しい措置の導入を促す。つまり技術の進歩は、戦争のあり方を変え、またそれが国家のあり方や国際政治に変化をもたらすのである。銃の発明、航空機の導入は、新しい戦術を生み、核兵器は、国家の安全保障戦略の思考を変えた。核兵器は、その破壊力があまりにも大きいために、戦争における使用は、一つ間違えば戦争当事国だけではなく地球全体の破滅をももたらしかねない。戦争は政治的な目的を達成する手段のひとつであるが、核が登場する前の戦略においては、いかに戦争に勝利するかが大きな目標であった。ところが、核時代の戦略では、核兵器の使用をいかに回避しながら自らの目的を達成するのかにも重点が置かれるようになり、軍事力などを背景にしつつも、戦わずして相手が自らの望まない行動を取らせないようにするという、「抑止」を通じた戦略的優位や安定的関係を獲得するという目標の重要性が高まった。

　近年安全保障上の影響が顕著な技術として、サイバー、宇宙、人工知能（AI）、バイオテクノロジー、量子技術などが注目されてい

る。サイバーの領域では、社会のインフラを制御するシステムや軍事システム（とりわけ核の意思決定システム）を麻痺させるサイバー攻撃は、安全保障上とりわけ高いリスクがあるとされている。衛星は、通信、偵察、情報収集など、軍事作戦の運用に極めて高い価値をもたらす。現在この宇宙空間における競争が激化している。AIは、ドローンやロボット技術との融合により自律型兵器として軍事作戦の効率化や人的損害の減少をもたらすとされる。またAIを基盤にした情報収集・分析技術は、多くの情報が錯綜する複雑な意思決定システムの合理化と高速化を支援すると言われている。他方で、人が人を殺す戦争という行為の「自動化」については、人間がどのように関与し責任を負うべきなのか、といった法的、倫理的側面から問題が提起されている。バイオテクノロジーの分野でも遺伝子編集や生物工学技術が新しい脅威や倫理的な課題を生む可能性が指摘されている。

□　どのように脅威に対処するのか

　以上みてきたように、国際社会の平和と安定に脅威をもたらす要因は多様である。こうした中で紛争を回避し、あるいはいったん発生した場合に対処するために、国際社会はどのような措置を講じるのだろうか。国家の行動を規定する要素として、それぞれ力、利益、規範を分析の中心に据えて国際政治を捉える思考方法のアプローチがある。これらのアプローチはそれぞれ、「リアリズム（現実主義)」、「リベラリズム（自由主義)」、「コンストラクティビズム（構成主義)」と呼ばれる。

□　リアリズム的アプローチ

リアリズム的な世界観は、国際政治の本質を、国益をめぐる国家

間の競争と対立、そして衝突と捉え、その中で主権国家は自国の生存と安全を最優先すると考える。こうした思考においてはしばしば、力の均衡が維持されている状態が、国家間の大規模な戦争を回避するための最良の方法だと見なされる。いずれの国も他国に対して明確な優越性を持たないと、戦争によって損失を被るリスクが高すぎると判断し、戦争を回避するからである。逆に言えば、国家間の力の均衡が崩れたり、自国の生存の不確実性が増大すると戦争が起きやすくなる。また、リアリズムは、国家が自国の利益（生存）を最優先するため、国際的な協力が困難であるとみる。紛争の回避や平和維持のための国家間の協力は不可能ではないが、その成否は各国の国益との整合性に依存する。

　他方で、冷戦期、アメリカとソ連という核大国同士の間では、力の不均衡が戦争を誘発すればお互いの破滅につながりかねないため、力の均衡を維持すること通じて紛争のリスクを管理する、軍備管理という政策が導入された。米ソは、お互いを直接攻撃可能な戦略核兵器の保有量を規制し、お互いに相手に対して壊滅的な打撃を与える（相互確証破壊）能力を維持しつつ、戦力の均衡があることをもって相互に相手の攻撃を抑止し、その関係を安定化させる（戦略的安定性）ことを目指した。

　他方で、国家は常に他国の力の増大に対する不安に苛まれるので、安心を得るとすれば常に力の最大化を追求せざるを得ない。したがって、強大な軍事力や防衛能力の保有が、他国からの攻撃や脅威を抑止し、結果として平和を維持・確保するのだという「力による平和」の考え方もある。大国間では力の均衡が安定をもたらすとしても、力が不均衡な関係の場合にはどうするのか。弱小の側には三つの選択肢がある。一つめは、自国の軍備増強である。二つめは、強国に対抗するため他国と同盟を結んで力の均衡を目指す方法

である（balancing）。そして三つめは、強国と組んで安全保障の恩恵を受ける方法である（bandwagoning）。日本はアメリカと同盟を組んでいる。米国は他国に比べ強い軍事力、経済力を持っており、この国と同盟を組めば、他国は日本に対して侵略や圧力をかけにくくなる。なぜなら、同盟の下では、米国は、もし他国が日本を攻撃すれば、それを自らへの攻撃とみなし、「集団的自衛権」を発動して、報復することが想定されるからである。

　リアリズムの考え方は、現在の安全保障の議論においては主流の考え方となっている。他方でそれに対する批判もある。例えば、「力による平和」のアプローチは、一部からはエスカレーションや軍事的な競争をむしろ促進する可能性があるとの批判がある。また、力の均衡を基盤にした平和の維持方法は、権力の移行など国際政治の構造の変化に対して脆弱であるとか、力の均衡の力学から外れた国々にとって、あるいは緩衝国家の役割を担わされた国にとっては自国の安全保障上の不安は解消されず、その観点からは、持続的で本質的な平和をもたらすものではないという議論もある。

□　リベラリズム的アプローチ

　リベラリズムは、国際政治において経済関係や相互依存などの重要性が増す中、国家が安定的に国益を追求することを可能にするには、国際的な協力や相互依存、国際制度、民主主義などが重要な役割を果たすという考え方である。リベラリズムが提供する国際社会の平和と安定の論理には次のようなものがある。第一の考え方は、経済的相互依存が戦争のリスクを減少させるというものである。この考え方によれば、貿易や投資などの経済的結びつきは、戦争の損失（コスト）を増大させる。損失を回避し、それぞれが利益を追求するうえでは、紛争を避け平和を維持することがより有益である。

　第二の考え方は、国際的な紛争や緊張は、国家が明確かつ公正な
ルールや規範に基づく行動を通じて、緩和または回避されるという
ものである。第一次世界大戦と第二次世界大戦の戦間期に結ばれた
不戦条約（ケロッグ＝ブリアン条約、1928 年）は、各国が戦争を
しないことを約したものである。国際連合（国連）憲章やジュネー
ヴ条約（戦時国際法）などの国際法は、武力不行使や内政不干渉の
原則、自衛権や武力行使のルールなど、国家の行動の基準や禁止事
項を設定し、国際的な平和と安定を促進するための枠組みを提供す
る。

　国連は、加盟国間で、紛争の解決の手段として武力を行使しない
こと、お互いの内政に干渉しないことを国連憲章で取決め、同憲章
に違反し、国際の平和と安全に対する脅威が認定された場合には、
国連としてそれに対し制裁を行うことを定める。そしてこの取決め
によって紛争の発生を防止することが期待されている。このような
アプローチを集団安全保障という。なお、リアリズムのところで述
べた、同盟を通じた集団的自衛権と集団安全保障は、言葉は似てい
るがそのメカニズムは異なる。集団的自衛権は、主として同盟国間
で、共通の敵国に対して適用されるが、集団安全保障はその約束を
取り結んだ国々の間で、約束に違反した国に対し、枠組全体で制裁
を行うというものである。

　国連以外にも様々な政策領域において対立する利害を調整し、あ
るいはルールを取り決めて紛争を可否する多国間のメカニズムがあ
り、国家同士がお互い紛争の懸念なく安心して国益を追求すること
を可能にするために国際的な協力を進めることを促す。国際法や国
家間の取り決めあるいは規範などによってレジームが形成され、国
家が国際法やルールを遵守し協調的な行動を取るという期待が各国
間で共有されれば、各国の行動の予見可能性が高まり、無用な対立

や紛争を回避することができる。例えば核拡散の脅威に関しては、核兵器不拡散条約（NPT）があり、各国はNPTに加盟し核兵器を拡散させない／保有しないという約束を遵守し、リスクを低減することが期待されている。

このように、ルールの遵守や国際制度や組織が平和を支持すること、また制度や組織が、国家間の協調や情報の共有、信頼の構築を助ける役割を果たすことは、国際安全保障にとって有益である。

第三の考え方は、「民主的平和論」である。これは、「民主主義国家同士は互いに戦争をしない」という命題で、民主主義の国家が持つ国内の政治的な仕組みや価値観が、戦争を避ける方向に作用するという考えに基づいている。

このようなリベラリズムのアプローチに対し、民主的平和論や相互依存の仮説が当てはまらない事例を指摘する批判もある。また、国際法や国際的なルールが常に効果的に守られるわけではなく、遵守を確保する仕組みや実力が不足しているため、国家の生存という究極の利益がかかった場合や、相互の信頼が欠如する関係の中では、協力よりも自助が、外交や交渉よりも軍事的措置が優先されるとの議論もある。

□　コンストラクティビズム（構成主義）的アプローチ

コンストラクティビズムでは、国際政治における主要な概念は、社会的に構築される、すなわち国家や国際機関などのエージェント（コンストラクティビズムでは、行為主体（「アクター」）は「エージェント」という）の相互作用と認識によって成立していると考える。したがって国家間の関係や国際政治は、エージェントたちが互いにどのように行動するかという期待によって形作られる。この考えに基づけば、エージェントは客観的な脅威や力の均衡といった要

因によって安全保障を規定するのではなく、エージェントの間で認識を共有し相互に了解している状態（間主観性）の中で、アイデンティティや利益、脅威の認識、国家の安全保障などが規定され「構築」される。つまり安全保障の政策や行動は、純粋に軍事的なバランスだけでなく、エージェントたちの信念、アイデンティティ、対話、規範に基づいて決定されるのである。

　一方国際システムの規範や規則は、国家の行動に影響を与え、安全保障の認識を形成する。核兵器の使用をタブーとする規範を例にとってみる。広島、長崎に1945年に核兵器が使用されて以降、一度も核兵器が実戦に投入されたことはなかった。これは、核兵器を使用することによる悲惨な結末を核保有国の指導者が認識し、核使用と躊躇したこと、そしてこのような不使用の歴史が蓄積されたうえで、「核のタブー」が規範として定着したという議論がある。このような規範の下で、その理念を体現すべく、核実験の禁止を規定する包括的核実験禁止条約（CTBT）や核兵器の拡散を防止するNPTなどの条約が結ばれた。さらに近年では核兵器禁止条約（TPNW）が発効した。そしてこれらの条約は国家の「適切な」行動を明示的、暗示的に規定し、規範が公式化される。なお、規範は時間とともに変化し、新たな規範が受け入れられたり、古い規範が拒否されるようになる。

　また、気候変動や人権や難民といった、グローバルなレベルで協調的な取り組みを強化する必要がある問題において、それらを安全保障問題と位置付ける言説や議論を経て、国際社会の関心を高め、取り組みの優先順位を上げようとする行動がある。これをコンストラクティビズムでは「安全保障化（securitization）」という。

　ただし、コンストラクティビズムは、国家の行動の源泉となるアイデンティティや文化・歴史的背景、利益認識や規範について説明

するアプローチ（枠組み）であり、実際に国家間の関係性がどう作用し、どのような結果をもたらすのかという原因と結果の直接的な因果関係については必ずしも説得的な説明を提供するものでないことは留意すべきであろう。また、国際政治における対立は、価値観の相違やそれに由来する利益の相違に起因するものも少なくなく、価値の共有はそれほど容易ではない。

□　国際社会の安定に向けて

　現在の国際政治は、アメリカとロシア、中国といった大国間の対立や、中東や東アジア、南アジアのように地域各国の相互不信や利害の対立、それに気候変動や難民問題など、数多くの問題を抱えている。地域紛争や不安定な状況が大規模な戦争に発展するリスクは小さくない。対立する戦略的利害、各国によって優先すべき課題が異なる一方、グローバリゼーションとそれに伴う経済的、社会的相互依存関係の中で、紛争や対立は相対するいずれの側にとっても損失をもたらしかねない。

　どのように対立の激化を回避し紛争を予防するのか、そして不幸にしてもし武力衝突が発生してしまったらどのように収束させ、また被害を限定し、また社会の再構築を行っていくのか、具体的な措置を考えていく必要がある。

　それらの措置とは、自国の軍事力の増強、他国との同盟関係の構築といった軍事的な手段だけではない。国連のような集団安全保障の枠組み、国際法や規範による国家の行動の規制・自制を促すといった制度的・法的手段がある。また、危機を回避したり、紛争や対立を非暴力的に解決するための対話や交渉、いったん紛争が始まってしまった場合に中立的な第三者が介入し、対立する双方を仲裁・調停、国際的な取り決めや決議に違反する国・組織に対して、経済

的や政治的な制約を課す制裁など強制、非強制の様々な政治的・経済的手段がある。

　さらに、紛争の火種を抱えた地域や社会に対しては、経済支援や平和構築といった政策を通じて、紛争の原因となる経済的な困窮や異なるグループ間の対立を緩和する和解、あるいは、統治機構の能力強化を通じた公正な力や富の配分を可能にするメカニズムの構築を行うこともある。

　万が一対処を誤れば人類の破滅にもつながりかねないような核兵器の存在や、我々の生活の持続可能性に大きな影響を及ぼしかねない地球環境問題、また日常的に人権の抑圧が発生する紛争が各地で頻発している現在、国際社会の多様なアクターは、短期的にはそのような脅威が顕在化し被害をもたらさないための危機管理を行いつつ、不断の取り組みによって平和を維持し、より安心な社会の構築に取り組まなければならない。そのために何をすべきなのか、何ができるのか、研究、議論、対話を重ねていく必要があろう。

■　読書案内

　国際安全保障を学ぶためには、歴史、理論、個別のイシューについて幅広い知識が求められる。それらを初学者向けにわかりやすく解説したのが、村田晃嗣・君塚直隆・石川卓・栗栖薫子・秋山信将『国際政治をつかむ（第三版）』（有斐閣、2023年）である。また、中西寛『国際政治とは何か　地球社会における人間と秩序』（中公新書、2003年）は、国際社会の全体像を国際政治学の分析の枠組みを用いて多角的に説明している。

【秋山　信将】

4 国際政治経済学

◆ 現在の国際政治を理解するために

　国際政治を形成するうえで、経済は重要な役割を果たす。中国が国際政治における主要アクターとして浮上したのは、1970年代終わりから続く高い経済成長を土台に軍事力を強化させてきたためである。冷戦後国際秩序の根幹と考えられてきた自由主義規範（自由、民主主義、法の支配、人権保護などを重視する考え方）が特に先進国で強く支持されてきたのは、こうした規範が経済発展ののちに共有されるようになるためであると論じられることが多い。

　他方、経済を形成するうえで、国際政治も重要な役割を果たす。米国が撤退した後の環太平洋パートナーシップ協定（通称CPTPP）が締結できたのは、日本が外交上のリーダーシップを取り政治的な駆け引きをまとめ上げた影響が大きい。中国が借款を提供する対象国は、政治・安全保障上の戦略にも基づいて計算されている。こうして、政治と経済は、相互作用によって国際関係を形成し、その連関は看過できない重要なものである。

　本章では、国際関係における経済と政治の連関を扱う国際政治経済学について、現在の国際政治を理解するうえで特に有用であると思われる相互依存、グローバル化、経済格差、貧困と援助、そして国際交渉の点に焦点を絞って紹介する。

□　相互依存の影響理解とその変遷

　国際関係に重大な影響を及ぼしている経済現象として、まずは相互依存に言及する必要がある。相互依存とは、単に互いに通商を行

っている状態に留まらず、一国の国益が他国の行動から影響を受けるという、コストを伴う関係性を意味する。このコストがどのような政治的帰結を生むかについては、様々な議論が展開されてきた。

　相互依存論の源流である18世紀後半から19世紀の古典的啓蒙思想においては、自由貿易とそれによる国際的な貿易拡大が秩序と平和をもたらすとの考えが規範的観点から議論された。アダム・スミス（Adam Smith）は『国富論』（1776年）において、個々人が自己の経済利益を最大化しようとすれば経済効率が上がるとし、それによって共同体の利益と個人の利益には一致が見られるようになるという利益調和説を論じた。スミスの影響を受けて研究活動を行ったデヴィッド・リカード（David Ricardo）は、完全に自由な貿易が行われれば各国における生産活動は自国の得意分野に特化していくとし、各国がそれぞれ持つ比較優位に基づいた国際分業体制が形成されると議論した。

　ノーマン・エンジェル（Norman Angell）はこうした経済分野の議論をさらに発展させ、『大いなる幻想（The Great Illusion）』（1913年）において、自由貿易を推し進めることで戦争の可能性も低下すると論じた。国家間の相互依存状態が深化すれば、戦争によって貿易を止めるコストが高くなり過ぎると考えられたためである。エドワード・モース（Edward Morse）も、工業化の進展により各国間の相互依存が深化すれば、対外行動におけるツールは軍事ではなくローポリティクス（非軍事・政治分野）に移行していくと考えた。こうして、自由な経済活動の拡大は、平和と秩序の安定に資すると考えられたのである。

　これらの議論が経験に基づく実証研究というよりも希望的観測を含んだ規範的研究という色彩を持っていたのに対し、相互依存論をより実証的に分析した議論として、ロバート・コヘインとジョセ

フ・ナイ（Robert Keohane and Joseph S. Nye Jr.）の『パワーと相互依存』（1977年）がある。コヘインとナイは、非国家主体から国家主体まで多層的な主体が相互に連結するようになった複合的相互依存の時代には、国際関係のイシューに序列をつけることが容易でなくなり、軍事力の重要性は変わらないながらも、軍事的手段が必ずしも他の手段に優先するわけではなくなったと論じた。そして複合的相互依存状態は国家の自律性を低下させ、各国は他国の政策に対する敏感性と脆弱性を高めていると議論した。

　しかも、相互依存関係は必ずしも対称的なものとはならない。一方が他方に対して依存度をより高めるということは往々にして起こる。コヘインとナイは、他国への依存度が低く敏感性・脆弱性が低い国は高い政策的自律性を維持することができ、他国に対して影響力を行使できる立場に立つと指摘し、非対称的相互依存をパワーの源と位置付ける議論を展開した。尖閣問題で悪化した日中関係を受けて、中国政府が2010年に日本に対するレアアース輸出を停止したことなどは、レアアースという希少資源に関する日本の対中依存を利用して日本に影響を与えようとした実際の事例である。それまでの相互依存論が、国家に与える絶対利得を論じた自由主義的議論であったのに対し、コヘインとナイの議論は、非対称的相互依存関係が国家にもたらす相対利得の観点を論じた、現実主義的自由主義の議論であったと言えよう。

　この議論はアルバート・ハーシュマン（Albert Hirschman）が『国力と貿易構造』（1945年）で展開した議論と同じ方向性を向いているものと言える。ハーシュマンは本書において、貿易を行うことは、単に他国に対して物資を供給するという「供給効果」を持つにとどまらず、当該国家に対する政治的影響力を持つという「影響効果」にも繋がると論じた。近年ではその傾向が加速しているとの

議論が増えている。例えばヘンリー・ファレルとエイブラハム・ニューマン（Henry Farrell and Abraham Newman）は、戦略的優位のために国家が情報・金融ネットワークを利用することが増えており、相互依存の武器化が見られると論じる。

　相互依存がもたらす帰結は政治的影響にとどまらず、場合によってはかえって戦争を引き起こすことすらあると論じたのは、デール・コープランド（Dale Copeland）である。コープランドは『経済的相互依存と戦争（Economic Interdependence and War）』（2015年）において、貿易によって産業の専門化が各国で起こると、貿易停止のリスクが増大すると指摘。こうした状況で貿易が継続されないという見込みが生じれば、戦争という最終手段に訴える可能性が増大すると論じた。第二次大戦前に米国、英国、中国、オランダの四か国がいわゆる「ABCD包囲陣」を築いて日本への資源輸出を停止することで日本の南進を止めようとした事例などを、資源のない日本が戦争という手段を選択せざるを得なくなったという意味でコープランドの議論を支持する典型例であると位置づけている。現実主義および政治心理学の観点に基づいた議論である。

□　グローバル化と国家主権

　相互依存の議論では、基本的には国家という同質的な主体同士が相互の関係性を強めることが想定される。コヘインとナイの複合的相互依存の議論のように多様な主体を想定する議論も皆無ではないものの、彼らの議論においても主眼は国家間関係に置かれていた。しかし実態としての国際社会はそのような単純な図式ではなく、国家に加えて企業、非政府組織（NGO）、さらには個人などの多様な主体が、経済、金融、情報、ヒトなど、あらゆるものを越境的に頻繁にやり取りする、多層的・多角的なグローバル化状態にある。

　グローバル化の政治的帰結の一つは、国家主権の弱体化である。主権は、国際関係にとって中心的な重要性を持つ規範である。スティーブン・クラズナー（Stephen Krasner）は『主権（Sovereignty）』（1999）において、国家主権を国内的主権、相互依存的主権、ウェストファリア的主権、国際法的主権の 4 側面から定義している。このうち相互依存的主権とは、国家が国境を管理し、モノ、ヒト、カネ、情報などの流入・流出を遮断することと定義される。全ての物流や情報を国家が管理・規制することは不可能であり、こうした流れを管理できる程度が議論の対象となっている概念であるが、グローバル化の進展により各国の相互依存的主権が低下したことは間違いない。国家以外の主体の重要性が増し、各々が各自に動きを取る。多国籍企業は国境を超えて企業活動を行い、そのサプライチェーンも多国にわたる。個々人がネットショッピングなどで海外の物品を購入することも当たり前になっている。

　グローバル化がもたらした政治的帰結としてはまた、国際問題のさらなる複雑化も指摘する必要がある。技術が安価になるにつれて、情報通信速度は飛躍的に向上した。インターネットにアクセスしやすくなったことで、個人、非国家主体、国境を越えた主体など、あらゆるレベルの主体にとって、国家や国際関係全体に影響を与えることが容易になった。イスラム国などのテロ組織はソーシャルメディアを通じて対外宣伝を行い、テロ要員のリクルート活動を世界的に行う。これによりイスラム国のテロ活動を継続させるのみならず、活動場所も多様化し得る。個人やトロールファームによる偽情報の拡散も、各種問題の解決を困難にする。2023 年 10 月にハマスがイスラエルを攻撃すると、親イスラエル的偽情報と親パレスチナ的偽情報を拡散するインフルエンサーが世界中で噴出し、真実と正当性の所在を混乱させて国際社会としての対応を難しくした。

□　経済格差、ポピュリズムと国際秩序

　グローバル化は各国内における経済格差も拡大した。グローバル化の波に乗る企業や人物と、それができない企業や人物の明暗を分けためである。グローバル化によって経済状況がさらに厳しくなった人々は「グローバル化の敗者」と論じられる。

　フランシス・フクヤマ（Francis Fukuyama）は『アイデンティティ』（2019 年）において、人々は他人と対等な存在として尊重されたいという承認欲求（アイソサミア）と、他人よりも優越的な存在として認められたいという優越願望（メガロサミア）の二つに突き動かされると論じる。経済格差が拡大し相対的貧困の問題が深刻化すればするほど、アイソサミアが人々を突き動かすことになる。

　グローバル化の敗者は、承認欲求に駆られて他の形でアンダークラスを定義しようとする。移民流入の原因と目した欧州連合からの離脱に英国民が賛成したことも、「国境の壁」を建設して移民の流入を防ぐ政策を取ったドナルド・トランプ（Donald Trump）を支持するトランプ主義者が米国で大量に出現したことも、承認欲求に突き動かされた動きであった。

　しかも、承認欲求を利用して人々の支持を動員しようとする政治家も出現する。インド政府がマイノリティであるイスラム教徒に差別的な政策を次々と打ち出すのは、同国で大多数を占めるヒンズー教徒の支持を取り付ける方法として、それまで政治的に動員されてこなかった低カーストの人々の承認欲求を満たすためである。こうしてグローバル化による経済格差の拡大は各国における市民的自由を大幅に弱体化させ、「民主主義の不況」（ラリー・ダイアモンド（Larry Diamond）『侵食される民主主義』（2022 年））と呼ばれる状況を引き起こした。

　こうした動きを理解する上で最も重要な概念の一つがポピュリズ

ムである。ポピュリズムの定義には論争があるものの、カス・ミュデ（Cas Mudde）はこれを「反エスタブリッシュメント、権威主義、ネイティビズム」という 3 つの中核的特徴を持つ思想であると捉える。ポピュリスト政治家は、変化をもたらすことができるのは自分だけだと強弁し、既存の制度を迂回して支持者の声を反映する政策を施行しようとし、排外主義的な政策を実施する。エスタブリッシュメントが形成したディープステートなるものにメスを入れ、米国を取り戻すことができるのは自分だけだと唱え、反移民などの政策を推進したトランプ大統領は、ポピュリストの典型例である。

　2000 年代後半に入り、世界のほとんどの民主主義国においてポピュリズムが台頭するようになった。ポピュリスト政党が与党となり、ポピュリスト政治家が大統領となった国においては、排外主義の影響から一国主義的な傾向が表れ始める。トランプ大統領が環太平洋パートナーシップ協定（TPP）、および国連人権理事会やユネスコなどの国連の枠組みを脱退したのは、一国主義が顕著に表出した例である。ブラジルのジャイール・ボルソナーロ大統領（Jair Bolsonaro）も、多国間協調を軽視して外国訪問すらほとんどしなかった。こうして、グローバル化による国内経済格差の拡大は、国際協力を困難にした。

　権威主義的傾向を持つポピュリスト政治家は、批判を受けることを嫌い、市民社会やメディアも抑圧する。NGO の資金源が絶たれ、フェイクニュースの制御などを口実にメディアの取り締まりが行われ、ジャーナリストが殺害されてきた。これらの政治家は透明性や説明責任も嫌い、偽情報を拡散して真実の所在を分かりにくくする。ジョン・アイケンベリー（John Ikenberry）が冷戦後に強化されたと論じていたリベラル国際秩序はその影響により、2000 年代後半から、その構成要素たる民主主義、人権、法の支配、市民社

会、多国間主義などを全て弱体化させてきた。

□　貧困、援助と国際政治

　では、こうした国際政治経済の潮流のなかで、貧困問題はどのように変化してきたのか。2008 年に出版された『最底辺の 10 億人』において、ポール・コリア（Paul Collier）は、40 年前には豊かな国々に住む人口 10 億人に対して貧困国人口が 50 億人であったものが、2000 年代には 50 億人が発展する国々で暮らすようになり、最底辺にいる人々の数は 10 億人に減少したと論じていた。ただし、最底辺の 10 億人が置かれている状況はさらに過酷になっていると指摘し、紛争、天然資源、地理、統治のあり方など、様々な要因が貧困の「罠」として作用していると論じた。

　それから 15 年が経過し、状況が緩和されたと言えるかと言えば、残念ながらそう結論づけることは難しい。世界人口の大半が中所得経済圏に住んでいることに鑑みて中所得国を基準に貧困ラインを引き直せば、世界人口のほぼ半数が 2022 年時点で、一日 6.85 米ドルの貧困ライン以下で暮らしていると世界銀行は述べている。背景には、前節で論じた経済格差の拡大がある。格差は特にラテンアメリカ、アフリカ、および東南・南アジアにおいて拡大している。

　世界における貧困状態の変化を受けて、国際援助政策も徐々に変化してきた。1960 年代には新古典派成長理論に基づく援助が主流となり、道路などの経済インフラへの投資が積極的に行われていた。経済インフラを整備することで産業化が加速して貿易拡大に繋がり、これが国民所得を増加させて市民の生活水準を押し上げると考えられていたためである。この議論は利益が一般市民にまで滴り落ちるものとして「トリクル・ダウン（trickle down）」と呼ばれた。トリクル・ダウン理論に基づいて行われていた援助は、経済イ

ンフラに向けた借款が中心であった。

1970年代になると、トリクル・ダウンの考え方に対する批判が高まり、ベーシック・ヒューマン・ニーズ（Basic Human Needs：BHN）を直接支援し絶対的貧困からの脱出を手助けすることが必要だと考えられるようになった。BHNとは、生きるのに最低限必要な基礎生活分野を指し、食糧や水、住居、衣服をはじめ、衛生、医療や保険、教育といったものが含まれる。ただしこれらは援助プロジェクトとしての収益性が低いことから、借款供与によって支援することは困難であった。そのためBHNを対象とした無償資金協力が拡大していく。

1980年代になると、国際援助潮流は構造的な問題に目を向けるようになる。資源配分や価格を最適化させて経済成長を促すためには自由経済が必要であるとの考えが強まり、構造調整プログラムと呼ばれる援助の取り組みが加速していった。自由経済に必要な要素として重要視されたのは企業の民営化、貿易・投資の自由化、政府調達の自由化などであった。こうした自由主義的経済秩序を重視した中核的アクターが米国のワシントンDCに本部を置く世界銀行や国際通貨基金、および米財務省などであったことから、この信念は「ワシントン・コンセンサス」と呼ばれた。

その後2000年には国連ミレニアム・サミットで「ミレニアム開発目標（Millennium Development Goals：MDGs）」が採択され、2015年までに貧困撲滅、初等教育の普及、ジェンダー平等など、8つの目標を達成することとした。2015年にはMDGsの後継として持続可能な開発目標（Sustainable Development Goals：SDGs）が国連で採択され、2030年までに達成すべき17の目標が掲げられた。

他方、援助ドナーの多様化に伴い、援助と安全保障戦略の関係性を等閑視することはできなくなった。20世紀に行われていた対外

援助は主に先進民主主義国によって行われたもので、これらドナーは経済開発協力機構（Organisation for Economic Co-operation and Development：OECD）の開発援助委員会（Development Assistance Committee：DAC）に所属し、DAC が重視する説明責任や透明性を重視した援助モデルを採用していた。しかし非西欧諸国の経済発展を受けて中国、インド、アラブ諸国などの新しいドナーによる援助が拡大していくと、これら諸国は DAC に加盟せず、DAC の援助モデルからは距離を置いた援助を展開していくようになった。

　なかでも特に際立つのが中国である。2000 年代に中国は援助や投資を産油国などの資源国に集中させ、天然資源を保有するアフリカ諸国の輸出を大幅に増加させ、天然資源の無い国々との経済格差を拡大させた。しかも非 DAC 加盟国として援助プロジェクトにおいて労働、環境、人権などに関する規定を設けず、これらの観点で問題を多発させた。

　2017 年には中国は一帯一路構想を掲げ、中国からの投資を中東、欧州、アフリカに集中させ、これら地域を繋げる陸路および海上の経済ベルトを構築しようとした。その借款規模から多くの途上国が賛同したが、借款の利率に関する情報透明性が担保されないまま高い利率が課せられたことなどから、途上国の多くが中国に対する過剰な債務を背負うようになっていった。そして債務帳消しの条件として中国の借款で整備されたハンバントタ港の運営権を中国企業に渡したスリランカなどの例が発生すると、中国による借款は「債務の罠」を構築して戦略インフラを押さえようとしているとの批判が高まった。

□　貿易と交渉

国際場裏において政治が経済に与える影響も、当然のことながら

あらゆる分野で見られる。その中で国際政治を理解する上で非常に有用な分析枠組みを提供しているものとして、ロバート・パットナム（Robert Putnam）の2レベルゲームの議論が挙げられる。サミットを巡る国際交渉プロセスを分析したパットナムは、1988年に発表した「外交と国内政治（Diplomacy and Domestic Politics）」において、国際交渉では2つのレベルのゲームが同時に展開されると論じた。レベル1は国際交渉のゲームであり、協定や合意に至る交渉者間のバーゲニングの過程を指す。そしてレベル2は国内ゲームであり、国内において合意を調達するための国内諸勢力による批准の過程を指す。この2つのレベルのゲームが行われる過程で、国内におけるウィンセット（win-set）が重要な役割を担う。ウィンセットとは、国内の有権者によって認められるであろうと想定される合意範囲のことである。このウィンセットのサイズは国内における利益団体などの連合の分布状況、代表機関の性質などによって左右される。そして交渉者はこのウィンセットの範囲内でしか自律的に行動することができない。

　ただし、交渉者はウィンセットのサイズを変化させることもできる。ウィンセットのサイズを変化させるのに有効な戦略として挙げられているのは、第一に、相互作用的イシュー・リンケージ（synergistic issue linkage）の戦略であり、第二に、国内のウィンセットを再構成する戦略である。国内のウィンセットを再構成するための戦略として具体的に考えられるものとしては、補助金（side-payments）を出す、党の規律を強制する、政治団体を選択的に動員する、合意に関する情報操作を行うことによって国内のバランスを変化させる、などといった戦略がある。

　これに対してヘレン・ミルナー（Helen Milner）は、『利益、制度、情報（Interests, Institutions, and Information）』（1997年）に

おいて、各国がいつ、どのような形で協力するかを理解するためには、行政府、立法府、利益集団という国内主体がそれぞれ持つ政策選好、国内主体間権力共有のための制度、国内主体間の情報分配を考察する必要があると論じる。国内の多主体性に焦点を当てた議論である。

経済は人々の行動を規定する根本要因の一つであり、国際場裏における政治と経済の連関はあらゆる分野で見られる。本章で紹介した側面は、それらの一部に過ぎない。政治体制が海外直接投資行動に与える影響、産業が環境や人権といったグローバルイシューに与える影響、企業を巻き込んだグローバルガバナンスの取り組みなど、国際政治経済は国際政治をダイナミックに突き動かし、安全保障問題の基幹を形成する。国際秩序の変動期に直面した国際社会を理解するために、国際政治経済に関してさらなる学びを深めて頂ければと思う。

■　読書案内

E・H・カー『危機の二十年』（岩波書店、2011 年）。二つの大戦の戦間期である 1939 年に出版された書籍で、国際政治学の基礎を形成した一つ。経済状況の変動は国際政治にダイナミックな変化をもたらし得るが、今日の国際政治経済状況は戦間期のそれと似た部分があると指摘される。今日の国際政治経済を理解するうえで、戦間期の国際政治経済状況を色濃く反映して記された本書が良い指南書となるであろう。

【市原　麻衣子】

5　国際関係史
◆　アジア主義と日本外交のオルタナティブ

　大学で学ぶ意義とは何であろうか？　あるフランスの知識人は「異なる社会に出会う」ことだとした。確かに大学は出自の異なる人々が集まり、互いの思想・信条・価値観・趣向・アイデンティティなどを尊重しながら、真理と普遍的な価値を探求する知的社会だ。多様な背景を持つ教員により、新たな学説や観点が提示され、「目から鱗が落ちる」自己相対化の体験をしながら「共に未来を語る場」が提供される。外国人が日本外交史を教えることのできる「不穏さ」こそ、大学の教養の真髄だ。その意味で、ユニバーシティの重要な価値はダイバーシティ（多様性）とトレランス（寛容さ）にあるといえる。そして、これらを重視する学問分野の一つが国際関係史だ。

　本節では、国際関係史における日本の存在について、「他者としてのアジア」の観点をふまえて考察する。以前ある留学生は日本に外交などあったのか？　と問うた。戦前は戦争ばかりで、戦後はもっぱら「対米追従」だったのではという指摘だ。確かに日本は、学説でも受動的な「状況反応的国家（reactive state）」とされ、国際舞台で日本が主体的役割を果たすシーンを見ることは稀だ。だが、近代日本は東アジア国際秩序の形成に大きな影響を与え、アジア主義はアジア発の思想としての可能性をもっていた。戦後も時には自主的な外交を展開したり、構想面で現代に生かせるオルタナティブを志向する一方、「不作為」による責任も大きい。現在も日本は、アジア及び世界の運命にとって極めて重要なアクターであることに

は変わりない。従って、オルタナティブという観点から近現代の日本外交を振り返り、今後の課題について考えてみたい。

□　「西洋の衝撃」と日本の対応

　東アジアの中華帝国を中心とする「伝統的華夷体制」は、「礼」に基盤をおく国際秩序で比較的平和で安定していた。18世紀の思想家アダム・スミスも、中国がヨーロッパのどこよりも豊だとしていた。だが、「西洋の衝撃（The Western Impact）」（実際には軍事力と不平等条約を盾にした帝国主義的膨張政策）によってこの秩序は動揺し、朝貢冊封から無政府的な関係へと再編を余儀なくされた。近代とは、西欧が自らを「普遍」、「文明標準」として認識し、非西欧圏に対しても認識を強要していく過程だ。（石田雄『日本の社会科学』東京大学出版会）西洋近代国際秩序は、建前上は独立対等な主権国家を構成メンバーとしつつも、事実上は欧米諸国しか想定しておらず、非西欧諸国に対してはフルメンバーシップを認めていなかった。当時の世界秩序は、欧米諸国における「国際社会」と植民地主義を基盤とする「帝国秩序」との二重構造だったのだ。

　「西洋の衝撃」に対して日本では二つの反応が現れた。近代の時流を受け入れ、西洋化と富国強兵を目指す「脱亜」と、アジアと連帯して西洋の侵略に立ちむかうという「興亜」の流れだ。脱亜の代表的論者である福沢諭吉は「脱亜論」（1885）において、朝鮮、中国という隣国を「悪友」とし、（帝国主義、植民地主義の）西洋人と同じ方法で対処すべきと主張した。当初は朝鮮から留学生を受入れ開化派を支援した福沢だが、その挫折に伴い近代化できない「固陋なアジア」を見切ったのである。福沢は日清戦争を「文明と野蛮」の対決と規定したが、日清戦争の歴史的意義は、日本の勝利により「伝統的華夷体制」が崩壊し、東アジアに主権国家体系である

近代国際秩序が導入されたことだ。東アジアは未来永劫に続くと思われた中華世界から解放されたのだ。近代・文明を是とする立場からすれば、福沢は1万円札の顔になるほど先覚者といえる。だが日本だけでなく、他者の朝鮮の視点も合わせて考慮することによって歴史を構造的に理解することができる。米国の歴史学者ブルース・カミングスは、次のように指摘する。

　　「『生きたい。義を守りたい。しかし、両方を手にすることができなければ、生を捨て義を選ぶ』（孟子）という信念をもっていきていた儒者たちにとって、自らの生存のために「富国強兵」に邁進せよというのは、文明世界から抜け出して、野獣の世界に入ることぐらい受け入れがたい困難な変化であった」（ブルース・カミングス『現代朝鮮の歴史』明石書店）

　すなわち、当時の朝鮮は単に「固陋」だったのではなく、西洋が押し付ける近代の暴力性をいち早く見抜いており、むしろ「アジア的価値」である仁、義、礼を捨て、同文同種である隣人を喰いものにする日本に失望していたのだ。近代日本に倣い断髪令が出された際にも、朝鮮の儒者は「首を切られても髷は切れない」と反発した。これを旧態依然な「アジアの固陋」と見るのか、近代の押し付けに対する「主体的な抵抗」と見るのか、現在のイスラーム世界に対する西側のまなざしとも重なるテーマだ。

□　「東西文明二元論」とアジア主義の思想的可能性

　米国で国際関係史を教えた入江昭は、日本外交において唯一思想と呼べるものが「東西文明二元論」だとした。文明は西だけでなく、東にもあることを主張するこの思想は、欧米の強制する近代的「普遍主義」に対して、各々の民族や地域世界の側からの異議申し立てと対抗価値の提示という歴史的意義をもっていた。ただ、世界

には東と西以外の地域と文明があり、「東」の中にも日本だけでなく他の文明もありうるという、真の意味での「多元主義」には至らなかった。この東西文明二元論に基づき、近代西欧国際秩序の排他的性格に対抗する形で、19世紀後半の日本では「興亜」としてのアジア主義的な思想が現れた。アジア主義とは、「欧米列強の支配干渉からアジアを解放するため、日本を盟主としてアジアの連帯を目指した思想」（平石直昭）だ。アジア主義は多様で様々な思想、運動、傾向があったが、ここでは、最も代表的な岡倉天心のアジア主義についてみてみよう。

　東京美術学校校長を務め、1898年に横山大観らと日本美術院を創立した天心は、美の世界までも西洋化する近代日本を後にして、日本の美の源流である東洋の美を求めて、中国、インドを旅した。中国では、「西洋かぶれ」しない中国人の芯の強さを「鉄面皮」と表現し、ヤオトンの集落を訪れては自然と調和する伝統的な生き方に共感を示す。また上海では、在中日本人の西欧人と中国人に対する態度の違いに憤慨し、「中国人に対する侮蔑的な態度は日中親善の道にあらず」とした。インドでは民族主義者と交流し、インドの対英独立運動にも加担した。天心は『東洋の理想』（1903）で「アジアは一つ（Asia is one.）」だと宣言し、『東洋の覚醒』（1902）では、アジア民族の解放は、近代西洋文明の模倣や外国の援助によってではなく、各自が自己固有の伝統の内部に再生の種子を発見することによって可能になると主張した。「ヨーロッパの栄光はアジアの屈辱」とした天心のアジア主義の真骨頂は、次の文章にみてとれる。

　　　「西洋人は、日本が平和のおだやかな技芸に耽っていたとき野蛮国とみなしていたものである。だが、日本が満洲の戦場で大殺戮を犯しはじめて以来、文明国と呼んでいる。（中略）も

しもわが国が文明国となるために、身の毛もよだつ戦争の栄光に拠らなければならないとしたら、われわれは喜んで野蛮人でいよう」（岡倉天心著、桶谷秀昭訳『英文収録茶の本』講談社）

これは日露戦争後の列強の日本に対する態度の変化を指摘したもので、「文明の野蛮性」を批判した先の朝鮮の儒者の問題意識とも重なる。ここに、アジア発の普遍的価値とアジア主義の思想的可能性を見出すことができるのではないだろうか。だが、天心の「文明対抗論」と「日本＝解放者」というイメージは、後の大川周明など大アジア主義に継承され、大東亜共栄圏に利用されていく。

□　アジア主義の矛盾とオルタナティブ

アジア主義の思想は、アジア的前近代性を克服しながらもアジア的価値を再発見し、ヨーロッパ発の近代の克服を目指したことに歴史的意義がある。だが、「アジアの勝利」とされた日露戦争後、日本は善隣友好国だった韓国を保護国化し、フランスなど帝国主義勢力と提携した。日本を拠点に独立運動をしていたアジアの民族主義者は大いに失望した。中国の劉師培は「日本はアジアにおいて、朝鮮の敵であるだけではない。同時にインド、ベトナム、中国、フィリピンの公敵である」（「亜州現勢論」）と批判した。西欧の帝国主義に対抗しアジアの解放と独立を謳ったはずのアジア主義は、韓国併合により日本が植民地帝国になったことで深刻な自己矛盾に陥った。韓国併合を合法か不法かという法律論だけでなく、日本外交の貴重な理念とソフトパワーが損なわれたという点から評価することも必要だろう。

とはいえ、アジア主義を掲げる日本に対して西欧の知識人のなかには大きな期待を寄せる者もいた。例えば、フランスの思想家ポール・リシャールは「日本の児等に」（大川周明訳）で日本の世界史

的使命について熱く語った。リシャールは、アジアで唯一自由を失わなかった日本人が、アジアに自由を与え、世界の隷属の民のために立ち上がれと述べた。そして、「新しき科学と旧き知慧と、欧羅巴の思想と亜細亜の思想とを自己の裏に統一せる唯一の民」である日本が、二つの世界を統合せよと説く。その上で、日本は自由アジアを結集しその盟主になり、対中政策では「此国のために汝が奪還せるものを恵与せよ。他国が暴力を以て此国より強奪せるものを、汝は無償にして此国に与へよ」、そうすれば、「汝は範を万国に垂る」ことになり「万国汝の前に跪拝」するだろうとし、その上で、アジア諸国が自由を得るために「最初の解放者」になれと注文した。現代風にいえば、日本に「ソフトパワー外交」を展開せよと求めたのである。

　リシャールの提言は、孫文に最も信頼され、中国で最も尊敬される日本人といわれる革命家・宮崎滔天へ継承された。滔天は「リシャール君の言の如く、徹底せる人道主義を基礎とせる亜細亜聯盟の主唱者となり、朝鮮を解放し台湾を解放」せよと主張し、植民地帝国を否定する大亜細亜主義を唱えた。ジャーナリストの石橋湛山も、日本の領土を旧来の主要四島に限定し、経済的合理主義に立脚した平和的発展論を標榜し、満州・朝鮮など全植民地の放棄、21か条要求やシベリア出兵の反対などを訴える「小日本主義」を掲げた。石橋は、アジア人は「日本人が、白人と一所になり、白人の真似をし、彼らを圧迫し、食い物にせんとしつつあることに慣慨しておる」、「日本人がどうかこの態度を改め、同胞として、友として、彼らを遇せんことを望んでおる」（石橋湛山『大日本主義の幻想』（1921 年））とアジアの心情を的確に理解していた。

　以上のように、戦前の日本にも帝国主義や軍国主義勢力だけでなく、オルタナティブな志向もあった。もちろん、これらが現実の日

本外交の路線にはならず、滔天が警告したように「過激派と提携して欧米の国家主義に当たる」ことになってしまった。リシャールも晩年に、「神の子の自覚をもった世界唯一の日本が、中略、神を無視し人間を動物視したことは残念の極みである」と述べた。とはい英国の高名な歴史家アーノルド・トインビーは、「アジア・アフリカを200年にわたって支配してきた西洋人は、あたかも神のような存在だと信じられてきたが、日本人は実際にはそうでなかったことを、人類の面前で証明した。これはまさに歴史的な偉業であった。…日本は白人のアジア侵略を止めるどころか、帝国主義、植民地主義、人種差別に終止符を打ってしまったのである」（英紙 The Observer 1956.10.28）と評価した。仮に滔天や石橋の主張通りになっていれば、日本はモラル・プレステージ（道徳的威信）を獲得し、日本とアジアの歴史は全く別のものになり、アジア・太平洋戦争で犠牲になった2000万人の尊い命が救われたかもしれない。

□　「戦後日本外交」の理念とソフトパワー

　戦前アジアで唯一近代化に成功した日本は、戦後はアジアで唯一の平和と民主主義を理念とする国家へと変貌した。ドイツと違って分断を免れた日本は冷戦の開始と共に復活し、冷戦構造の中でアジアにおける反共の防波堤として米国の冷戦戦略の補完役を務めた。そのような戦後日本ついて、（「米帝国」の）「下請けの帝国」（酒井直樹『ひきこもりの国民主義』岩波書店）として再びアジアに君臨したといった批判的見方も存在するが、ここでは戦後日本が果たした肯定的な役割と理念についてみてみよう。

　第一が日本のソフトパワーの最大の源泉といえる平和主義だ。近代以降、アジアでは戦争が絶えることがなく、日本はそのほとんどに参戦し50年間戦争ばかりしていた。だが戦後日本が平和国家に

なると、冷戦構造下でも曲がりなりにアジアに平和環境が醸成された。中東・アフリカなどで紛争が繰り返されるなか、東アジアでは大規模な衝突が少なかった要因として、日本の平和主義は積極的に評価されるべきだ。一方、憲法第九条は不戦の誓いだけでなく、アジアに対する謝罪の意味もあり、アジアが日本を赦し信頼する砦になっていた側面もある（例えば、『映画　日本国憲法』）。近年、安保環境の変化により日本では憲法改正に対する抵抗感が弱くなった。だが、平和憲法は「戦前との決別」を象徴する戦後日本の看板であり、アジアの平和体制にも大きな影響を与えるという意味で、日本だけではなく「アジアのもの」でもあるという認識も必要だ（例えば、李京柱『アジアの中の日本国憲法』勁草書房）。従って、日本の軍事化が国内外に何をもたらすのか歴史構造のなかで注意深く吟味されるべきであろう。

　第二は「経済外交」だ。戦後日本は軍事力ではなく経済と文化を通じて、国際的な地位を高める路線を選び、日本はアジアの未曾有の経済成長のエンジンとなった。それは脱植民地化の過程で援助を必要とするアジア諸国のニーズに叶うもので、軍事力を背景にするパワーポリティクスから相互依存や地域主義（リージョナリズム）を基盤とするリベラルな国際秩序への構造的変動の潮流とも合致していた。吉田茂は戦時賠償を「投資」だとしたが、「過去の清算」により、アジアは経済開発を日本は経済的利益を得た。例えば、1965年の日韓国交正常化の際、日本は韓国に5億ドルを供与したが、その後の日本の対韓貿易における黒字累計額は7000億ドルにのぼる。当時の貨幣価値や為替を考慮しても、5億ドルを投資し数百倍のリターンを得たのだ。日本では韓国の経済成長は「日本のおかげ」という認識が一般的だが、日本も莫大な利益を得ていたのだ。もちろん、低賃金と劣悪な労働環境下での韓国労働者の血と汗

と涙についても考慮すべきだろう。近年は「価値観外交」が唱えられているが、戦後日本は「政経分離」の原則の下、体制やイデオロギーの違う国とも通商する実用外交を展開し、それが経済成長につながったことを忘れてはならない。また、ODAや民主化支援も日本のソフトパワーを高めた。

　第三に「東西の架け橋」という理念だ。1956年国連加盟演説で重光葵外相は、日本の「政治，経済，文化の実質は，過去一世紀にわたる欧米及びアジア両文明の融合の産物であって，日本はある意味において東西の架け橋となり得る」と宣明した。日本独自の貴重な理念といえるが、60年代以降の日本は「先進国の一員」として振る舞うことが多く、「第二の脱亜」という側面が強かった。それでも大平正芳総理が掲げ、後にAPECにつながった「環太平洋連帯構想」は、明治以来の日本の外交論議を貫く二大テーマである「列国協調」（「脱亜」、先進国との協調）と「アジア主義」（「興亜」、アジアとの連帯）を調和させたいという願望の表れであり、「東西の架け橋」の理念に沿ったものと評価できる。

□　石橋・岸政権期の「対米自主」とアジア主義

　1950年代の日本外交には「対米追従」だけでなく「自主外交」の路線もあった。鳩山一郎内閣は日ソ国交正常化を達成し、アジア・アフリカ諸国が史上初めて集い、冷戦に代わる秩序を求めたバンドン会議にも代表団を送った。続く「小日本主義」を掲げた石橋湛山の総理就任は画期的だったが、就任後間もなく病床に倒れ退陣を余儀なくされた。石橋は外交方針として、①対米自主、②日中経済協力の促進、③アジア・アフリカ諸国との経済的提携、④日韓提携を掲げた。また、共産主義とも共存共栄の道を歩むべきだとし、日中関係改善に意欲を示した。日米関係については、「向米一辺倒

といった自主性なき態度は取らない。率直に米国に我が国の要求を
ぶつける」と述べた。後に石橋は、「日中米ソ平和同盟」という注
目すべき構想を提唱したが、日本の政治家として石橋が冷戦脱却の
必要性を説いた歴史的意義を忘れてはならない。

　岸信介内閣期には、「対米自主」とアジア主義を戦略的に絡めた
外交を展開した。岡倉天心や大川周明の影響を受けた岸は、戦後総
理として初めてアジア・オセアニアを歴訪し、外交原則の一つに
「アジアの一員としての立場の堅持」を掲げ、積極的なアジア外交
を展開した。とりわけ、中立主義を掲げアジア・アフリカのリーダ
であったインドのネールと共に、米英ソに対して「核実験禁止」を
要求し、米国と対立していたインドネシアのスカルノ政権を支持す
るなど、「対米自主」の姿勢も示した。また、アジアを超えてアラ
ブへと外交地平を拡大していった。米国が危険視するエジプトのナ
セルと提携を模索し、外務省中近東課は「アラブ5千万の人口とイ
スラエル150万の人口を考えるとき、日本の潜在市場としては、ア
ラブ諸国を重視せざるを得ない」とアラブ重視の姿勢を示してい
た。1958年の「レバノン危機」に際して米英が派兵するなか、岸
内閣は国連でアラブ・ナショナリズムに理解を示し、米英軍の撤退
を要求する声明と決議案を提出するなど、「対米自主」外交を展開
した。世界の新聞は「米国が飼い犬にかまれた」と表現しながら、
日本の自主外交に注目した。戦後日本外交がこれほど世界の注目を
集めたことがあっただろうか。岸において特筆すべきは他の政治家
と違って、韓国に対しても積極姿勢を見せたことだ。岸は韓国との
恒久的な友好関係構築の試みも、「アジア連帯の自覚」によるとし
て、李承晩大統領に親書を渡し、初代韓国統監の伊藤博文について
謝罪を表明したりした。このような岸外交はアジア主義の現代版と
して位置付けることも可能だ。岸といえば、「安保改定の岸」とい

うイメージが先行し、親米、反共、タカ派とされるが、内政でも福祉国家を目指すなど、外交文書という一次史料を読み解くことで、多面的で豊かな岸像を描くことができる。ところで、このような事実が日本外交史の教科書や通史で触れられることはないが、それはなぜなのか？ と問うことが、大学で歴史を学ぶ第一歩になる。

□　「残念な日本外交史」──取られなかったオルタナティブの道

　ここからは可能性を秘めていた日本外交の残念な選択、取られなかったオルタナティブ、いわば「不作為」の代償についてみていこう。おのずと日本外交の課題が見えてくるだろう。

　まず、日中関係だ。日本にとって極めて重要な中国となぜもっと早く関係改善ができなかったのだろうか。中国は1950年代から日本に関係正常化のシグナルを送っており、歴史問題でも譲歩の姿勢を見せていた。日中民間貿易をさらに促進させ、日ソの次に日中国交正常化を実現したならば、日本外交によって冷戦史は書き換えられたことだろう。米国の反対があるとはいえ英国は中国を承認していたし、日本が植民地でもない以上、米国に何ができたであろうか。「見捨てられの恐怖」というが、日中関係が日米断絶を意味するわけではないし（実際中国は日米同盟を容認していた）、米国にとっても戦略的に極めて重要な東アジアの「要石（cornerstone）」である日本をそう簡単に手放すとは思えない。すなわち、主体性や対等性を確保しながらも協調する対米自主路線は十分可能な選択肢だったのではないだろうか。結局、米国が日本の頭越しに米中和解を進めたことは、大いなる背信と屈辱として記憶すべきだろう。

　次に、日朝関係だ。北朝鮮も50年代から日朝修交を呼びかけており、日中国交正常化が実現した72年にも積極的に対日接近を試みていた。日中に続き日朝交渉を開始していたならば、「拉致事件」

も起きなかった可能性が高く、アジアにおける冷戦はヨーロッパより早く終焉したであろう。冷戦終焉後の90年代初頭にも超党派の訪朝団など、日朝交渉の可能性があった。韓国が中ソと国交を結び、危機感を覚えた北朝鮮は日本に目を向けたのだ。当時の日本は国連常任理事国入りを目指し、アジアでリーダーシップを発揮すべく、河野・村山談話などを通じて歴史問題にも真摯に取り組むなど、「新国際主義」（ケネス・パイル）の路線を歩んでいた。仮に、日朝国交正常化を通じて「環日本海経済圏」など東北アジア地域主義を日本が主導したならば、「失われた〇〇年」もなかったかもしれない。2002年にも「小泉訪朝」により千載一遇の機会が訪れたがまたもや挫折した。

　想像は自由だ。仮に日朝修交が実現したならば、小泉純一郎総理はノーベル平和賞を受賞し、北朝鮮は核実験に走ることもなくベトナムのように改革・開放路線に向かったかもしれない。日韓修交によって日本が安保と経済両面で大きな利益を得たように、天然資源と安い労働力のある北朝鮮への経済進出は、日本経済のカンフル剤になったであろう。また、拉致被害者や日本人妻たちも帰国できたであろう。日朝修交は米朝関係の進展をもたらし、東アジアに平和と繁栄をもたらす地域主義の促進につながったであろう。南北の分断を超える「東アジア鉄道共同体」はヨーロッパにまでつながり、「ユーラシア時代」の幕開けを告げたかもしれない。その結果、中国やロシアをめぐる政治情勢ももう少し違った状況になっていたかもしれない。日本がいかにもったいないことをしたのか、「不作為」の歴史から学びたいところだ。

　日本のパスポート力は世界一だが、唯一行けない国が最も近く歴史的文化的にも関係の深い北朝鮮だ。日朝国交正常化は、日本外交がアジアでリーダーシップを発揮するために残されたラストチャン

スかもしれない。日本のナショナル・プライドは、欧米に承認・称賛されることや、隣国に対する優越意識や蔑視感からではなく、こういうグローバルな舞台における主体的外交と、世界を動かすヴィジョンと実行力を通じて喚起されるべきではないだろうか。アジア主義の理念を現代に生かすとすれば、第一が日朝国交正常化であり、第二が日韓中提携を軸にした東アジア／ユーラシア共同体の構築だろう。いつまでも米国の顔を窺うのではなく、日本はもっと自信とプライドをもっていいのではないだろうか。スケールの大きい日本外交を見てみたい。

□　「教養」としての国際関係史

　最後に「教養としての国際関係史」を学ぶ上で留意すべき点について簡潔に触れたい。まず、常に「なぜ（why）」と「本当か（really）」を問うことだ。高校までは正解が重視されるが、大学では問いを立てる方がもっと重要で、その数多の「なぜ」の葉や枝を辿って「真実の木」に辿りつくことを目指す。その際「仏に逢えば、仏を殺せ（逢佛殺佛）」という禅宗の教えのように、通説や権威に対しても疑い自ら確認することが重要だ。例えば「韓国＝反日」といわれるが、韓国で一番の人気作家は東野圭吾と村上春樹で、岸見一郎『嫌われる勇気』はベストセラー記録を更新し、日本旅行が一番人気だ。こういう「日流」というカウンターファクトに注目すると、韓国の対日認識が一枚岩ではなく階層、世代、ジェンダーなどによって多様であり変容していると推測できる。「反日」という時の「日」が何を意味するかについても吟味が必要だ。

　次に、歴史の複雑さと継続性を踏まえ構造的に理解することだ。アジア主義にも連帯と侵略の両面があり、日露戦争も「アジアの勝利」と「アジアの支配」という矛盾があった。日韓修交による日本

の援助は韓国の経済成長を促した一方、軍事独裁政権の支援にもつながった。だが結果的に、経済成長が中間層を生み出し民主化の動力になったこともまた事実だ。米国の歴史家ジョン・ダワーが歴史を一言でいえば「Complexity」と述べたように、歴史は一筋縄ではいかないものだ。また、ドイツの劇作家ブレヒトは、ファシズムが残した最悪の遺産は、それと戦った者の内面にファシズムを残して消え去ることだとした。ファシズムに限らず、帝国主義、植民地主義、超国家主義、排外主義なども「終わった」話ではなく、常に「内なる○○」に留意し、いつでも甦る可能性があることを肝に銘じるべきだ。ナチスに抵抗したカール・ヤスパースは、すべての現象的な変化のなかに「不気味な永続性」があり、歴史が繰り返されることを恐れるドイツ人だけが、それに打ち克つことができると警鐘を鳴らした。国際関係史は政府間関係だけでなく、内政・社会・文化・認識など深層面も含め構造的に理解することが重要だ。土地勘のない他者を理解することは難しいので、時には映画、文学、音楽など文化コンテンツを通じて共感し想像力を働かせることも勧めたい。

　最後に、パワー・シフトと変容の視点だ。「西洋中心史観」を批判するアンドレ・グンダー・フランクは『リオリエント』（藤原書店、2000 年）で、18 世紀まで 400 年にわたって実はアジアが世界経済のセンターだったとし、ヨーロッパの覇権は 200 年にすぎず、今後再びアジアの時代が到来すると主張した。実際、中国のパワーは米国を脅かすほどに成長し、かつて植民地で「第三世界」といわれた諸国も存在感を増している。欧州サッカー界が中東資本、旧植民地出身者や日韓などアジア人抜きには成立しないことも象徴的だ。また、近年の K-POP／K-DRAMA など K コンテンツの世界的ブームや和食、韓食等アジア文化への関心も、西洋がアジアにオル

タナティブを求めている現象の一端とも解釈できる。米国の覇権的地位も絶対ではなく、日本や韓国が変貌したように、北朝鮮が変わる可能性もある。このような意味で国際関係史も従来の「欧米／大国中心主義」と国家中心主義を超えて、真のグローバル化とトランスナショナルな観点を重視することが求められる。

　トインビーは晩年に、「20世紀最大の事件は何か」と聞かれ、「仏教が西洋に伝わったこと」だとした。大量生産と消費の物質文明と資本主義と功利主義を基盤にした西洋近代の矛盾の打開策を、「無所有」や「知足」などアジアの精神文化に求めたのだといえる。SDGs、スローライフ、ヴィーガンといえば西洋の先進文化のようだが、実際はアジアに元来あった文化だ。だとすれば西欧とアジアは実は「不二一元」といえ、両者をつなぐ「ユーラシア時代」に向け、「東西の架け橋」を理念に掲げた日本の出番が待たれる。その意味でも、日本における「米国／英語至上主義」は修正の余地があり、アジア・ユーラシアにも目を向ける「もう一つのLOOK WEST」政策は検討に値するといえよう。アジアと西洋の融合、その先にオリエンタリズムを超えた新しい人類共存の地平が見えてくることを期待したい。

　上記のアジア的価値に関連して、荘子の「無用」思想について触れたい。これは、一見役に立たないと思うことが実は役に立っている、ありのままでいいという意だ。だが現代は、「役に立つ」ことが過剰に求められる時代だ。教育、仕事から友人や家族など人間関係まで、すべてにおいて「役に立つ」が最も重要な価値だ。人々は本来機械に使う概念である「スペック」競争に勤しみ、業績を誇示しながら自分がいかに「使える人材」であるかをアピールする。「使える＝有用」の基準はお金に一元化される。「人材」というが、

木が「木材」になってその生命が絶たれるように、人も国や世間や資本の求める「人材」になることで、本当の自分を失うのではないだろうか。屋久島の千年杉は何もしなくても、そこに存在するだけで意味がある。人もまた存在だけではダメなのだろうか。「役に立つ」が求められると、その基準を満たしにくい存在、例えば老人、病人、障碍者、無職・失業者など弱者は無能・無用として排除されかねない。それはナチスの優性学につながる危険な思想の種だ。「無用」にこそ意味があるという逆転の発想。これは "Winner takes all." ではなく、みなが共に生きる社会の理念でもある。このような哲学的な問いを考えるためにも、近年、「グローバル人材」の生産工場と化した大学において、黄昏れゆく「リベラル・アーツ（教養）」だからこそ、「無用」とされる（アジア）国際関係史は「無用之用」といえるかもしれない。

■　読書案内

　「歴史とは、現在と過去とのたゆまぬ対話である」で有名なE・H・カー『歴史とは何か』（岩波書店、1962 年）は、歴史問題が過去の問題ではなく「未来問題」であることを示唆する歴史学の必読書だ。世界秩序における日本外交の軌跡と課題を考えるには、入江昭『新・日本の外交』（中公新書、1991 年）がお勧めだ。先の戦争で日本は米国に軍事力ではなく理念や思想面で負けたとして、外交理念や文化の重要性を説く。前編である『日本の外交』（中公新書、1966 年）も合わせて読むことで、世界の中での日本外交史の全体図を掴むことができる。欧米を含めたトータルな国際関係史については、エリック・ホブズボーム『20 世紀の歴史——両極端の時代』（ちくま学芸文庫、2018 年）が知的刺激を与えるだろう。

【クォン・ヨンソク】

パート 4 法と社会

1　西洋法制史

◆　法と法律──ヨーロッパの法文化を理解するために

　明治維新以降、日本ではドイツ法およびフランス法を中心に西洋法を継受し、近代法体系を構築してきた。また第二次世界大戦後はアメリカ法（およびその根底にあるイギリス法）の影響が顕著にみられるようになった。このような成り立ちを考えると、特に19世紀末までのヨーロッパにおける法発展は、外国で起きた出来事というよりも、むしろ現代日本法に至る流れの本流なのである。西洋法制史は、ヨーロッパの法文化への理解を深めることで、現代日本の法体系をより適切な仕方で活用していくための基盤となる学問である。

　本節では、法学を学ぶうえで最も基本的なタームである「法」と「法律」について、西洋法制史の知見にもとづいて考察してみよう。

□　「法」は「法律」ではなく「権利」である？

　現代日本において「法律」とは、主権者である国民の代表によって構成される「国の唯一の立法機関」（憲法第41条）たる国会の議決によって制定される「法」のことであるが、現代日本に限定せず、もう少し広く捉えるならば、議会ないし君主によって明示的に制定される「法」と定義することができるだろう。言い換えると、「法」には、明示的に制定されないものもあるということである。自然法や慣習法はその一例であるし、判例法も、判決が下された瞬間にはまだそれが判例法として定着することが確定していないので、明示的に制定された法規範とはいえない。

　さしあたり「法」と「法律」はこのように定義できるが、日本では、日常において両者が明確に区別されることはあまりないだろう。では、ヨーロッパの法文化においてはどうだろうか。

	法律	法	権利	正しい	正義
英語	law		right		justice
				just	
ラテン語	lex	ius		iustus、a、um	iustitia
フランス語	loi	droit			justice
イタリア語	legge	diritto			giustizia
ドイツ語	Gesetz	Recht		recht, gerecht	Gerechtigkeit
ロシア語	закон	право		правый	правда

　上の表を見ればわかるように、英語を除くヨーロッパの主要言語では「法律」と「法」を明確に区別し、「法」と「権利」を同じ言葉で表現している。また、これらの言語では「法＝権利」と「正しい」の語幹が共通しており、これらが派生語の関係にあることも表から見て取れるだろう。ラテン語、ドイツ語、ロシア語では、さらに「正義」も「法＝権利」の派生語であることがわかる。

□　ローマ法継受

　なぜヨーロッパの法文化には、このような違いがあるのだろうか。この疑問を解く鍵は、中世後期から近世初頭にかけてヨーロッパ大陸諸国において生じた「ローマ法継受」にある。

　ラテン語をみればわかるように、古代ローマでは、「法＝権利（ius）」と「法律（lex）」を区別していた。もちろん「法律」が「法」や「正義」を体現することは好ましいとされていたが、必須というわけでもなかった。このような古代ローマの用語法は、古代ローマが残した最大の遺産である「ローマ法」とともに、後のヨーロッパ

諸国に影響を及ぼした。

　古代ローマにおいて発展したローマ法は、6世紀の皇帝ユスティニアヌスによって「市民法大全（Corpus iuris civilis）」にまとめられた。「市民法大全」は、ローマ法学者たちの学説を集めた「学説彙纂」と、その要点をまとめた「法学提要」、歴代のローマ皇帝たちの定めた法令を集めた「勅法彙纂」、ユスティニアヌス（とそれ以後の皇帝たち）の定めた法令を集めた「新勅法彙纂」という四つの部分からなる。最も分量が多いのは50巻からなる「学説彙纂」で、12巻の「勅法彙纂」がこれに次ぐ。

　中世のヨーロッパ諸国では（西）ローマ帝国が滅亡した後も、カトリック教会のなかで「勅法彙纂」の一部が伝えられ用いられていたものの、「学説彙纂」は久しく失われていた。ところが、「学説彙纂」の写本が再発見されたことを契機として、イタリアでローマ法学が復活した。12世紀ルネサンスである。この中世ローマ法学は、大学を中心に発達した。最古の大学であるボローニャ大学は、「学説彙纂」写本を発見し研究した学者イルネリウスのもとに優秀な若者たちが集ったことから、自然発生的に生まれた。ボローニャ大学（註釈学派）の名声はすぐにアルプス山脈を越えてヨーロッパ全体に広がり、ボローニャ大学で学ぼうと多くの留学生たちが危険を顧みずにイタリアを目指し、また聖俗を問わず支配階層はさまざまな特権を付与するなどしてボローニャの法学者たちの支持を得ようとした。当時の大学における研究教育が全てラテン語という共通言語で行われていたことは、中世ローマ法学が国境を越えてヨーロッパ全体に広まることに資した。14世紀になると、偉大な法学者バルトルスの登場とともに法学の中心地はペルージャ大学（註解学派）に移ったが、中世ローマ法学の権威は衰えるどころか、さらに高まった。

　中世ローマ法学は、ボローニャ大学をモデルとして各地に設立された諸大学をローカルな拠点として、アルプス以北のヨーロッパ諸国に広がっていった。これをローマ法継受という。ローマ法継受が最も包括的に行われたとされるのは、ドイツ（神聖ローマ帝国）である。もともと「ローマ皇帝」を戴く神聖ローマ帝国では、「ローマ法」を、何百年も前に滅亡した異国の法ではなく、自国の現行法だとする理論があった。また現実においても、国家的な統一の遅れなどから、地域ごとにバラバラな慣習法を一つにまとめる共通法（ユス・コムーネ）へのニーズが他国に比して強かった。こうして、15世紀末に設置された帝国の最高裁判所である「帝室裁判所」では、ローマ法に基づいて裁判することが正式に定められ、また裁判官の半数は学識法曹（大学でローマ法学を学んだ者）であること（残り半数は騎士以上の身分であること）と定められた。ローマ法が最高裁判所の適用法となったことで、ドイツにおけるローマ法継受は一気に加速した。

　学識法曹がその出自を問われることなく騎士と同等とされたことは、中世後期の身分制社会に開いた大きな風穴だった。一例を挙げると、故郷フランクフルトの都市法改訂を行ったことで知られる法学者フィッヒャルトは、もともと裕福ではない市民層の出身で、祖父の代は農民だった。しかし、イタリアでローマ法学を学んで学位を取得したフィッヒャルトには、複数の君主から宮廷顧問のポストがオファーされ、まだ一本も論文を書いていなかったにもかかわらずウィーン大学から教授ポストがオファーされたのである。宮廷顧問のポストが農民の孫にオファーされたという事実ほど、当時のドイツにおけるローマ法学の絶大な権威を物語るものはないだろう。

　また当時のドイツでは、リューベックを盟主とするハンザなどの都市同盟が発達し、マクデブルクなどの有力都市は複数の都市を影

響下に抱えていた。これらの有力都市は、新たに建設された都市に法を与えて母法都市となった。娘法都市は法的紛争の解決に際して判断に困ると、母法都市に照会した。時代とともにドイツの都市法のなかにローマ法が浸透していくと、大学間のネットワークに加えて都市同士のネットワークを通じてもローマ法継受が進み、ローマ法の影響はやがて遠くウクライナや北欧にまで及んでいった。

　フランスでは、ドイツにおけるほどローマ法継受は包括的ではなかった。フランス王権がライバルである「ローマ皇帝」の法を好まなかった（このためパリ大学では長らくローマ法教育が禁止された）、という理論的な理由はもとより、実務的にも、王権を中心に比較的早く集権化が進んでいたフランスでは、外から共通法（ユス・コムーネ）を持ち込むニーズがあまりなかった。とはいえ、もともとフランス南部はかつてのローマ帝国の領土であって、帝国滅亡後も土着化したローマ法が伝統的に用いられていた。フランス北部では、地域ごとにバラバラな慣習法が発達していたが、王権は学識法曹を登用し、ローマ法学の概念や方法を活用して慣習法の統一を図った。また聖王ルイ9世はローマ法に基づく裁判手続（ローマ＝カノン法訴訟）を積極的に推進し、パルルマン（高等法院）の裁判官にも学識法曹が多く任命されるようになった。その結果、しだいに下級裁判所でも学識法曹が活躍するようになり、彼らを通じてフランスにローマ法が定着していった。

　こうしたヨーロッパ大陸諸国とやや事情が異なっていたのが、イングランド（とウェールズ）である。スコットランドとアイルランドでは、大陸と同じくローマ法が継受された。しかし、イングランドにはローマ法継受がなかったとされる。なぜだろうか。

　フランスよりもさらに早く中央集権化が進んだイングランドでは、国王裁判所の判決によって共通法（コモン・ロー）が生まれて

いた。したがって、イングランドの王権はそもそもローマ法継受に頼る必要がなかった。オックスフォード大学やケンブリッジ大学では大陸の諸大学と同じくローマ法の研究教育が行われたが、イングランドの法曹養成は、大学ではなく法曹学院（Inns of Court）において手工業ギルド的な仕方で行われた。その結果、大陸とは異なって、イングランドでは学識法曹の活躍できる場が限られることになった。ドイツやフランスにおけるローマ法継受が学識法曹の日々の実務の積み重ねによって進行したことを思えば、イングランドでローマ法継受が進まなかったのも当然といえるだろう。

　このように、ヨーロッパ大陸諸国では、大学において共通言語であるラテン語でローマ法が研究され、そこで教育を受けた学生が学識法曹となって、大学で学んだ知識を日々の実務において実践する、という仕方でローマ法継受が行われた。この数百年に及ぶプロセスは、ローマ法の内容をヨーロッパの共通法（ユス・コムーネ）としただけでなく、「法」と「法律」を区別し、「法」と「権利」に同じ単語を使用し、「法＝権利」と「正しい」に共通の語幹を持たせるラテン語の枠組をも、ヨーロッパ大陸の諸言語に普及させたのである。

□　市民法の伝統

　16世紀にはルネサンスの流れから、中世ローマ法学が生み出した註釈・註解を拠り所とせず直接に「市民法大全」の原典へ回帰することを唱えた人文主義法学がフランスを中心に発達した。この動きは、中世ローマ法学と決別し、近世の新たなローマ法学の誕生を告げるものだった。もっとも、人文主義法学はあくまでも学問的な新潮流であって、実務への影響は少なかったと考えられている。人文主義法学の主な担い手はユグノー（フランスのカルヴァン派プロ

テスタント）であったので、1572年のサン・バルテルミの虐殺で多くが犠牲となり、また難を逃れた者も国外に亡命した。

その亡命先の一つが、オランダだった。亡命した法学者ドノーは、新たに設立されたレイデン大学に最先端の法学を伝えた。このレイデン大学にわずか11歳で入学し、14歳で卒業、15歳で博士となり、16歳で弁護士活動を開始した天才が、グロティウスである。グロティウスは「近代自然法の父」と呼ばれるが、人間本性に基づいた自然法を対象とする新たな法学を唱えた。またグロティウスは「国際法の父」とも呼ばれるが、個々の国家を超越した、平時はもとより戦時ですら遵守されねばならない普遍的なルールを構築しようとした。この自然法・国際法の目覚ましい台頭によって、ローマ法は17世紀にやや退潮したように思われるが、実際にグロティウスの主著『戦争と平和の法』を手に取ってみると分かるように、自然法・国際法において「人間本性に基づいた、国家を超越した普遍的なルール」とされた法理は、しばしば、実際に当時のヨーロッパ大陸諸国の共通法（ユス・コムーネ）として通用していたローマ法に由来するものであった。

19世紀初頭には、ドイツで新たに設立されたベルリン大学において、初代法学部長に就任した法学者サヴィニーが歴史法学を提唱した。サヴィニーは、法は言語や習俗と同じく「民族精神の発露」である、と主張して、自然法学に反対した。このサヴィニーの主張は、表面的にはロマン主義的な装いがとられている。実際、サヴィニーの弟子であるグリム兄弟は、師の教えに忠実にゲルマン民族の法と言語と習俗を総体として捉えようとした。有名なグリム童話集（『子どもと家族のためのメルヒェン』）はこの営みの副産物である。しかし、現在の研究では、もはやサヴィニーがロマン主義者だったと位置づけられることはない。むしろサヴィニーは生粋の古典主義

者だった。サヴィニーにとって、その精神の発露を歴史的に探究されるべき「民族」とは、ドイツ人と血のつながった祖先である「ゲルマン人」などではなく、ドイツ人を含む人類全体の模範（古典）となるべき民族、すなわち帝国が最も栄えた時代（元首政期）の「ローマ人」だったのである。

　こうしてサヴィニーはローマ法の研究に邁進した。サヴィニーに始まる歴史法学は、やがてパンデクテン法学へと発展的に解消した。パンデクテン法学は、「学説彙纂」の法文を徹底的に概念化したうえで体系化することを試みて、成功を収めた。パンデクテン法学の名声は国境を越え、これを学ぶために多くの留学生がドイツの大学を訪れた。留学生はヨーロッパ諸国にとどまらず、日本など非西洋諸国からも集まった。日本が近代化の過程でモデルとしたドイツ近代法学とは、パンデクテン法学なのである。

　このように振り返ってみると、近世以降のヨーロッパにおける法学は、中世ローマ法学の批判的・継承的発展と特徴づけることができる。神学の影響を色濃く残したイタリアの註釈学派・註解学派の学説は、ルネサンス以降の法学にとって受け入れがたいものであった。しかし、人類にとってローマ法こそが普遍的で模範的な典拠なのだ、という信念は、近世になって弱まるどころかむしろ強まった。ところで、ローマの法学者たちの著作はほとんど現存しないので、後世の人間が彼らの学説を知るには、ユスティニアヌスの「市民法大全」（特に「学説彙纂」）を拠り所とするしかない。ヨーロッパ大陸諸国におけるローマ法に基づいた法学の伝統が Civilian Traditon と呼ばれるのは、そのためである。

❏　Civil Law の３つの意味

ラテン語の Corpus iuris civilis を英語に直訳すると Corpus of

Civil Law となるが、この Civil が Civilian Tradition の Civil であることを考えると、これを何の補足説明もなく「市民法の伝統」と訳して済ませることはためらわれる。言い換えると、英語の Civil Law には「市民法」という訳語では表現しきれない意味が含まれているのである。

　ところで、「学説彙纂」の分量が「勅法彙纂」の4倍以上に及ぶことからも分かるように、古代ローマ法の発展を支えたのは、立法ではなく法学だった。元首政期の法学者たちは、皇帝に代わって困難な訴訟事件に法的解決を示し、サヴィニーが後に人類の模範として称えることになるローマ法の全盛期を築き上げた。もっとも、古代ローマの皇帝といえば、ネロやドミティアヌスといった「暴君」は枚挙にいとまがない。そこで当時の法学者たちは、公法や社会法など皇帝の専断事項と思われる分野については判断を差し挟まず、私人間の紛争に専念した。その結果、「学説彙纂」の実に95％以上、「市民法大全」全体の85％以上が「民事」の法で占められるまでになった。

　また中世ヨーロッパの諸大学では、伝統的にローマ法とカノン法（教会法）を併せて学ぶのが常であったが、ルネサンスと宗教改革の時代を迎えると、状況が変化した。ルネサンスの原典回帰は、「学説彙纂」のほとんどの条文が生まれた元首政期が、キリスト教が公的に承認され国教化される以前の、まだ迫害を受けていた時代であることを再認識させ、ローマ法学とカノン法学の学問的分離を促進した。さらに、宗教改革でプロテスタントに改宗した国々では、カトリック教会法であるカノン法の研究教育を続けるべき理由が失われた。こうして「市民法大全」は「世俗」の法として再定位されるに至った。

　最後に、国や地域によって程度の差こそあれ、ヨーロッパ大陸諸

国ではローマ法継受が行われた。その際、明治日本における西洋法継受のような立法による継受は、例外的・副次的にみられたにすぎない。むしろローマ法継受は、学識法曹の日々の実務を通じて行われた。学識法曹は、ヨーロッパのどの大学で学んだ場合でも「市民法大全」に基づく教育を受けていたので、「市民法大全」は「大陸」の共通法（ユス・コムーネ）となった。これに対してイングランドの共通法（コモン・ロー）は、国王裁判所の判例によって形成され、法曹学院で育成された法曹をその担い手とした。

　このように、Civil Law には少なくとも Public Law に対する Private Law、Canon Law（Catholic Church Law）に対する Secular Law、Common Law（Anglo-American Law）に対する Continental Law、という3つの意味があるが、これらはいずれも「市民法大全」と深いつながりを有している。比較法学では世界の法系をまず「西洋法」と「非西洋法」に大別し、この「西洋法」をさらに「英米法」と「大陸法」に分類するのが一般的だが、この前者をとる国々を「コモン・ロー諸国」と呼び、後者をとる国々を「シヴィル・ロー諸国」と呼ぶのは、この3つ目の意味によるものである。

　ここで「英米法は判例法、大陸法は成文法」という（法学部で）よく見かけるフレーズにも触れておこう。このフレーズは、日本語のままであれば、概ね正解である。しかし、これをうっかり「Common Law は Case Law、Civil Law は Statutory Law」と言ってしまうと「？？？」となることは、本節の読者にはいまや明らかと思う。古代ローマの法発展を振り返れば、Civil Law は Case Law に他ならないからである（ただし法創造の担い手は法学者なので、Common Law のような Judge Made Law ではない）。もちろん、中世以降のヨーロッパ人にとって、ローマ法はもはや判決を通じてリアルタイムで発展し続けるものではなく、6世紀にユステ

ィニアヌス帝によって法典の形で固定化されたものであった。その意味で Civil Law はなるほど Written Law だった。しかし、ローマ法継受は実務的に、個々の事件の判決にローマ法の法理が繰り返し用いられるという仕方で行われたのであって、「市民法大全」（またはその一部）が Statutory Law として受け入れられたわけではないのである。

□　「法の支配」と「法治主義」

　第二次世界大戦後の日本では、大政翼賛会やナチス党の独裁を防げなかったのは日本やドイツで「法治主義」がとられたからで、これからは英米のような「法の支配」を目指さねばならない、といった主張がしばしばなされた。さすがに令和の現在そのような主張をする法学者はいないと思う（そう信じたい）が、生成系 AI などに「法治主義」と「法の支配」の違いを教えて、と質問すると、当時を彷彿とさせるような解説文が出てくることから、このような主張は（少なくともネット上では）再生産され続けているのだろう。大学教員としては、小テストで学生が授業を聞いていたかチェックするのに都合が良いのだが、それはさておき、Rule of Law は、かつてイングランドで国王権力に対して「国王は何人の下にもないが、神と法の下にある」と唱えられたことに由来する、極めてキリスト教的・英米法的な色彩の強い概念である。しかし、神はともかく、なぜ Common Law が国王の上にあるのだろうか。その背景にあるのは、無数の法曹によって何百年もかけて形成されてきた Common Law は、いかに偉大であれ一人の国王によって改変しうるものではない、という歴史と伝統への畏敬である。

　戦前のドイツがとっていたとされる「法治主義」の方はそれ以上に問題である。そもそも「法治主義」にあたるドイツ語の概念は存

在しない。一応、Rechtsstaat がそれだとされているが、この複合語は「法＝権利」と「国家」を結合したもので、「治」も「主義」もそこに含まれていない。また「法治主義」の意味するところは Rule by Law だと言われるが、この Law が仮に Recht なのだとすると、つまりは「正義」によって統治が行われよ、ということなので、素直に歓迎すれば良いのではないだろうか。Rule by Law の何が問題視されるのかといえば、その Law がいわゆる「悪法」の場合でもそれに従え、ということを意味するからである。しかし、Recht には「正しい」ことが内包されているので、「悪の Gesetz」なら存在しうるが、「悪の Recht」は概念矛盾である。このような混乱が生じた原因は、古代中国の法家思想に由来する「法治」という言葉を、不用意に Rechtsstaat の訳語に充ててしまったことにあるだろう。

　法学においては、言葉に対する鋭敏さが重要である。あまり聞きなれない法律用語であれば、初めて接する英単語のように、それがどのような意味なのかを意識的に把握することは、かえって難しくないだろう。しかし、ふだん何気なく用いているような言葉について、そのタームがその文脈において厳密に何を意味しているのかを常に意識しながら条文や文献を読み解いていくことは、決して容易なことではない。

　本節では、法学を学ぶうえで最も基本的なタームである「法」と「法律」について、西洋法制史の知見に基づいて考察した。もちろん、これから学ぶ法学の全てのタームについて、このような検討を行うことはおよそ現実的ではない。しかし、一つ一つのタームの背景には、それぞれ独自の法文化のもとでの長い法史的発展がある、という認識を持つだけで、条文や文献への接し方は変わるだろう。

本節がその一助となれば幸いである。

■　読書案内

　イェーリング著（村上淳一訳）『権利のための闘争』（岩波文庫、1982年）は、自己の「権利（Recht）」を主張することは「法（Recht）」の生成・発展に貢献することでもある、と説いた法学の古典であり、ヨーロッパの法文化を理解するための確かな足場を提供してくれるだろう。イェーリングの影響を受けた川島武宜『日本人の法意識』（岩波新書、1967年）は、日本が近代化の過程で受容してきた西洋の法体系が本当に国民の意識に根づいているのか、という問題に取り組んだ作品である。半世紀以上前の社会状況をもとに書かれており、また個々の主張や論拠については現在では批判も多いが、根底にある問題意識はいまなお輝きを失っていない。どちらも法学部の新入生に最初に手に取ってほしい名著である。

【屋敷　二郎】

2　中国法

◆　日本との関わり、という視点から

　法学の研究・教育を生業にしている、と言うと、たいていの場合、「難しそうですね」とか「実用的ですね」とか言われるものだが、専門領域が中国法だと言うと、途端に「なんで中国法？」「中国に法なんてあるの？」と聞かれる…というのは、かつて中国法研究者に共通の悩み（または話のネタ）であった。

　反スパイ法やサイバー・セキュリティ法などのお蔭と言うべきか、主にネガティヴな意味で中国法が注目されるようになった今日、法の存在どころか研究意義までも俄然認知されるようになったのは皮肉なことだが、歴史を振り返ってみれば、日中はその変化と発展の節目において、尊敬と熱意を込めて、相手の法律そして法学を言わば最高の模範として学んできた。変動する歴史の中で、双方の立ち位置には大きな変化があったものの、先進の法律・法学を持つ一方が、発展の途上にある他方にもたらした影響は多大なものであり、その教えまたは学びにより、双方が多くの課題と困難を乗り越えてきたのである。

　このような意識から、本章では、日本から見た中国の法律・法学との関わりを取り上げて、日本そして中国の人々がなぜ、どのように相手方の法（律）を学んできたのかを考えるとともに、現在の中国の「法治」の情況について検討することを通じて、今後の日中の法律と法学を巡る関係について、若干の展望と提案を試みたい。

□　理想型としての律令

　大和朝廷より以前の日本では、呪術的要素の濃い罪と罰を中心とした不文法による統治が構築されていたが、大陸から先進の知識や技術を持つ人々が流入するにつれ、中国の王朝に倣った制度の構築が目指されていくことになる。それは、紀元前（春秋戦国時代）から既に成文法による統治が試みられ、ついには中央集権的国家による統一的法規の普遍的施行へと至った中国の統治体制を範とするもので、言わば写本的な律令の下で、天皇に権力を集中させた国家の構築が目指されたのである。

　その際に模範とされた律は、「唐律疎義」として現代に伝わっており、全502条、各条文には用語解説や条文解釈、そして事例紹介や適用に関する問答も付いている。内容を見ると、刑の種類や自首、共犯、罪数そして類推適用など、言わば総則的の規定を置く「名例」と、宮廷警護や公務の適正、身分関係や財産関係、さらに生命・身体を脅かす行為など、侵害される（保護すべき）対象に基づく分類の下に、犯罪の内容（主体、客体、行為、結果）について細かく定めた各則的規定が置かれている。そして特定の行為と特定の結果に対応して「五刑」（笞・杖・徒・流・死）を更に細かく分けた刑罰（例えば笞40、杖60、徒2年など）がピンポイントに対応する、という仕組みになっている。

　日本に視点を戻すと、初期の律令はいずれも散逸し、その記録が伝わるのみであるが、8世紀に成立した養老律令は、令のほとんどの部分が現代に伝えられ、また律も逸文等を通じてその内容の多くを知ることができる。とりわけその律は、言わば唐律の写本とでも言うべき内容であり、項目・構成だけでなく、個別条文の内容ひいては注や解釈まで唐律（及び疎）に則したものになっている。

　もちろん、唐の律令を写本に近い形で恭しく頂いたとはいえ、原

本がそのまま名前だけ変えて公布された、というわけではない。とりわけ、令には日本にのみ見られるものや、名称はともかくその内容は実質的に日本独自の儀式・慣行を記すものもある。また、日本では律令よりもその細則・追加・特別法としての格式に中心が移り、律令の制定が見られなくなった平安期にも、多くの格式が制定されている。

　加えて、規定の文言が一致するとしても、それが実際に（どの程度）行われたか、という疑問も残る。国際性豊かな巨大都市で市場取引が活発に行われ、契約など諸制度が社会と連動して発展し、しかも成文法による統治の歴史を有するという、言わば最先端のグローバル法治社会である大帝国と、農村の氏族社会の様相が色濃く残る島国の一地域とでは、法の需要と実践に大きな違いがあっただろう。とは言え、日本における法と制度の在り方は、唐の律令と官僚制を統治の理想型として掲げ、その影響の下に発展を遂げていくこととなる。

□　武家の統治と律学

　こうして中国の律令を受け容れた日本であるが、律令制の弛緩は早くも平安時代には顕著になる。その直接の原因は、荘園の形成そして武士勢力の台頭による中央集権の弱体化、ということになるが、より淵源的な原因として、旧来の慣習法意識がもたらした実用性重視（逆に言えば論理や体系性の軽視）という点も大きいだろう。いずれにせよ、中央集権的官僚制の基礎として構築された律令は、天皇（朝廷）の支配力の低下によりその適用範囲が狭められ、ついには皇室と貴族に係る儀式や諸規則に留まるものとなっていく。

　それに代わって広がりを見せたのは、拷問と厳罰を特徴とする制

裁ルールと、紛争を道理（武家の善悪の価値観）や証文により処断する裁判ルールに代表される武家法である。とりわけ武家政権の確立以来、所領の承認と人的支配の広がりにより、全国は次第に分国的な大量の法治国（以法治国の意味での）に分断されていく。この状況は、徳川幕府による強固な統治により希釈されたとはいえ、各地域をある程度異なる法域とする制度（自分仕置令）自体は維持されることになる。

　このような歴史的経緯から見る限り、日本は中央集権制官僚国家の基礎たる律令の制度から遠く離れるものとなったように映る。ところが不思議なことに、分権的封建制の最中、再び律令と律学が脚光を浴びることとなるのである。

　徳川幕府随一の「法律好き」と言われる徳川吉宗が、法規に基づく秩序安定を目指し「公事方御定書」を編纂させたのは良く知られることだが、その過程で、配下の儒学者に命じて、明の律例の日本語訳を行わせたことこそ、律学マニアたる吉宗の面目躍如というべきであろう。「大明律例訳義」と題される同書は、和歌山藩の藩医であった高瀬喜朴によるもので、幕府の制定による「公事方御定書」だけでなく、その他の藩における法令の整備と運用・解釈などにも多大な影響を及ぼすこととなった。

　ここでは一例として、熊本藩の「御刑法草書」を挙げておこう。同書は、盗賊・詐偽・犯姦・闘殴・人命・雑犯という編次など、規定構造も明律を範としたことが顕著であるが、当時日本ではまだ用いられていなかった徒刑を導入し、従来の過度に重い刑罰を改めることを目指すなど、儒教的な人道主義に基づく改善が試みられている。後に西洋法との衝突の中で、残酷・野蛮であるがゆえに改めるべきものとされた中国の律令が、日本では人道的で進歩的なものと捉えられたのは興味深い対比である。

　なお、同藩での適用事例を見ると、「草書」に正文の規定がない
ときに明律の関連条文を参照することとし、上記「訳義」の内容に
従って処断される事例が見られている。これは一面では、法の淵源
ひいては模範である中国の法規（明律）が、補充法ひいては法源と
されたことを示すとともに、明律の内容を参照する際に上記「訳
義」が助けとなったことを雄弁に語っている。

□　王政復古と終わりの輝き

　儒学・律学の支えにより各藩の法規定と運用に維持された律令の
伝統は、当然明治維新を経て誕生した新政府により断ち切られる、
ように思われる。ところが、明治という新しい時代の始まりの時期
に、「律」が再び全国に適用される普遍的な法規として、華々しく
登場することになるのである。

　文明開化・脱亜入欧を錦の御旗よろしく高々と掲げる明治初期
に、一瞬であるとはいえ、「律」が最後の輝きを放つというのは何
とも奇妙な光景であるが、考えてみれば明治維新は「王政復古」、
すなわち天皇の下での一元的支配の確立、という側面も同時に持っ
ていた。それは太政官下の政治体制の構築に顕著であるが、こと法
律については、暫定的な犯罪処罰基準を示した「仮刑律」（1868
年）、さらに全国に適用される最初の刑法典としての「新律綱領」
（1870年）として結実する。

　これらの法規は、章の構成そして条文の内容において、明律（と
それを受けた清律）の一部内容を引き写したような様相を見せてい
る。このように、西洋的な法制整備の直前に「律」様式の法規が再
び出現したことは、天皇の下で一元的な統治を行うための枠とし
て、ひいては国家や社会のあるべき姿として、中国の律がその理想
型となっていたことを、改めて物語っている。

　確かに、これら法規の適用期間はわずかで、規定方式及び内容の西洋化に伴い、旧来の「律」は歴史の舞台から退いていくことになるのだが、それは一瞬の出来事であったとは言え、明治以降の日本が、その文明開化・脱亜入欧という装いとは裏腹に、東洋的な秩序ないし統治理念を根底に持つという事実を、不気味な予言よろしく物語っているのである。

□　近代の変化、互動そして交錯

　近代化の直前に「西洋の衝撃」に直面した日中は、その対応の程度・速度の違いのために、お互いの立ち位置を大きく変えることになる。それは大義名分の側面で、旧体制の維持と中華的世界観への固執のために変革が困難であった中国と、統治主体の変更により「旧弊」一掃が可能となった日本との違いによるもの、と言えようが、特に法制度について言えば、法継受という経験・伝統を持ち、外来の法制度を形式的に戴きつつ実用的な判断を優越させてきた日本と、礼を体現する中華の秩序として律令制度を貫いてきた中国とでは、律令がもつ根本性または神聖性が異なっていた、ということもできる。

　いずれにせよ、いち早く西洋化へ舵を切った日本の知識と経験は、主に法学を専攻する大量の清国人留学生（後の法学・法曹の主力となる）の受入れ、そして日本人法学者が清朝末期の法律制定作業に協力する、という形で生かされることになる。就中、岡田朝太郎の起草による刑法草案は、形式・内容いずれにおいても従来の「律」を根本的に改変するものであったが、逆にだからこそ、単に犯罪と刑罰に止まらず、あるべき規範ひいては秩序自体を脅かすものとして、「礼法之争」と呼ばれる激しい論争を惹き起すことになった。

　この一連の動きの中で、これまで中→日一辺倒だった法律・法学の流れは、近代初期に大きく変化することになった。それは同時に、権利、自由、共和、法律、行政、議会、憲法、民法、刑法…等々、法律用語そして法的概念の（日本から中国への）逆輸入、という事態をもたらす。正確に言えば、多くの「和製漢語」はそもそも中国の典籍によるもので、また民主と共和のように、概念の確立に日中の相互作用が見られたものもあるのだが、いずれにせよ、これら新語・新概念は急速に浸透・定着し、中国の制度構築の礎となったのである。

　これらの概念は現在に至るまで、日中間の法律そして法学の基礎を形作り、その用語法ひいては思考法を決定づけている。とはいえ、名称の同一性は内容の同一性を保証するものではなく、正に名称が同一であるために、両概念が本質的要素において異なることに気づかない恐れもある。中国（法）研究者は、この点に特に注意しなければならない。

□　戦争と科学
　清末に伝えられた日本の概念と理論の基礎の上に、多くの帰国留学生が司法の中核を担ったことが大きく寄与して、民国期には（日本を介した）法律、制度そして理論の西洋化が進んでいく。とは言え、大陸における中華民国の40年足らずの統治では、軍閥の割拠する権力闘争の繰り返しの中で、泡沫政権により頻繁に憲法（約法）制定が打ち出されたものの、人民の権利どころか、安定した統治機構すら実現することはなかった。

　確かに、北伐後の国民党による統治の下で、民法や刑法など基本的法規が整備され、「憲政」に向けた歩みが進められている。とは言え、長引く共産党の掃討そして日本との戦争の中で、緊急・非常

法制はむしろ日常化し、憲法や法律は等閑視されたのである。

　この状況下で、法律と法学を巡る日中の関係も大きく変化する。とりわけ日本の法学者・法律家たちは、そのような歴史状況を直視してその問題性を論じることができないどころか、「科学」という装いで戦争遂行という目的を覆い隠そうとした憾みがある。

　戦時中に行われた中国農村慣行調査は、科学と国家の関係が問われる一大事業であった。当時民法学の権威であった末弘厳太郎をリーダーとする同事業は、中国の農村集落における身分・財産関係そして農民の権利意識などについて、農民たちから直接聞き取りを行ってそれを総合的に分析するもので、末弘はこれが「純粋に科学的」で「立法や行政のためではない」と再三強調している。

　しかし、日本軍の支配する地域で、日本人学者が中国人民に対して「科学的」「非政治的」に調査を行うという認識は、回答者への配慮どころか、回答自体の客観性・信憑性にあまりに無頓着であり、何より調査自体の戦争協力的・侵略肯定的な役割にあまりに無自覚であった、と言わざるを得ないだろう。

　付け加えると、他ならぬ末弘自身の発言にも、大東亜共栄圏の理想と（日本を頂点とした）アジア秩序構築の目的が見え隠れしており、むしろ自覚的・積極的に、「科学」を（真の目的の）隠れ蓑にしていたのではないか、との批判すら見られる。

　戦争を生きた世代と共にその記憶も消えていく今日、戦時中の事態を体感的に捉えることは困難であり、現在の視点からの批判は的外れなところもあるだろう。とはいえ、学問に従事する者は、ともすれば陥りがちな政策追従・全体同調的な思考から距離を置き、事態を客観的・相対的に観察しつつ、自身の学問を批判的に問い直す必要がある。情報が氾濫する現代世界において、それはむしろ重要性を増しているように思われる。

□　「新中国」の夢と現実

　戦後の長い期間、日本は世界で最も社会主義（国）法研究が盛んな国であり、とりわけ中国法研究の中心的存在であった。その主力となったのが、上記慣行調査で活躍した研究者たちであり、彼らの研究を通じて「新中国」の変化が（肯定的に）紹介され、その目指す共産主義が（理想的に）論じられることになった。

　現在の時点から振り返ったとき、この熱狂に共感するのは難しい。平等と民主そして「真の自由」を掲げた中華人民共和国では、制度上「人民が真の主人」とされたものの、権力は党どころか毛沢東個人に徹底的に集中していた。そして、その「最高指示」に基づいて「階級敵」が想定され、各組織・各レベルに遍く存在する党組織の指導する「大衆運動」を通じて、「階級敵」の排除と粛清が遍く（かつ頻繁に）行われる。それは「政治」（毛沢東の下で示される理想）が全てに君臨するもので、法律そして憲法は等閑視され、ついには文化大革命に象徴される「無法無天」の状態を招くことになったのである。

　戦後の日本における中国法学が、中国のこのような現状を正しく伝えたとは言い難い。また、中国の法律や法学の問題を鋭く指摘して、その再考または修正を促したような痕跡も見出し難い。むしろ、制度の分析は中国政府や指導者の公式文書ないし発言に依拠するところが目立ち、その判断・評価は過剰に好意的である。何より、中国で実際に生じている事態を看過するばかりか、大躍進や文化大革命までをも肯定的に評価してしまうなど、学問としての客観性・中立性を欠いたことは否定できない。

　とはいえ、正式な外交関係もなく、ごく限られた情報しかない中で、中国で生じた事態を把握するには共産党や政府が出す公式文書に頼らざるを得なかった側面もあり、この点を無視して方法論を批

判するのはアンフェアと言うべきだろう。また、戦前日本の中国進出に関わったという強い罪悪感が、中国民衆と民族の支持を謳う共産党（毛沢東）への批判の目を曇らせたのだとしたら、それを非難・断罪することには躊躇を感ぜざるを得ない。

中国法に限らず、この世代の研究者たちは、戦前・戦後を通じて「国家」そして「全体」との関係で自らの研究の客観性・中立性を問われ続けた。現在の視点からは奇妙にも映る光景であるとはいえ、時代を貫くパラダイムの巨大で不可視的な力を思うとき、彼らの凄まじい苦闘には今もなお多くを学ばされるのである。

□　「民主と法制」

文化大革命の悲劇を経て、中国は 1970 年代末に鄧小平の旗振りで「改革・開放」に舵を切り、「民主と法制」が打ち出されることになる。その皮切りとして 1979 年に刑法、刑事訴訟法そして中外合作企業法が制定されたのは、秩序と経済の再建が急務であったことを物語る。そして 1982 年には、政府や学界だけでなく、広く人民の意見聴取を行って、全く新しい内容の憲法が制定されることになった（手続上は改正）。

このような中国の情況を受けて、日中の法律・法学交流も再開されることになる。それは中国の現状を視察する外国の研究者・法実務家等の訪問団、という形から、徐々に重要立法に向けた研究会などの専門家によるアドバイス、そして中国の立法・行政そして司法人員や学者の日本への派遣と滞在研究等へと広がりを見せていく。

天安門事件や靖国参拝など、時々の事件・事情に左右される面はあったが、数十年スパンで日中の学者・実務家そして立法・行政の担当者等が交流を続けたことは、現在の日中関係においても貴重な礎となっている。とりわけ、日中の刑法学、民法学そして商法（会

社法）学等の結びつきは緊密であり、96年と97年の刑事訴訟法及び刑法の大改正、1999年の契約法制定とその後の民法典起草活動、そして2005年の会社法・証券法の大改正など、いずれも日中双方で大規模なシンポジウムや研究会が多数回開催され、各方面で活発な議論と提言が見られていた。

　この関係は、世紀を跨ぐ頃に一つのピークを迎えたものの、その後緩やかな、時に急激な冷え込みの中で、縮小と低減に向かっている。思うにその原因は、政治的・国際的な環境の変化、だけではないだろう。法学に限らず、日中の交流に尽力した重鎮たちが退いていくとともに、日中間の交流のあり方も変化を余儀なくされている。日中関係はこの半世紀大きく変化しており、国交回復当初の政策課題や目標が変化するのは当然ではある。とは言え、かつての世代が痛みを伴って噛み締めた平和と友好のかけがえのなさ、そしてそれが容易に破壊されるという痛切な思いだけは、交流の中で共有し続けていかなければならない。

　なお「民主と法制」のかけ声の下、最重要の課題と思われた「政治」の民主化、すなわち政党結成と選挙活動の自由を基礎とした実質的な選挙の実現、そして何より一党独裁体制の緩和については、1980年代末まで精力的な試行錯誤が見られたものの、1989年の天安門事件（とそれに伴う改革派の粛清・排除）以後、完全にトーンダウンしている。

□　「憲政」の夢

「法制」のかけ声の下、法律や制度が急ピッチで整えられていくにつれ、規定と現実の乖離は加速的に高まっていき、それに呼応するかのように、規定の理想に基づいて現実を変革しようとする動きも高まりを見せた。それは、労働問題や土地問題、そして各種の人

権侵害などに対し、法律に基づいて不当や不正を告発し、自他の権利の保護・維持・回復を目指すもの（所謂「維権」）であり、これらの人々を支える弁護士やNGOなど（所謂「維権人士」）にも広がりが見られた。

世紀を跨ぐ10年ほどの間、顕著に見られたこの動きには、日本に限らず西側世界からも多くの働きかけがあり、日本や欧米の弁護士やNGOとの交流・支援なども幅広く見られていた。学術の面でも、所謂「草根（grass roots）」の選挙活動や「維権律師（弁護士）」の訴訟活動などに注目し、その情況を伝えるものが見られていた。それはえん罪や不当を訴える人々と共に寝泊りし、官民衝突地域で抗議活動に参加し、さらには環境汚染地域で現地の水を飲むような、正に中国の人々が求める統治や秩序のありかを中国の人々と共に考えるものであった。

これら「維権」の活動と思想は、次第に国家の制度レベルでの実現を求める声、すなわち所謂「憲政」要求へと高まっていく。出稼ぎ農民など社会的弱者の憲法的権利の保護を目指す「新公民運動」、そして民主的選挙を通じて憲法的権利を実現しようとする「08憲章」は、その代表ということができる。

この様相は、しかし、上記運動の中心人物が次々に逮捕され、公的文書やメディアが一斉に「憲政」批判へと舵を切ったことで、突然終止符が打たれた。上記「08憲章」提唱者でノーベル平和賞受賞者の劉暁波の悲壮な最期は、西洋的「憲政」が、中国の目指すべき統治の型でも理念の核でもないことを、象徴的に告げることになった。と同時に、日本や欧米の学術・研究者にとって、それは社会の末端そして普通の人民と共に歩むような、直接・協働・共感的な研究の終わりを意味していたのである。

□　厳冬の「新時代」

　習近平の新指導部は、その発足後まもなく「反腐敗」を強力に押し出し、ターゲットとなった者たちを一掃するとともに、強力な統制下で党中央ひいては習近平を「核心」に位置づけ、その「絶対指導」への「絶対忠誠」により秩序を維持する、という方針を確立した。興味深いことに、「法による統治」も一貫して政策的重点に位置づけられているが、（実質的に国家制定法を凌駕する）「党内法規」が大量に制定され、国家の行政機関が共産党組織の下に配置され、さらに（憲法を始めとした）各種法規で「党の指導」が再三強調されるなど、「法による統治」という文言からは想起し難い情況が日常化している。

　国内の情況だけでなく、海外との関係も大きく様変わりしている。米中貿易摩擦さらに新型コロナを巡る対立を受けて、反米映画や西側批判記事など宣伝・教育面でのキャンペーンが繰り返されるだけでなく、欧米系会計事務所への一斉捜査、tesla や apple 製品の公務関係での使用制限、そして日本風衣裳の禁止や処理水放出の糾弾など、欧米（日本）へのネガティヴ・キャンペーンとも言うべき政策は枚挙に暇がない。

　極めつけは、国家安全法制とりわけ反スパイ法及び関連法規の強化である。「新時代」に入り、政府や企業だけでなく学問や民間団体の交流にも監視の目が強まり、交流内容の事前審査、収集資料の検査・没収、訊問や身元調査、そして不透明な身柄拘束や長期間の失踪なども報告されている。

　規定上、「国家安全」は何らかの意味で中国（人）に関わる経済や社会そして日常生活のあらゆる場面に及び、人民は様々な協力義務を課せられている。また反スパイ法でも、「その他スパイ活動」を含む意味不明な「スパイ活動」について、人民に通報・告発義務

（報償付き）が課せられている。これは文字通り、日中に育ちつつあった草の根レベルの交流を根絶やしにし、相互不信と嫌悪の種を植え付けるものである。

　コロナ禍と経済の停滞も相まって、凡そ「敏感」（sensitive）な情報・統計は悉く国家機密化し、党・政府による公式見解・発表数値に疑義を呈するや（少なくとも中国の人々には）容赦なく秘密拘束と重罰が襲いかかることになる。このように「外部」の影響を徹底的に排除する「新時代」の思想の下で、活発な交流の空気は既になく、自由な学術はもはや窒息に近い。それでも、学びと教えの先にある相互理解、そして尊敬できる友との交わりを求めて、私たちは細々と、形式的な交流と対話を続けていくのだ。この長い冬の終わりを思いながら。

　法を巡る日中の関わりの物語は、こうして不信と警戒に満ちた現代に至る…という終わり方は何とも残念なので、最後にもう一度歴史を振り返って、困難を越える手がかりを探してみたい。鎌倉時代、建長寺の境内に一歩足を踏み入れるや、そこは宋（元）から招かれた高僧とそれに学ぶ者たちが発する中国語の飛び交う異国の世界であったと言われている。また元軍との激しい戦の後、北条時宗が（元の側も含めて）命を落とした者たちを弔うため円覚寺を建立したことも、良く知られた話である。

　先人の達観した境地に比して、現代の私たちが違いや争いを乗り越え、お互いに学びと教えを続けていけるかと思うとき、そこには心許なさしか見当たらない。とは言え、挫折と悔恨の中で、ひいては徹底的な自己批判の末に、それでも再び日中の架橋たらんとした先人を思うにつけ、微々たる努力を続けていかなければ、と思うのである。

■　読書案内

　坂元ひろこ『中国近代の思想文化史』（岩波新書、2016 年）は、伝統の桎梏と西洋の衝撃の中、中国のあるべき姿を求めて思索と主張を続ける清末・民国期の人々の姿を生き生きと伝えている。民国期の紹介は往々にして、歴史的事件や制度史に終始しがちであるが、本書では、社会の問題や矛盾に直面した表現者たち（思想家や芸術家そして文学者など）の姿が一つ一つ伝えられ、時代の空気と人々の思いをより鮮明に体感できる。現代中国を知るためのミッシング・リンクとも言うべき民国期への理解を深めるためにも、必読の書である。

【但見　亮】

3　法哲学

◆　法に関する様々な概念を分析する

　法哲学とはなにか、法哲学者は何をしているのか、という問いは法哲学研究を職とするものに対して、日常的に投げかけられる問いである。「法について哲学的に考えることです」という簡潔明瞭な応答があるにはあるのだが、これほど役立たずなものもないだろう。それは直ちに「法とはなにか」「哲学とはなにか」という更に厄介な問いを引き寄せるだけである。これに対し「おまえは何をしているのか」という問いに対してであれば、遥かにマシな応答が可能である。法哲学者としての私は、法に関連する諸概念、たとえば「権利」「責任」といったそれ自体が法的な概念や、「死」「幸福」「宗教」「正義」といった多くの人々の重大関心事でありそれゆえ法の関心事でもあるような概念について、その意味やそこからの論理的帰結を明らかにする（＝分析する）という営為に従事している。本節では、そのような営為の一つの実例として「規範」や「権利」といった概念について取り扱うことにしたい。

□　規範の概念

　法学部に入学すると「規範 norm」という語を耳にする機会が、入学以前に比べて格段に増える。たとえば「法は道徳がそうであるのと同様に規範の体系である」といった具合である。だが、授業中に「規範」とはなにかを明瞭に説明してくれる教員はさほど多くないだろう。したがって「規範」は法学部入学予定者がそれについての分析を入学前に学ぶことに実益があるような概念の一つである。

規範が「べきである」や「しなければならない」といった概念に関わるものだという漠然とした——読者が現時点でも有しているだろう——理解から始めて、事態をもう少し明瞭にしてみることとしたい。

　まず「しなければならない」から考えよう。殆どの人々はこの概念を幼少期に親とのやり取りから親しく学んだはずである。「お片付けしなくちゃダメでしょ！」「そんなことしちゃダメ！」という懐かしいそれである。このことから見て取れるように、この概念は命令ないし禁止とそこで用いられる命令文に強く関わっているので、そこから始めよう。

　若干唐突だが、まず「雪は白い」のような叙実的平叙文の意味はなんだろうか。手がかりは、これが "Snow is white" や «La neige est blanche» のような英語文・仏語文と同じ意味を持っていることである。この三者に共通すること（すなわち意味）は、それが同じ状況で真になり同じ状況で偽になるということである（一定の気象条件の下で空から降ってくる H_2O の結晶の集まりが一定の波長の組み合わせの光を反射する場合に真となりそうでない場合に偽となる）。この共通の意味内容（世界の事態によって真になったり偽になったりするもの）を「命題 proposition」という（これをゴシック体を用いて命題：雪は白いと書こう）。命題はそれらが同じ場合に真になり同じ場合に偽となるときに同じ命題となり、したがって、世界の事態に照らして同じ場合に真となり同じ場合に偽となる上記の三つの文は同じ命題：雪は白いをその意味内容としている（すなわち同じ意味を有する）。

　命令文「窓を開けろ！」や "Open the window!" や «Ouvrez la fenêtre!» の場合はどうだろうか。明らかにこの三者は共通の意味内容を持っている。だが、それは命題ではない。命令文は世界がど

うであるかを述べる叙実的な文ではないので「窓を開けろ！」という文が窓が開いているかいないかといった世界の事態に照らして真であるとか偽であるということは意味をなさないからである。他方で、私の「窓を開けろ！」という命令に応じて誰かが窓を開ければ、私の命令は充足された satisfied ことになる。命令文の意味内容は世界の事態によって真や偽になるのではなく、世界の事態によって充足されたりされなかったりするなにごとかであり、それを「命法 imperative」と呼ぶ。これらの命令文は、それがどのような場合に充足され、あるいは充足されないかが一致していることによって、同じ意味内容すなわち命法：窓を開けよを持つ。

　さて、「φしなければならない」という文の意味内容は「φせよ！」という命令文の意味内容と明らかに密接な関係を持っている。親が子供に「勉強しろ！」と言っても「勉強しなきゃダメでしょ！」と言っても子供に勉強して欲しいという親の意向は等しく子供に伝達されるだろう。他方で、読者が自動車運転免許を取得しに免許センターに行き学科試験を受けると「『自動車の運転者は〜な場合に…しなければならない』は正しいか誤っているか」という問題に出くわすことからわかるように、「φしなければならない」は真になったり偽になったりする文であり、したがってその意味内容は命法ではなく命題であるはずである。だが、いかにしてそのようなことが可能なのだろうか。

　解決策はこうである。「φしなければならない」の意味内容は命法：φせよについての命題である、と考えるのである。法は我々に一定の状況で云々の行為をなすよう（あるいはなさないよう）様々な要求をなす存在である。たとえば、道路交通法は車両に左側走行を要求しているが、これは法が「車両を運転しているならば、道路の左側を走行せよ！」と我々に要求しているということである。法

の要求内容は命法として捉えられるので、法を命法の束として考えることができる。このとき「（法によれば）φしなければならない」は「命法：φせよは法という命法の束に含まれている」と言い換えることができ、これは命法：φせよについての命題を表し、真であったり偽であったりすることができる。そして実際にたとえば「車両は道路の左側を通行しなければならない」という文は道路交通法18条1項が存在すること――これは世界の事態である――に照らして真となる。

　規範とは、まずはこうした「（法によれば）Sはφしなければならない」といった類のものである。読者が手元の法令集（最も手軽には「〇〇六法」の類のもの）を開いてみれば「～しなければならない」といった法文が散見されるだろう。「～できる」のような法文も多数見つかるだろうがその点は後に譲るとして、法は被治者に対する要求の集まりであり、したがって命法の束であり、それは規範によって表現されているということになる。なお、日本法では法文は直接に命令文を用いるのではなく規範文を用いて書かれることが普通だが、これは私が足の小指を箪笥の角にぶつけたときに「足の小指がぁぁぁ！」と呻いても――命令文と同様に間投文は真でも偽でもない――あるいは「足の小指がとても痛い」と述べても――こちらは痛みの存在についての叙実文で真や偽になる――足の小指の痛みの存在（痛みそれ自体は真にも偽にもならないことに注意しよう）を聞き手に伝達する機能に関しては変わらないということと同様のことである。

□　義務・許可・禁止

　上述の話を踏まえると、規範は法や道徳――一般に規範体系――が我々に何を要求している（あるいは要求していない）のかを述べ

るものであることになる。この観点から見ると、法はある行為φについて次のような4種類の態度を取ることができる（なお「¬」は否定を表す記号である）：

1. 「義務：φしなければならない」
   ＝　命法：φせよが法に含まれている
2. 「非義務：φしなくてもよい」
   ＝　命法：φせよが法に含まれていない
3. 「許可（狭義）：φしてもよい」
   ＝　命法：¬φせよが法に含まれていない
4. 「禁止：φしてはならない」
   ＝　命法：¬φせよが法に含まれている

非義務は義務の否定であり、許可（狭義）は禁止の否定になっている。なお、2と3が両方同時に成立する──φしてもしなくてもよい──場合を「許可」と呼ぶことが多い（広義の許可）。親が子供に「勉強しろ！」と言えば親は子供に勉強を義務付けており、「勉強するな！」と言えば親は子供に勉強を禁止しており、「勉強しろ！」とも「勉強するな！」とも言わなければ、勉強することもしないことも許可されている。これは納得のいく分析ではないだろうか。なお、法が命法──とりわけ主権者が発する命令の意味内容としてのそれ──の束であり、それゆえ上記のような義務・許可・禁止を表す規範の束として表現できるという主張は「命令説 command theory, imperative theory」と呼ばれ、「法とはなにか？」という問いに対する古典学説である。

　だが、「許可」を命法の不存在という消極的事態として分析することからは厄介な問題が生ずる。技術の発達する社会においてはし

ばしば生ずることだが、以前には（立法者が）想像できなかったような形で人々が行為することができるようになるということがある。情報技術発達の過渡期にはサイバー犯罪を取り締まるような命法は法には存在しなかった。ここで、命法が存在しない以上は、それが社会にとっていかに有害な行為であろうと許可されているのだ、と開き直ることは簡単ではないだろう。このような場合に、法は確かにその行為を義務付けることも禁止することもしていないが、許可もしていないのだ、と言いたくなる（このような事態を「法の欠缺」という）。したがって、行為φについての命法がないこと——法の沈黙——を許可として分析することは必ずしも満足のいくものではない。そこで、次のような代替案が提示されることがある：

1. 「義務：φしなければならない」
   ＝　命法：￢φを非難・制裁せよが法に含まれている
2. 「非義務：φしなくてもよい」
   ＝　命法：￢φを非難・制裁するなが法に含まれている
3. 「許可（狭義）：φしてもよい」
   ＝　命法：φを非難・制裁するなが法に含まれている
4. 「禁止：φしてはならない」
   ＝　命法：φを非難・制裁せよが法に含まれている

これは許可を含めたすべての規範を、行為φをすること・しないことに対する非難・制裁に関する命法が法の中に存在するという積極的事態として分析しており、法の沈黙は許可ではなく、あくまでも欠缺であることになる。この分析は読者の直観にも適合するのではないだろうか。簡単に言えば、やらないと法によって怒られる行為

が「義務」であり、やってもやらなくても法によって怒られない行為は「許可」されている、といった次第である。

　だが、この分析にも問題がある。ある法が「φしなければならない」と定めているが、φしないことに対する制裁をなんら定めていないということはよくある。だが、この分析の下では法は「φしなければならない」とした時点でφしないことへの非難・制裁にコミットしているはずであり、このような事態をうまく説明できないのである。また、規範についての分析は法だけでなく道徳についても同様に当てはまるものであるはずだが、たとえば「自律的に生きなければならない」というありふれた道徳的規範がこの分析では説明できない。もし誰かが自律的に生きなければそれに制裁を加えるということはそれ自体が自律の侵害であるから「人は自律的に生きなければならない」という規範自体が、「自律的に生きよ！」と言いながら「自律を侵害せよ！」と言うという不整合をきたすことになってしまうだろう。

　そこで、この両者を組み合わせてみよう。そうすると次のような分析が得られる：

1. 「φは義務的である：φしなければならない」
   ＝　命法：φせよと命法：¬φを非難・制裁せよがともに含まれる
2. 「φは推奨的である：φしたほうがよい」
   ＝　命法：φせよが含まれるが、命法：¬φを非難・制裁するなが含まれる
3. 「φは非義務的である：φしなくてもよい」
   ＝　命法：φせよが含まれず、命法：¬φを非難・制裁するなが含まれる

4.「φは許可されている（狭義）：φしてもよい」
   = 命法：￢φせよが含まれず、命法：φを非難・制裁する
   なが含まれる
5.「φは忌避的である：φしないほうがよい」
   = 命法：￢φせよが含まれるが、命法：φを非難・制裁す
   るなが含まれる
6.「φは禁止されている：φしてはならない」
   = 命法：￢φせよと命法：φを非難・制裁せよがともに含
   まれる

この分析では（改善の余地がなおあるのだが本節では措くとして）、上述のような法や道徳の要求は文面上「しなければならない」とある場合でも、実は義務ではなくあくまでも推奨にとどまっていることになる。実際にも我々は日常ではこれらをあまり厳密に区別していない。非難・制裁を気にしない文脈では義務と推奨が一緒くたにされがちだし、もっぱら非難・制裁を気にする文脈では逆に推奨と許可が一緒くたにされがちである。なお、推奨と忌避という（おそらく読者にとっては見慣れない）規範は私が勝手ででっち上げたわけではなく、イスラーム法などでは実際によく目にするものであり、たとえば一定の堕胎は殺人と異なり禁止ではなく忌避という（中立的な許可とは違いあくまでも否定的な）規範的評価を受けることになる。ともあれ、これで我々は「規範」という概念の内実を、読者が幼少期から慣れ親しんだ命令文から始めて、より詳細に明らかにしたことになる。

□ 権利の概念
規範の概念（なかんずく義務・許可・禁止の概念）について分析

を行ったので、以下ではそれに依存する別の概念、すなわち「権利right」についての分析を行おう。「権利」もまた、読者が日常的にそれを多用するわりに、その意味の明確な理解がおぼつかないものの一つであるだろうし、授業中に「権利」とはなにかを明瞭に説明してくれる教員はさほど多くはないだろう。以下に見るように、権利は実は相異なった種類の規範を一緒くたにして呼んだものであり、それが理解を難しくしているのである。

　さて、概念を分析する際の基本は、分析したい概念を含む文を、それを含まない文へと、言い換えることである。たとえば「AはBに対しφしてもらう法的権利を有する」という文を考えてみよう（φにはたとえば「100万円を支払う」などが入る）。Aがこの型の権利（請求権claimという）を有する場合、法はBに対して「Aに対しφせよ！」という要求を行っている。また法はBがφしないこと（すなわちAの権利を侵害すること）に対して非難・制裁を用意している（法は裁判所に対してAの求めに応じてBにたとえば100万円の支払いを命じそれに従わなければ強制執行による取り立てを行い、それを妨害すれば公務執行妨害として刑罰を科すよう要求している）。この事態はさきほどの規範概念の分析に従えば「（法によれば）BはAに対しφしなければならない」すなわち「BはAに対してφする法的義務を有する」ということにほかならない。つまり、AがBに対して請求権を有するという事態は、逆から見ればBがAに対して義務を有するという事態である。請求権はこのようにして常に義務に書き換えられる（請求権を逆から見たこの義務のことを「相関的義務correlative duty」という）。権利には請求権だけでなく自由権libertyと呼ばれる「AはBに対しφしない法的権利を有する」という型を持つものもある（φにはたとえば「公園のベンチの席を譲る」などを入れてみればよい）。これは

「AはBに対しφする義務を有しない」と言い換えることができ、上述の請求権に関する分析から「BはAに対しφしてもらう権利を有しない」という請求権の不存在主張に書き換えることができる。

　話がややこしくなるのはここからである。「権利」と呼ばれるものの中には請求権や自由権だけでなく更に権能 power と呼ばれる型のものがある。権能は、その保有者が自身の意向によって自他の請求権や自由権を変動させる能力のことである（権利について作用する権利ということで2階の権利と呼ばれることもある）。権能の典型例は国家の立法権である。日本法では、国家は議会で法律案が可決された場合に、その法律案を法律とすることができ、これによってそれまで存在しなかった法的義務や法的権利が発生したり、それまで存在した義務や権利が消滅したりすることになる。一般私人同士が契約によってお互いに新たな義務を発生させ、そのことによってお互いに新たな請求権を発生させることができるということも権能である。18歳以上の読者が有する婚姻能力も両当事者の同意によってお互いに様々な権利・義務の束を発生させることができるという権能である。さて、国家の立法権は通常、憲法によって制約されている。たとえば、一定の内容を持つ法律案はたとえ議会によって可決されても、違憲なものとして無効でありそもそも法律としての有効性を有しないとされることになる（たとえば表現の自由を侵害するような法律案を考えてみよ）。憲法が保護する表現の自由の下で、現在、我々は表現行為を差し控える義務を持たないし（自由権）、他者に表現行為を妨害しないよう求める権利を有する（請求権）。更にそれだけではなく、国家は現在だけでなく将来に向かっても立法によって我々が現在享受するこれらの自由権や請求権を消滅させる（あるいは制約する＝部分的に消滅させる）権能を有し

ない。このような、自身の権利が他者によって変動させられないという、権利についての権利を免除権 immunity という。言い換えれば、国家が表現行為に関する国民の権利についてそれを消滅させる権能を欠くということ（無権能 disability）を国民の側から見たものが免除権である。「表現の自由」が、その名称にもかかわらず、自由権のみならず請求権や免除（や権能）も含む権利の束によって構成されていることに注意したい。法と道徳に現れる「権利」の意味は、それをこれらの基本単位まで分析することによって初めて明らかとなる。

　権利についてのこうした分析はアメリカの法律家ウェズリー・ホーフェルドによって詳細に展開されたために、ホーフェルド分析 Hohfeldian analysis と呼ばれる（ただし彼がこのような分析を最初に見出したというわけではない）。これは法（そして道徳）に現れる「権利」が自由権・請求権・権能・免除権の束へと還元できるという、権利概念に関する古典学説の一つである。また、権利についてのこれらの分析に基づいて概念間の関係を一覧できるようにしたものがホーフェルド図式である（Table 1）。

　なお、権能や免除権は2階の権利であるという点で他の権利から区別されるが、これはさほど本質的な区別ではない。権能の場合なら「AはBに対して権能を有する」は「トリガーとなるAの云々の行為などの一定の条件が満たされた場合には、Bはφしなければならない」といった形に書き換えることができ、これは「車両を運転している場合には、道路の左側を通行しなければならない」といった通常の法的義務となんら変わらない型のものだからである。したがって、権利はいずれの型のものも規範に還元することができる。法を表現する規範は一般に〈しかじかの条件が満たされたならばφしなければならない〉といった形式を有し、これは〈要件→効

Table 1　ホーフェルド図式（各行がそれぞれ同一の法的関係を表している）

		A が B に対し ～を有する	B が A に対し ～を有する	A が B に対し ～を欠く	B が A に対し ～を欠く
1階の権利 義務の有無	請求 claim		義務 duty	無請求 no-claim	自由 liberty
	自由 liberty		無請求 no-claim	義務 duty	請求 claim
2階の権能 権能の有無	権能 power		無免除 liability	無権能 disability	免除 immunity
	免除 immunity		無権能 disability	無免除 liability	権能 power

果〉規範と呼ばれる（効果の部分は義務や権利の有無・発生・消滅を述べ、要件部分はその効果が成立するための条件を述べる）。法令集は「〜しなければならない」という法文のみならず「〜できる」という法文で溢れかえっている。この「〜できる」という法文が表現しているのが、ここまで見てきた「権利」である。法文の「〜できる」が上述の諸権利の何れに当たるのかを明らかにすることは、しばしば困難ながら法解釈という営為のひとつの目的であるが、ともあれ、法は義務と権利の有無を表現する法文によって構成されており、それゆえ〈要件→効果〉という形式の規範によって構成されている。まずは法文をこの〈要件→効果〉という形式の規範（の束）として分析できるようになることが民法でも行政法でも（そしてやや特殊な形で刑法でも）実定法学の学習に共通の要請であるが、更に言えばこれらの規範は法における様々な命法の有無を表現しており、それゆえ法の意味内容は煎じ詰めれば命法の束へと還元されることになるのである。

□　権利の意志説と権利の利益説

　上述の通り、権利の有無は常に義務の有無へと書き換えることができるが、義務の有無から権利の有無への逆方向の書き換えが常にできるとは限らない。たとえば、生物多様性の保護を目的として、国家が人々に環境保護を要求する法を制定し、一定の制裁を定めたとしよう。いまや我々には環境を保護する法的義務があることになるが、これは誰かの我々に対する請求権をもたらさない。なお、権利を構成しない法的義務を「客観法 droit objectif」と呼び、権利を構成する法的義務（に相関する権利）を「主観法 droit subjectif」と呼ぶことがある（4-1 も参照のこと）。

　このことは、法的権利や道徳的権利を構成する相関的義務が満た

すべきいくつかの制約を示唆する。まず、権利の相関的義務は誰か
に対して負われる義務でなければならない（そうでないと権利保有
者が存在しなくなるからである）。このような義務のことを「責務
obligation」と呼ぶ。約束者 promisor が被約束者 promisee に対し
て負う約束履行義務、親が子に対して負う保護義務、人がどんな他
者に対しても負う「ゆえなく害しない」義務、といった責務は権利
を構成する。そうだとして、生物多様性保護を理由とする環境保護
義務が責務でないのはなぜだろうか。これには２つの応答がある。
第１に、生物多様性の存在はそれ自体としては誰の利益でもないか
らである。生物の多様性はそれが誰かにとって利益になるからとい
う理由ではなく端的に価値のある事柄として保護に値する（それは
非個人的な価値である）。磨崖佛群のような文化遺産は佛教徒の個
人的利益のゆえにではなく、非個人的な文化的価値のゆえに保護に
値する（キリスト教徒やムスリムにもそれを保護すべき理由があ
る）。第２に、環境保護義務や文化保護義務は、人々の同意によっ
て消滅しないからである。権利はその保有者の同意に基づいて抛棄
され消滅しうる（したがって相関的義務も消滅しうる）が、環境保
護義務や文化保護義務はそうではない。第１の応答は、ある義務が
人々の利益を理由として存在するときに、その義務が利益主体であ
る人々に対して負われる責務となり、権利を構成すると考えている
（権利の利益説）。第２の応答は、ある義務が人々の選択（同意の有
無）によって消滅しうるとき、その義務はその選択主体・同意主体
に対して負われる責務となり、権利を構成すると考えている（権利
の選択説ないし意志説）。

　既に述べたようにホーフェルド分析は権利概念に関する古典的分
析だが、著名な論者たちによる根強い批判がある。その批判は煎じ
詰めればこういうことである。権利、なかんずく請求権について、

それに相関する義務は権利の存在を理由として存在するのであって、権利の存在は義務の存在そのものではない。ある事柄についての権利（e.g. 表現の自由）が存在するがゆえに、それを保護するために義務の有無が設定され、そのことによって請求権、自由権、権能、免除権が存在する。権利自体はあくまでも相関的義務に先行して存在し、それを基礎づけるもの——価値——である。

　権利の利益説や選択説・意志説はこの問題を解決する。義務が権利を構成するのは、それらの義務が権利主体の利益（＝利益説）や自律的決定・自発的同意・自律的選択（＝意志説・選択説）といったものの価値を理由として存在するときである（それらの義務は誰かの利益や自律的選択を理由とすることによって責務である）。言い換えれば、利益や自律的選択を理由としてそれらを保護するための相関的義務が存在するとき（or 権利主体の義務が不存在とされるとき）、請求権（or 自由権がある）ということになる。権利にはそれを構成する義務だけでなくそれらを支える理由となる価値が含まれる。こう考えると、利益説や選択説・意志説以外の可能性も見えてくる。ある義務を支える理由となる価値が個人に帰属する価値である（すなわち非個人的価値でない）限り、その義務は責務となり、個人に帰属するそうした価値とそれを理由とする義務が権利を構成すると考えることができる（とはいえ、利益でも自律的選択でもなく人に帰属しうる、他者の義務の存在を支えるに足るような価値というものはなかなか思いつきにくいかもしれないが）。

　権利概念の分析としては、概ねこれで十分であろうが、利益説と意志説については最後に次のことが注意されるべきである。意志説によれば、ある事柄Ｆ（たとえば所有物）を巡る権利とは、Ｆに関する権利保有者の自律的選択を保護するためのものである。Ｆの処分を巡る私の自律的選択を保護するために、私はＦをどう処分す

るかについて——別途に他者と同意に基づく契約でもしていない限
りは——他者に義務を負わず、他者は私によるFの利用処分を妨
害してはならないという義務を負う、ということが要請されてく
る。更に、Fをどうするかについての自律的選択の中には、Fをど
う利用するかだけではなくFを不要なものとして捨てる選択も含
まれるだろう。そうだとすると、Fを巡る自律的選択の保護から生
じてくる権利には、それを抛棄する権能も含まれているはずであ
る。したがって、意志説的権利はほぼ必然的に抛棄可能 waivable
であることになる。だが、このことが意志説に難点を生じさせる。
たとえば法的権利の中には私の同意・自律的選択によって抛棄可能
でないものもあるだろう。たとえば、奴隷にされない権利や生命・
人身についての権利は多くの国で——同意殺人や同意傷害を禁ずる
刑法上の規定によって——抛棄不可能な権利として保護されてい
る。私が同意によって他者の私を殺さない義務を消滅させられない
ということは、私が自己の生命に関する権能を有していないことを
意味し、それゆえ意志説の下では私は自己の生命に関する権利を有
していないことになる（！）。また、自律的意志や自律的選択を保
護することは、自律的主体についてしか意味をなさないから、胎児
や乳幼児、重度の知的障碍や重度の意識障害などの場合には、意志
説の下では権利が存在し得ないことになる。なお、権利がなくても
義務がなくなるわけではない。たとえば胎児には権利がないが、そ
れにもかかわらずなお我々が胎児に一定の義務——殺さない義務
——を負っているということは（権利とその核心である自律の価値
のみが殺さない義務を基礎づけ得るのだと考えるのでもない限り
は）概念的に可能である。だがその場合でもそれは権利の名に値し
ないのである（！）。他方で、利益説には見られないこのような難
点にもかかわらず、意志説には（イマニュエル・カント以来の）根

強い支持がある。しかし、それがなぜなのかという問題は、法的概念の分析というよりは、自律の価値に関する実質的な正義の理論という、法哲学の別分野に属するものであり、本節では立ち入ることができない。

■　読書案内

　滝川裕英・大屋雄裕・宇佐美誠『法哲学』（有斐閣、2014 年）は、本節のような分析的スタイルと近しいやり方で法哲学の様々な話題を網羅的に取り扱った大変に読みやすい入門書であり、高校生から一般読書人まで、目下もっとも薦められるものである。本節では扱わなかったが、法哲学に関する文献は概ね、「正義とはなにか」を論ずるものと、「法とはなにか」を論ずるものとに大別できる。前者の一例としては、リバタリアニズムという立場を擁護する森村進『自由はどこまで可能か』（ちくま新書、2001 年）を読んでみるとよい。後者については、どうしてもやや難しくなってしまうが H・L・A・Hart（長谷部恭男 訳）『法の概念（第 3 版）』（ちくま学芸文庫、2014 年）が第二次大戦後の議論の出発点となった古典的著作である。本節で説明した「権能」の概念が、古典学説である命令説に対する批判において重要な役割を果たしていることがわかるだろう。

【安藤　馨】

エピローグ

エピローグ

◆　法学・国際関係学への旅の扉

　これから大学で学ぼうとする新入生や、まだしっかりした居場所を持っていない学生たちを思い浮かべながら、これが君たちの通う大学だよ、これが君たちの学ぼうとしている学問だよ、ということをどうにかして伝えられないだろうか、という気持ちをこれまでになく強く抱いたのは、2020年の春だった。

　このとき大学は、悪化の一途をたどり、また刻々と変わる状況のなかで模索を続けていた。マスクや消毒薬の不足に隠れてあまり報道されることはなかったが、当時は物流全般に深刻な影響が出ていたため、全国の大学では教科書が極端な品薄となっていた。ネットでは、マスクや消毒薬と同じく、教科書にも信じられないような転売価格が付けられていた。それに気づいてすぐに出版社の担当編集者に連絡を取り、じゅうぶんな版元在庫があることを確認して、大学生協書籍部とも連絡を取り合いながら、物流さえ落ち着けば必要数が必ず入荷する、焦って高額な転売品に手を出さないように、と学生に呼びかけたことを思い出す。

　通信環境による学生間の不公平ができるだけ生じない体制を整えるため、また遠隔授業においても学生に従来と同水準の教育を提供する準備を教職員側が整えるため、新年度の授業開始を5月の連休明けとした大学も多かった。一橋大学もその一つだったが、当時の学生は学びに飢えていたと思う。

　連休が明けて遠隔でスタートした2020年春学期の講義を受講した学生たちは、コロナ前とは比較にならない熱心さをみせた。この

年、図書館もまともに利用できないなかで彼らが書いたレポート
は、一橋大生の底力をみせつけるような素晴らしいものが多かっ
た。新入生はともかく、2年生以上なら、移動制限で会えなくとも
SNSやメールで情報を共有し、ネットで拾った情報を適当に混ぜ
てレポート的な何かをでっちあげることなど容易だったはずであ
る。しかし、この年のレポートはどれも個性的で、どれも素晴らし
かった。正直、このときまで、一橋大生がここまで優秀だとは思っ
ていなかった（申し訳ない）。もっとも、ウィズコロナの生活にも
慣れた翌年度以降、もはや非常時ではないと判断したのか、彼らは
速やかに本気を出すことをやめ、レポートや試験答案の水準も旧に
復したのだが。

　さて、ポストコロナとなって対面でのオープンキャンパスが再開
され、久々に個別質問ブースに座ってみると、来てくれた高校生た
ちは口々に、法学部を目指したい人は高校時代にどんな勉強をすれ
ばいいか、どんな本を読めばいいか、と尋ねてきた。大学教員とし
ては、法学をやるにせよ国際関係学をやるにせよバランスの取れた
広い視野が大事だから、文系理系を問わず高校の科目をしっかりや
るのが大切だよ、本も変に背伸びをして専門書をかじってみるより
は色々なジャンルの小説などに接する方が教養が培われるよ、と諭
すべきだったのだろうが、自分が高校生だったときのことを思え
ば、そんなありきたりの説教に満足できるはずもないと思い、ちょ
うど良い感じの本ってなかなかないんだよねぇ、と正直すぎる答え
を返していた。

　そんななか、ある高校生が発した、ないなら先生が書いてくださ
い、という素直すぎる言葉は、私にあのコロナの春を思い出させ
た。あのとき、そんな本があれば、それを不安と孤独に耐えていた
新入生たちの手元に届けてあげられていたら、と。

　こうして一橋法学・国際関係学レクチャーシリーズの企画がスタートした。モデルにしたのは、かつて経済学部が刊行し好評だった一橋大学経済学部編『教養としての経済学――生き抜く力を培うために』（有斐閣、2013 年）である。経済学研究科長には臆面もなく、タイトルごと真似してもいいですか、とお願いし、ご快諾をいただいた。企画が動き始めると、法学研究科の先生方から、うちもやればいいのにと実は思っていた、と積極的な協力のお申し出をたくさんいただくことができた。

　こうして誕生したのが、ここにお届けする一橋法学・国際関係学レクチャーシリーズ第 1 巻『教養としての法学・国際関係学――学問への旅のはじまり』である。執筆者の先生方には、一橋大学法学部に合格した高校生が入学前の春休みに読むことを想定して書いてください、と依頼した。これから自分たちが責任をもって法学・国際関係学を基礎から発展応用まで教えねばならない、しかし、まだ入学前で高校までの授業しか受けたことがない、そのような読者を思い浮かべながら書いてください、と。結果として本書は、法学部への進学を考えている高校生や、法学・国際関係学に関心のある他学部生・社会人にとっても魅力的なものになったのではないかと思う。なお、第 2 巻以降は、本書の各章を独立した巻として内容をさらに広げ、また掘り下げたものとしていく計画なので、ぜひ期待していただきたい。

　本書が多くの読者にとって、法学・国際関係学へといざなう旅の扉となることを願いつつ

2023 年 11 月 11 日
屋敷　二郎

[執筆者紹介（五十音順）]

・青木　人志（あおき・ひとし）一橋大学副学長、法学研究科教授
専門分野：比較法。主要業績：『日本の動物法第2版』（東京大学出版会、2016年）ほか

・秋山　信将（あきやま・のぶまさ）国際・公共政策大学院長、法学研究科教授
専門分野：国際安全保障論。元・在ウィーン国際機関日本政府代表部公使参事官、「核なき世界実現のための賢人会議」委員。日本軍縮学会監事。主要業績：『核不拡散をめぐる国際政治―規範の遵守、秩序の変容』（有信堂、2012年）ほか

・安藤　馨（あんどう・かおる）法学研究科教授
専門分野：法哲学。主要業績：『統治と功利―功利主義リベラリズムの擁護』（勁草書房、2007年）、『法哲学と法哲学の対話』（有斐閣、2017年、共著）ほか

・石田　剛（いしだ・たけし）法学研究科教授
専門分野：民法。信託法学会理事。主要業績：『債権譲渡禁止特約の研究』（商事法務、2013年）ほか

・市原　麻衣子（いちはら・まいこ）法学研究科教授
専門分野：国際政治、人権・民主主義外交。主要業績：『Japan's International Democracy Assistance as Soft Power: Neoclassical Realist Analysis』（Routledge、2017年）、『2035年の世界地図―失われる民主主義、破裂する資本主義』（朝日新書、2023年、共著）

ほか

・井上　由里子（いのうえ・ゆりこ）ビジネスロー専攻長、法学研究科教授

専門分野：知的財産法。文化庁「世界の記憶」審査委員会委員、総務省情報通信審議会委員。著作権法学会理事、日本工業所有権法学会理事。主要業績：『情報法』（有斐閣、2012 年、共著）ほか

・クォン・ヨンソク（くぉん・よんそく）法学研究科准教授

専門分野：日本外交史、国際関係史。主要業績：『岸政権期の「アジア外交」―「アジア主義」の逆説』（国際書院、2008 年）、『「韓流」と「日流」―文化から読み解く日韓新時代』（NHK 出版、2010 年）ほか

・酒井　太郎（さかい・たろう）法学研究科教授

専門分野：商法、会社法。日本私法学会理事。主要業績：『会社法を学ぶ』（有斐閣、2016 年）ほか

・櫻庭　涼子（さくらば・りょうこ）法学研究科教授

専門分野：労働法。日本労働法学会理事。主要業績：『年齢差別禁止の法理』（信山社、2008 年）ほか

・杉山　悦子（すぎやま・えつこ）法学研究科教授

専門分野：民事手続法、倒産法。UNCITRAL（国連商取引法委員会）第五作業部会日本政府代表。日本民事訴訟法学会理事、仲裁ADR 法学会理事。主要業績：『民事訴訟と専門家』（有斐閣、2007 年）、『民事訴訟法　重要問題とその解法』（日本評論社、2014 年）

ほか

・角田　美穂子（すみだ・みほこ）法学研究科教授、社会科学高等研究院（HIAS）教授
専門分野：消費者法、民法。主要業績：『適合性原則と私法理論の交錯』（商事法務、2013 年）、『リーガルイノベーション入門』（弘文堂、2022 年、共編著）ほか

・平良　小百合（たいら・さゆり）法学研究科准教授
専門分野：憲法。主要業績：『財産権の憲法的保障』（尚学社、2017 年）ほか

・竹下　啓介（たけした・けいすけ）法学研究科教授
専門分野：国際私法、国際民事手続法。HCCH（ハーグ国際私法会議）管轄プロジェクト議長・日本政府代表。仲裁 ADR 法学会理事。主要業績：『基礎・国際私法―三酔人国際私法問答』（日本評論社、2023 年）ほか

・竹村　仁美（たけむら・ひとみ）法学研究科教授
専門分野：国際刑事法。主要業績：『The Rohingya Crisis and the International Criminal Court』（Springer、2023 年）ほか

・但見　亮（たじみ・まこと）法学研究科教授
専門分野：中国法。主要業績：『中国夢の法治―その来し方行く末』（成文堂、2019 年）ほか

・野口　貴公美（のぐち・きくみ）一橋大学副学長、法学研究科教

授

専門分野：行政法。総務省行政不服審査会委員、内閣官房情報保全諮問会議構成員。主要業績：『行政立法手続の研究―米国行政法からの示唆』（日本評論社、2008 年）、『行政法（有斐閣ストゥディア）〔第 3 版〕』（有斐閣、2023 年、共著）ほか

・本庄　武（ほんじょう・たけし）法科大学院長、法学研究科教授
専門分野：刑法、刑事政策、少年法。日本刑法学会理事。主要業績：『少年に対する刑事処分』（現代人文社、2014 年）ほか

・緑　大輔（みどり・だいすけ）法学研究科教授
専門分野：刑事訴訟法。主要業績：『刑事捜査法の研究』（日本評論社、2022 年）ほか

・屋敷　二郎（やしき・じろう）法学研究科長・法学部長、法学研究科教授
専門分野：西洋法制史。法文化学会理事長、法制史学会理事。主要業績：ピーター・スタイン『ローマ法とヨーロッパ』（ミネルヴァ書房、2003 年、監訳）。『フリードリヒ大王―祖国と寛容』（山川出版社、2016 年）ほか

・山田　敦（やまだ・あつし）一橋大学副学長、法学研究科教授
専門分野：国際政治経済学。主要業績：『ネオ・テクノ・ナショナリズム―グローカル時代の技術と国際関係』（有斐閣、2001 年）、『国際政治経済学・入門〔第 3 版〕』（有斐閣、2009 年、共著）ほか

・吉村　政穂（よしむら・まさお）法学研究科教授

専門分野：租税法。租税法学会理事・運営委員、IFA（国際租税協会）日本支部理事・運営委員。主要業績：『信託課税研究の道標』（有斐閣、2019 年、共編著）、『租税法概説〔第 4 版〕』（有斐閣、2021 年、共編著）ほか

索　引

一橋法学・国際関係学レクチャーシリーズ　1

教養としての法学・国際関係学——学問への旅のはじまり

編者　一橋法学・国際関係学レクチャーシリーズ刊行委員会

2024 年 2 月 20 日初版第 1 刷発行

・発行者——石井　彰

印刷・製本／モリモト印刷株式会社

© 2024 Hitotsubashi Lecture
Series on Law and
International Relations
Editorial Comittee

（定価＝本体価格 2,800 円＋税）

ISBN978-4-87791-327-4 C3032 Printed in Japan

・発行所

KOKUSAI SHOIN Co., Ltd.
3-32-6, HONGO, BUNKYO-KU, TOKYO, JAPAN.

株式会社 **国際書院**
〒113-0033 東京都文京区本郷 3-32-6-1001

TEL 03-5684-5803　　FAX 03-5684-2610
E メール：kokusai@aa.bcom.ne.jp
http://www.kokusai-shoin.co.jp

宇野重昭／朱通華編

農村地域の近代化と内発的発展論
―日中「小城鎮」共同研究

906319-21-1　C3036　　　　　　A5判　532頁　12,134円

各々の地域の人々がその自然的生態系に適合し、それぞれの伝統と文化遺産に基づいて自立的に人類共通の目標に至る経路をつくり出すことを主張する。内発的発展論の対象に中国の江蘇省と日本の大分県がとり上げられる。　　　(1991.6)

三鷹市／ICU社会科学研究所編

市民・自治体は平和のために何ができるか(絶版)
―ヨハン・ガルトゥング平和を語る

906319-20-3　C1031　　　　　　四六判　196頁　1,942円

人々が「国」から「街」へ帰ることを提唱する。「自治体」は本来、人々自身が自分達の生活をどうするか決定するところであり。どこか遠いところへ行ってしまった「政治」をもう一度人々の身近なところへ取り戻すことを主張。　　　(1991.7)

ロニー・アレキサンダー

大きな夢と小さな島々
―太平洋島嶼国の非核化にみる新しい安全保障観

906319-24-6　C1031　　　　　　A5判　267頁　3,107円

太平洋地域におけるミニ国家は、大国の大気圏核実験場となってきた。それぞれの民族・文化にとってかけがえのない海・島・空気を守るための「反核ナショナリズム」の運動は「内発的安全保障」論へと方向づけられていくことを論じた。　　　(1992.9)

武者小路公秀編

新しい世界秩序をもとめて
―アジア・太平洋のゆくえ

906319-31-9　C1031　　　　　　A5判　245頁　3,107円

民主主義と人権、非覇権的な地域システムの構築、国家と社会運動、少数民族や宗教集団など総合的に議論を展開し、危機に満ちたこの過渡期の世界の実相を明らかにして、アジア・太平洋地域の平和秩序形成のための原理と政策を探る。　　　(1992.8)

石村　修／小沼堅司／古川純編

いま戦争と平和を考える

906319-32-7　C1031　　　　　　A5判　257頁　3,107円

歴史、法制度、人間そして現在の日本と世界の現実を見つめ直すことが本書全体のモチーフである。日本国憲法の平和条項の意義を探り、ヨーロッパ、アジアとの比較憲法的、国際法的考察を行い、国際社会での紛争解決策を模索する。　　　(1993.1)

天児　慧

日本の国際主義
―20世紀史への問い

906319-57-2　C1031　　　　　　四六判　265頁　2,524円

[国際関係シリーズ⑩] 今日に至る日本を国際社会の中で捉え直し、その過程での日本人の国際認識を論じる。明治維新、1945年の敗戦、80年代後半から90年代初頭の冷戦崩壊の三つの転換期を各々検証し、未来への歴史的見取り図を探る。　　　(1995.3)

中嶋嶺雄／清水　透編

転換期としての現代世界 (絶版)
―地域から何が見えるか

906319-29-7　C1031　　　　　　A5判　349頁　3,107円

[東京外国語大学・海外事情研究所叢書①] グローバルな視点と地域からの視点の双方向から現代史に接近する。現代国際社会を、普遍的価値と地域性の視座から捉え、変わりゆく世界を跡づけながら社会科学と歴史学の役割をも論ずる。　　　(1993.1)

中嶋嶺雄編

変貌する現代世界を読み解く言葉

906319-67-X　C1036　　　　　　A5判　217頁　2,800円

[東京外国語大学・海外事情研究所叢書②] 現代世界の変貌の歴史的要因を探究する視座として、言語、民族、風土、文化を捉えた。煉獄としての民族、文化多元主義、風土から心象地理へ、亡命の精神・喪失の言語が語られる。　　　(1997.12)

日本国際政治学会編

21世紀の日本、アジア、世界
―日本国際政治学会・米国国際関係学会合同国際会議からの展望

906319-82-3　C3031　　　　　　A5判　813頁　4,800円

歴史的転換とは何かについて刺激的な考察がなされ、冷戦終焉以降の新しいパラダイムが提示される。さらに、「文明の衝突」論と「アジアの世紀」論とが重ね合わされて、欧米研究者の「アジア・太平洋」観も示される。　　　(1998.5)

清水　透編

グローバル化の時代へ

906319-91-2　C1031　　　　A5判　255頁　2,800円

[フェリス社会人大学講座①] 21世紀を目前にして私たち個々人が国家や地球上の自然や他者とどのような新たな関係を取り結ぶのか、いわゆる「グローバリゼーション論」を批判的に検討しながら追求した。
(1999.5)

森本　敏／横田洋三編著

予防外交

906319-68-8　C1031　　　　A5判　237頁　2,718円

予防外交の究極の目標は世界平和の実現である。戦争や武力紛争が発生する前にその悪化を阻止し、また紛争そのものを防止することが予防外交の本質である。平和の創造・強制・維持・構築の角度から現代国際社会に課題を提起する。
(1996.8)

NIRA／横田洋三共編

アフリカの国内紛争と予防外交

87791-105-7　C3031　　　　A5判　543頁　5,800円

東アフリカ、中部アフリカ、西アフリカ、南部アフリカなど各地の国内紛争の国際的・地域的・国内的要因を具体的・事例的に検討し、紛争解決へ向けての予防外交の現状と課題を提起する。
(2001.3)

NIRA／中牧弘允共編

現代世界と宗教

87791-100-6　C3014　　　　A5判　295頁　3,400円

グローバル化、情報化の進展、紛争に関わる「宗教」現象といった今日の国際社会において、宗教学を始め、政治学や社会学、文化人類学など様々な領域から新しい世紀の「宗教」を巡る動向のゆくへを探る。
(2000.9)

中園和仁

香港返還交渉
―民主化をめぐる攻防

906319-85-8　C3031　　　　A5判　270頁　2,800円

イギリスの植民地統治は終わりを告げ香港は中国に返還された。「香港問題」が形成された歴史的背景をたどり、香港の特殊な地位および返還交渉の舞台裏を検討することによって、香港の「民主化」が持つ意味を探る。
(1998.7)

堀江浩一郎

南アフリカ
―現代政治史の鳥瞰図

906319-55-6　C1031　　　　A5判　345頁　3,398円

南アのコミュニティ運動、対外関係などの政治分析を通して、南ア社会の変革と民主化へのダイナミズムを考察する。第三世界の壮大な実験である「市民社会」の建設へ向けての運動は、現代国際社会の課題に示唆するものも大きい。
(1995.4)

宇佐美　慈

米中国交樹立交渉の研究

906319-64-5　C3031　　　　A5判　601頁　8,252円

1979年のアメリカ合衆国の中華人民共和国との国交樹立と中華民国との断絶について、その政策決定と交渉過程とこれに影響を及ぼした内外の様々な要因及び国交樹立後の様々な関連事項の処理について、主として米国の側から分析した。
(1996.1)

泉　淳

アイゼンハワー政権の中東政策

87791-110-3　C3031　　　　A5判　309頁　4,800円

中東地域政治の特質を踏まえ米国の政策形成・決定過程さらに米国の冷戦政策を顧み、「アイゼンハワー政権の中東政策」の再評価を試みた本書は現在の中東地域政治、米国の中東政策を理解する上で大きな示唆を与える。
(2001.6)

鈴木康彦

アメリカの政治と社会

906319-89-0　C1031　　　　A5判　233頁　2,800円

アメリカ特有の政治、経済、法律、社会制度、国の成り立ち、文化に亘る、内部から見た解説書である。滞米年数30年を越す筆者のアメリカ的思考を加味しながらの記述はアメリカの全体像を知る上で格好の書である。
(1999.4)

岩下明裕

「ソビエト外交パラダイム」の研究

906319-88-2　C3032　　　　A5 判　263 頁　3,200 円

本書は、「ソビエト国家」の対外関係をめぐる数々の「説明原理」の変遷を、「国家主権」と「社会主義体制」の概念に焦点を当てて分析し、ソ連外交史あるいは国際関係史の研究を進める上で有用である。
(1999.7)

宮本光雄

国民国家と国家連邦
―欧州国際統合の将来

87791-113-8　C3031　　　　A5 判　361 頁　3,800 円

「連邦主義的統合論」及び「政府間主義的統合論」を軸に、第一次世界大戦後に始まる欧州国際統合運動を分析し、21 世紀における欧州国民国家とEU の将来が検討され、アジアとの地域間関係も分析される。
(2001.7)

宮脇 昇

CSCE 人権レジームの研究
―「ヘルシンキ宣言」は冷戦を終わらせた

87791-118-9　C3031　　　　A5 判　333 頁　3,800 円

冷戦期の欧州国際政治史の中でそのターニングポイントとなった CSCE（欧州の安全保障と協力に関する会議）の人権レジームに見られる東西間の対立と協調が織りなす国際関係の研究書である。
(2002.2)

武者小路公秀

人間安全保障論序説
―グローバル・ファシズムに抗して

87791-130-8　C1031　　　　A5 判　303 頁　3,400 円

グローバル覇権の構造と行動、人間安全保障と人間安全共同体、文明間の対話による共通の人間安全保障という三つの角度から本書は、「人民の安全保障」へ向けて「もうひとつの世界」への道筋を探る作業の「序説」である。
(2003.12)

篠田英朗／上杉勇司

紛争と人間の安全保障
―新しい平和構築のアプローチを求めて

87791-146-4　C3031　　　　A5 判　307 頁　3,400 円

「人間の安全保障」に纏わる、論点が持つ意味と可能性の探究、紛争下での争点の提示、実践上での限界を超える可能性、外交政策における課題などを示しながら、「人間の安全保障」が「現実」の要請であることを明らかにする。
(2005.6)

田畑伸一郎・末澤恵美編

CIS：旧ソ連空間の再構成

87791-132-4　C1031　　　　A5 判　253 頁　3,200 円

独立国家共同体 CIS を、旧ソ連空間に形成されたひとつの纏まりとして捉えようとする本書は、その多様化を見据え、国際関係の観点からも分析する。類例のないこの共同体は今世紀のひとつの行方を示唆している。
(2004.3)

赤羽恒雄・監修

国境を越える人々
―北東アジアにおける人口移動

87791-160-×　C3031　　　　A5 判　319 頁　6,000 円

ロシア極東への中国人移民、日本のロシア人・中国人・コリアンコミュニティ、朝鮮半島とモンゴルにおける移民などを通して北東アジアの人口動態傾向と移民パターンを探り、越境人流が提示する課題を明らかにする。
(2006.6)

M・シーゲル／J・カミレーリ編

多国間主義と同盟の狭間
―岐路に立つ日本とオーストラリア

87791-162-6　C3031　　　　A5 判　307 頁　4,800 円

アジア太平洋地域に属する日本とオーストラリアは超大国アメリカとの同盟関係を基盤に安全保障政策を築いてきた。これまでの同盟政策を批判的に検討し、日豪が地域と世界の平和に貢献できる道を多国間主義に探る。
(2006.9)

山本吉宣・武田興欣編

アメリカ政治外交のアナトミー

87791-165-0　C1031　　　　A5 判　339 頁　3,400 円

冷戦後「唯一の超大国」となったアメリカをわれわれはどう理解すればよいのか。国際システム、二国間関係、国内政治過程に注目し、政治学者、国際法学者、地域研究者が複雑なアメリカの政治外交を解剖する書（アナトミー）。
(2006.12)

ピーター・H・サンド　信夫隆司／髙村ゆかり訳

地球環境管理の教訓

906319-44-O　C1031　　　　　　四六判　187頁　2,136円

地球環境管理にとってこれまで蓄積されてきた経験と制度上のノウハウを詳細に検討し、地球環境問題を解決するための効果的なルール、国際社会制度を如何に構築するか、どのように世界に普及させ、遵守させるかを論ずる。　　　　　（1994.5）

信夫隆司編

地球環境レジームの形成と発展

87791-092-1　C3031　　　　　　A5判　288頁　3,200円

地球環境問題に国際政治理論がどのような解決の枠組みを提示できるのか。国家間の相克、国際機関、NGOといったアクターを通しての「地球環境レジーム」の形成プロセス、維持・発展過程を追究する。　　　　　　　　　　　　　　　（2000.5）

山内　進編

フロンティアのヨーロッパ

87791-177-5　C3031　　　　　　A5判　317頁　3,200円

歴史的意味でのフロンティアを再点検し、北欧、バルト諸国、ウクライナなどとの関係およびトラフィッキングの実態にも光を当て、内と外との「EUのフロンティア」を多岐にわたって考察する。　　　　　　　　　（2008.3）

堀内賢志吾

ロシア極東地域の国際協力と地方政府
―中央・地方関係からの分析

87791-179-9　C3031　　　　　　A5判　323頁　5,400円

北東アジアの国際協力に大きな期待が寄せられているロシア。極東地域での対外協力に消極的な姿勢から変化が生まれている背景を、中央・地方関係の制度的側面から分析し、政治学的なアプローチを試みる。　　　　　　　　　（2008.5）

上杉勇司・青井千由紀編

国家建設における民軍関係
―破綻国家再建の理論と実践をつなぐ

87791-181-2　C1031　　　　　　A5判　341頁　3,400円

民軍関係の理論的考察をおこない、文民組織からおよび軍事組織からの視点でみた民軍関係の課題を論じ行動指針を整理する。そのうえに立って民軍関係の課題に関する事例研究をおこなう。　　　　　　　　　　（2008.5）

大賀哲・杉田米行編

国際社会の意義と限界
―理論・思想・歴史

87791-180-5　C1031　　　　　　A5判　359頁　3,600円

「国際社会」を、規範・法・制度あるいは歴史、思想、文化といった分野との関連で広く政治学の文脈で位置づけ、個別の事例検証をおこないつつ「国際社会」概念を整理・体系化し、その意義と限界を追究する。　　　　　　　　　　　（2008.6）

貴志俊彦・土屋由香編

文化冷戦の時代
―アメリカとアジア

87791-191-1　C1031　　　　　　A5判　283頁　2,800円

新たなアジア的連帯を形成するうえで、20世紀半ばの文化冷戦の歴史的考察は避けて通れない。世界規模で進められた米国の広報・宣伝活動のうち、本書では日本、韓国、台湾、フィリピン、ラオスでのその実態を考察する。　　　　（2009.2）

小尾美千代

日米自動車摩擦の国際政治経済学
―貿易政策アイディアと経済のグローバル化

87791-193-5　C3031　　　　　　A5判　297頁　5,400円

経済のグローバル化、国際化論をベースに、輸出入・現地生産・資本提携など自動車市場の変化、その調整過程を分析し、これまでの日米自動車摩擦の実態を国際政治経済学の視点から政治・経済領域での相互作用を追跡する。　　　（2009.3）

黒川修司

現代国際関係論

87791-196-6　C1031　　　　　　A5判　313頁　2,800円

大学のテキスト。事例研究から入って理論的思考ができるようにし、国際関係政治学の基礎的な概念、理論、歴史的な事実を把握できるようにした。多様なテーマが物語りのように書かれ、親しみやすい書になっている。　　　　　　　（2009.6）

吉村慎太郎・飯塚央子編

核拡散問題とアジア
―核抑止論を超えて

87791-197-3　C1031　　　　　　　A5 判　235 頁　2,800 円

日本、韓国、北朝鮮、中国、インド、パキスタン、イラン、イスラエル、ロシアなど複雑な事情を抱えたアジアの核拡散状況を見据え、世界規模での核廃絶に向けて取り組みを続け、取り組もうとする方々へ贈る基本書。　　　　　　(2009.7)

佐藤幸男・前田幸男編

世界政治を思想する　Ⅰ

87791-203-1　C1031　　　　　　　A5 判　293 頁　2,800 円

「生きる意味」を問い続ける教科書。国際政治理論の超え方、文化的次元での世界政治の読み解き方、歴史的現代における知覚の再編成、平和のあり方を論じ日常の転覆を排除せず「生きること＝思想する」ことを追究する。　　　(2010.1)

佐藤幸男・前田幸男編

世界政治を思想する　Ⅱ

87791-204-8　C1031　　　　　　　A5 判　269 頁　2,600 円

「生きる意味」を問い続ける教科書。国際政治理論の超え方、文化的次元での世界政治の読み解き方、歴史的現代における知覚の再編成、平和のあり方を論じ日常の転覆を排除せず「生きること＝思想する」ことを追究する。　　　(2010.1)

永田尚見

流行病の国際的コントロール
―国際衛生会議の研究

87791-202-4　C3031　　　　　　　A5 判　303 頁　5,600 円

人間の安全保障、国際レジーム論・国際組織論、文化触変論の視点から、さまざまなアクターの関与を検討し、国際的予防措置の形成・成立を跡づけ、一世紀に亘る国際衛生会議などの活動が各国に受容されていく過程を追う。　　　(2010.1)

浜田泰弘

トーマス・マン政治思想研究
[1914-1955]
―「非政治的人間の考察」以降のデモクラシー論の展開」

87791-209-3　C3031　　　　　　　A5 判　343 頁　5,400 円

「政治と文学という問い」に果敢に挑戦した文学者トーマス・マンの政治論は、二度の世界大戦、ロシア革命とドイツ革命、ファシズムそして冷戦を経た 20 世紀ドイツ精神の自叙伝として 21 世紀世界に示唆を与える。　　　(2010.7)

美根慶樹

国連と軍縮

87791-213-0　C1031　　　　　　　A5 判　225 頁　2,800 円

核兵器廃絶、通常兵器削減の課題を解決する途を国連の場で追求することを訴える。通常兵器・特定通常兵器、小型武器などについて需要側・生産側の問題点をリアルに描き出し核兵器・武器存在の残虐性を告発する。　　　(2010.9)

鈴木　隆

東アジア統合の国際政治経済学
― ASEAN 地域主義から自立的発展モデルへ

87791-212-3　C3031　　　　　　　A5 判　391 頁　5,600 円

国際システム下における途上国の発展過程、とりわけ ASEAN を中心に国家・地域・国際システムの三つのリンケージ手法を用いて分析し、「覇権と周辺」構造への挑戦でもある東アジア統合の可能性を追う。　　　(2011.2.)

金　永完

中国における「一国二制度」とその法的展開
―香港、マカオ、台湾問題と中国の統合

87791-217-8　C3031　　　　　　　A5 判　363 頁　5,600 円

北京政府の「「一国二制度」論について、香港、マカオ問題の解決の道筋をたどりつつ、法的諸問題に軸足を置き、国際法・歴史学・政治学・国際関係学・哲学的な視点から文献・比較分析をおこない解決策を模索する。　　　(2011.3.)

宮本光雄先生

覇権と自立
―世界秩序変動期における欧州とアメリカ

87791-219-2　C3031　　　　　　　A5 判　377 頁　5,600 円

発展途上諸国の経済発展および発言権の増大という条件のなかで欧州諸国では欧米間の均衡回復が求められており、「均衡と統合」、「法の支配」を柱とした「全人類が公正に遇され」る世界秩序を求める模索が続いている。　　　(2011.3)

鈴木規夫

光の政治哲学
―スフラワルディーとモダン

87791-183-6　C3031　　　　　　A5判　327頁　5,200円

改革・開放期における市場経済化を契機とする農村地域の社会変動に対応して、基層政権が下位の社会集団、利益集団といかなる関係を再構築しつつあるかを跡づけ、農村地域の統治構造の再編のゆくへを考察する。
(2006.3)

鈴木規夫

現代イスラーム現象

87791-189-8　C1031　　　　　　A5判　239頁　3,200円

1967年の第三次中東戦争から米軍によるバグダッド占領までの40年に及ぶ「サイクル収束期」の位置づけを含め、20世紀後半の〈イスラーム現象〉が遺した現代世界における被抑圧者解放への理論的諸課題を探る。
(2009.3)

森川裕二

東アジア地域形成の新たな政治力学
―リージョナリズムの空間論的分析

87791-227-7　C3031　　　　　　A5判　435頁　5,400円

東アジア共同体を遠望することはできるのか。方法論的理論の探求、定量研究、事例研究をとおして地域形成と地域主義がどのような関係をもつのか、地域協力によって積み上げられてきたこの地域の国際関係論を探求する。
(2012.5)

水田愼一

紛争後平和構築と民主主義

87791-229-1　C3031　　　　　　A5判　289頁　4,800円

世界各地では絶えず紛争が発生している。紛争後における平和構築・民主主義の実現の道筋を、敵対関係の変化・国際社会の介入などの分析をとおして司法制度・治安制度・政治・選挙制度といった角度から探究する。
(2012.5)

上杉勇司・藤重博美・吉崎知典編

平和構築における治安部門改革

87791-231-4　C3031　　　　　　A5判　225頁　2,800円

内外の安全保障、国内の開発を射程に入れた紛争国家再生の平和支援活動の工程表を展望した「治安部門改革」における理論と実践の矛盾を率直に語り、鋭い問題提起をおこないつつ平和構築を追求した。
(2012.8)

野崎孝弘

安全保障の政治学
―表象的次元から見る国際関係

87791-235-2　C3031　　　　　　A5判　249頁　5,000円

横領行為や悪用に対抗する意志を持たない「人間の安全保障」。表象分析によって特定の表象や学術的言説が現行の権力関係や支配的な実践系を正当化し、常態化している姿を本書は白日の下にさらす。
(2012.9)

大賀　哲編

北東アジアの市民社会
―投企と紐帯

87791-246-8　C1031　　　　　　A5判　233頁　2,800円

日本・中国・韓国・台湾などの事例研究を通して、国家の枠内における市民社会形成と国家を超えた北東アジアにおけるトランスナショナルな市民社会との相互作用を検討し、「アジア市民社会論」を展開する。
(2013.5)

今田奈帆美

大国の不安、同盟国の影響力
―ベルリン危機をめぐる米独関係

87791-245-1　C3031　　　　　　A5判　267頁　5,600円

大国と同盟関係にある相対的弱小国が一定の条件の下で大国の外交政策に影響力を持つことを、冷戦下でのベルリン危機をめぐる米独関係を1次、2次、3次にわたる経緯をつぶさに追って検証する。
(2013.5)

本多美樹

国連による経済制裁と人道上の諸問題
―「スマート・サンクション」の模索

87791-252-9　C3031　　　　　　A5判　319頁　5,600円

国連が、集団的安全保障の具体的な手段である「非軍事的措置」、とりわけ経済制裁を発動し継続して科していく際にどのようなモラルを維持し、国際社会に共通する脅威に取り組んでいくのか、その過程を考察する。
(2013.9)

岩佐茂・金泰明編

21世紀の思想的課題
―転換期の価値意識

87791-249-9　C1031　　　　　A5判　427頁　6,000円

近世、近代から現代にかけての世界の歴史を、こんにち、グローバルな転換期を迎えている世界の思想的な挑戦と捉え、日本、中国の哲学研究者が総力をあげて応える手がかりを見出す試みである。　　　　　　　　　　　　　　　　　　（2013.10）

鈴木規夫編

イメージング・チャイナ
―印象中国の政治学

87791-257-4　C3031　　　　　A5判　245頁　3,200円

〈中国〉は未だ揺らいだ対象である。21世紀においてこの〈中国〉というこの名辞がどのようなイメージに変容していくのか。本書では、「印象中国」から視覚資料・非文字資料への分析・批判理論構築の必要性を追究する。　　　　　　（2014.4）

永井義人

国家間対立に直面する地方自治体の国際政策
―山陰地方における地方間国際交流を事例として

87791-256-7　C3031　　　　　A5判　199頁　4,800円

北朝鮮江原道元山市との友好都市協定に基づく経済交流をおこなっていた鳥取県、境港市における国際政策・政策決定過程をつぶさに見るとき、国家間対立を乗り越えるひとつの道筋とその方向性を示唆している。　　　　　　　　　　　（2014.4）

武者小路公秀

国際社会科学講義：
文明間対話の作法

87791-264-2　C1031　　　　　A5判　347頁　2,500円

現代世界の問題群・存在論的課題の解明のために「螺旋的戦略」を提起する。技術官僚的パラダイム偏向を正し、形式論理学を超えた真理を求めるパラダイム間の対話、声なき声を聞きここに新しいフロンティアを開く。　　　　　　（2015.2）

宮本光雄

エネルギーと環境の政治経済学：
「エネルギー転換」へいたるドイツの道

87791-266-4　C3031　　　　　A5判　424頁　4,600円

ドイツのエネルギー政策の転換を生み出すに至る第二次世界大戦後の政治的・経済的・法制的・社会的プロセスな分析し、再生可能エネルギーの供給体制確保を中心に、将来エネルギーの全体像を明らかにする。　　　　　　　　　　　　（2015.11）

大隈　宏

ミレニアム・チャレンジの修辞学：
UN-MDGs-EU

87791-281-9　C3031　　　　　A5判　488頁　6,400円

現在進行中のSDGs（持続可能な開発目標）の前提としてのMDGs（ミレニア開発目標）の「人間開発」という人類の包括的核心をなす作業をEUの積極的関わりを通して追求した本書は人類に大きな示唆を与える。　　　　　　　　　　　（2017.3）

深串　徹

戦後台湾における対日関係の公的記憶：
1945～1970s

87791-301-4　C3031　¥6400E　　A5判　405頁　6,400円

被害者と加害者がその過去といかに折り合いをつけるか、この課題に戦後日華・日台間で蓄積されてきた経験は一般的な歴史和解の模範となることはできなくとも、興味深い事例となっている。　　　　　　　　　　　　　　　（2019.10）

細野ゆり

フィリピンの保健医療改革研究：
新制度論アプローチから

87791-295-6　C3031　　　　　A5判　287頁　4,600円

「すべての人への医療」という目標達成には、西欧近代的な行政改革の手法は、フィリピンという深い歴史の文脈を受け継いだ政治・行政構造のもとでは医療サービスの受診システムさえ整備されなかった。　　　　　　　　　　　　　　（2019.3）

李　正吉

韓国政治の転換点：
「分断」と民主主義の政治力学

87791-306-9　C3031　　　　　A5判　311頁　3,200円

1987年、韓国の盧泰愚大統領が発表した政治宣言「87年民主化」は、経済的不平等を残したまま「民主主義のルール」設定したため、被支配層は「民主化」以降もさらなる不利益を被ることになった。　　　　　　　　　　　　　（2020.11）

玉井良尚

制水権:
軍は水を資源化する

87791-301-6　C3031　　　　　　A5判　289頁　4,200円

「制水権」概念を導入し、軍による制水権をアメリカ軍および旧日本軍の事例を分析し、水が世界的に軍事資源化することによる平和的な制水権、市民による水管理が縮小することがあってはならないことを警鐘する。　　　　　　　　(2021.3)

西海洋志

保護する責任と国際政治思想

87791-311-3　C3031　　　　　　A5判　381頁　5,400円

「保護する責任」概念の展開に焦点を合わせ、国際政治思想研究に新たな可能性を開くことを展望しながら、国際立憲主義から機能主義的な国際秩序構築への変遷を通して、国際政治の動態を分析・考察する。　　　　　　　　(2021.3)

杉田米行

国際関係の変動と日本医療保険制度史

87791-315-1　C3031　　　　　　A5判　303頁　3,800円

19世紀末以降のアメリカ的行動原理が東アジアにおける国際政治舞台で台頭し、ドッジ・ラインの実施により、1950年代までには日本における戦後医療保険医療制度の外枠が定まったことを実証する。　　　　　　　　(2022.2)

渡邉智明

有害廃棄物に関するグローバル・ガヴァナンスの研究
―政策アイディアから見たバーゼル条約とその制度的連関―

87791-316-8　C3031　　　　　　A5判　359頁　5,400円

有害廃棄物の輸出入国のアンバランス関係に新たな政策アイデアを共有していく過程でバーゼル条約を超えて新しい制度設計を国際社会レベルで進展させてゆくさまざまな議論を俯瞰しつつ課題解決に迫る。　　　　　　　　(2022.6)

陳　立行

現代中国は何を失ったか

87791-315-1　C3031　　　　　　A5判　303頁　3,800円

混迷する世界情勢のなかで果たすべき役割の多い中国。その中国の迷走を止め、中国社会を正道に復帰させるための力作である。　　　　　　　　(2022.8)

徐青

近代日本におけるシャンハイ・イメージ
1931〜1945

87791-324-5　C3031　¥6400E　　A5判　403頁　6,000円

近代東アジア史をたどるとき、日本軍国主義による中国侵略は「日本人民には罪はない」と言えるのか。日本国民大衆自身に「責任」があり、その観念が希薄であることがシャンハイ・イメージの残像に反映されている。　　　　　　　　(2023.9)

宮島美花

中国朝鮮族のトランスナショナルな
移動と生活

87791-284-0　C3031　　　　　　A5判　247頁　3,400円

国際的な社会保障の枠組みの不在・不備を補うために国境を越えて移動先を自ら選び取り日常を生きる移動者・移民の実態を中国朝鮮族のトランスナショナルな移動と生活を通して追究する。　　　　　　　　(2017.9)

宇野重昭／鹿錫俊編

中国における共同体の再編と内発的自治の試み
―江蘇省における実地調査から

87791-148-0　C3031　　　　　　A5判　277頁　2,800円

現代中国における権力操作との関係のなかで、民衆による自治・コミュニティというものの自発的・内発性がどのように成長しているか、合同調査チームによる江蘇省における実地調査を通して追跡する。　　　　　　　　(2004.6)

江口伸吾

中国農村における社会変動と統治構造
―改革・開放期の市場経済化を契機として

87791-156-1　C3031　　　　　　A5判　267頁　5,200円

改革・開放期における市場経済化を契機とする農村地域の社会変動に対応して、基層政権が下位の社会集団、利益集団といかなる関係を再構築しつつあるかを跡づけ、農村地域の統治構造の再編のゆくへを考察する。　　　　　　　　(2006.3)

張　紹鐸

国連中国代表権問題をめぐる国際関係 (1961-1971)

87791-175-1　C3031　　　　A5判　303頁　5,400円

東西冷戦、中ソ対立、ベトナム戦争、アフリカ新興諸国の登場などを歴史的背景としながら、蒋介石外交の二面性に隠された一貫性に対し、アメリカ外交政策の決定過程を貴重な一次資料にもとづいて跡付けた。　　　　　　　　(2007.12)

宇野重昭・別枝行夫・福原裕二編

日本・中国からみた朝鮮半島問題

87791-169-3　C1031　　　　A5判　303頁　3,200円

課題を歴史的・世界的視野からとらえ、軍事的視点より政治的視点を重視し、理念的方向を内在させるよう努めた本書は大胆な問題提起をおこなっており、こんごの朝鮮半島問題解決へ向けて重要なシグナルを送る。　　　　　　　(2007.3)

宇野重昭／増田祐司編

北東アジア地域研究序説

87791-098-0　C3031　　　　A5判　429頁　4,500円

北東アジア地域の経済開発と国際協力の促進を目ざし、出雲・石見のくにから発信する本書は、全局面でのデモクラシーを力説し社会科学を中心に人文・自然諸科学の総合を実践的に指向する北東アジア地域研究序説である。　　　(2000.3)

増田祐司編

21世紀の北東アジアと世界

87791-107-3　C3031　　　　A5判　265頁　3,200円

北東アジアにおける国際関係の構造、世界経済、経済開発と中国、豆満江開発の事例研究さらに市民交流・文化交流などを論じ、21世紀における北東アジアの地域開発と国際協力の具体的可能性を探る。　　　　　　　(2001.3)

宇野重昭編

北東アジア研究と開発研究

87791-116-2　C3031　　　　A5判　581頁　5,800円

北東アジア研究、中国研究、開発研究、国際関係・国際コミュニケーション研究といった角度から、本書ではグローバリゼーションの開放性とローカリゼーションの固有性との調和・統合の姿を追究する。　　　　　　　(2001.6)

宇野重昭編

北東アジアにおける中国と日本

87791-121-9　C3031　　　　A5判　273頁　3,500円

日本、中国それぞれのナショナル・アイデンティティ及び北東アジアを中心とした国際的責務を再認識する観点から日中間を、世界史・人類史の一環として位置づけることが重要となる視点を様々な角度から提示する。　　　(2003.3)

宇野重昭／勝村哲也／今岡日出紀編

海洋資源開発とオーシャン・ガバナンス
—日本海隣接海域における環境

87791-136-7　C1031　　　　A5判　295頁　3,400円

海の環境破壊が進む今日、本書では「オーシャン・ガバナンス」として自然科学はもとより社会科学の諸分野も含め、課題をトータルに取り上げ、人間と海との共存という変わらない人類のテーマを追究する。　　　　　　(2004.6)

宇野重昭・唐　燕霞編

転機に立つ日中関係とアメリカ

87791-183-3　C3032　　　　A5判　375頁　3,800円

中国の台頭により、北東アジアにおける旧来からの諸問題に加え、新たな諸課題が提起され再構成を迫られている今日の事態を見すえ、アメリカの光と影の存在を取り込んだ日中関係再構築の研究である。　　　　　　　(2008.5)

宇野重昭編

北東アジア地域協力の可能性

87791-199-7　C3031　　　　A5判　273頁　3,800円

日中の研究者により、「グローバライゼーション下の『北東アジア地域協力の可能性』を模索する」。「歴史認識問題」認識の重要性を確認し、アメリカの存在を捉えつつ「国際公共政策空間の構築の可能性」を探る。　　　(2009.10)